八閩文庫

八閩文庫

要籍選刊

43

榕村語録
榕村續語録

下

[清]李光地 撰

陳祖武 點校

海峽出版發行集團
THE STRAITS PUBLISHING & DISTRIBUTING GROUP
福建人民出版社

榕村續語録

榕村語録續集序

三代而上，治統道統合而爲一，故有堯、舜、禹、湯、文、武之君，而後有益、稷、伊、周、望、散之臣。三代而下，治統道統分而爲二，故孔子生於衰周，孟子生於戰國，朱子生於南渡，而其數約以五百年爲斷。至我聖祖仁皇帝，復以明睿之姿，兼君師之任，信孟子所謂則聞而知之者。其時賢喆挺生，以輔以翼，若湯文正、陸清獻、楊文定、張清恪諸儒，皆可預見知之列。而理純學正，最與聖心相契合者，則莫如安溪相國李文貞公。公所著榕村語録，於經史子集皆有論斷，其明辨以晳，純粹以精，久巋然爲儒林之圭臬。其餘尚有箸録，未經梓行，學者常以未窺全豹爲憾。甲午之秋，家鼎忝攝是邑，以平日讀公之書，想見其爲人，因祗謁公祠，藉伸羹墻之慕。裔孫茂才師洛、明經國香，導登藏書樓，其珍儲御札及名書古畫，多爲强有力者篡去，而榕村語録續編二十卷，裒然猶存。假歸讀之，既卒業，乃作而歎曰：「嗟乎！程朱之學，自元、明以來，其不明於天下也久矣。聖祖躬膺道統，直接洙嶧之傳。而表章宋儒，尊崇紫陽，其端實自公上朱子全集發之。是編體例，略仿前録，而其言學、言性命、言理氣，廣大精微，尤多前賢未發之藴。當是時，姚江之餤未衰，而徐東海方以通經復古蔑視理學，毛西河箸四書改錯，其觝斥新安尤不遺餘力，非聖祖持之於上，安溪左右其間，幾何先聖之心傳，不淪爲夷狄禽獸耶？」所惜編中多羼入弟姪門人論説，未經釐正，而前後章複語沓，亦似非手定之本。加以傳鈔訛謬，魚豕紛淆，披讀再三，略爲箋正。其義有難通者，姑從蓋闕之例。因令寫官别録副本，藏之家塾，並志其緣起於此。時光緒二十年歲在甲午冬月，知安溪縣事鄞縣黄家鼎敬撰。

榕村續語録卷一

經書總論

詩、書可以講誦，而禮必須習。故夫子與門弟子率之習禮，而雅言於禮必曰「執」。朱子謂「講求數日不能通曉記憶者，如其法習之，半日即熟」。春秋時，禮、樂崩壞，詩、書廢闕，夫子删詩、書，定禮、樂，贊周易，修春秋，使門弟子琴瑟歌舞，習禮不輟，使身心性命之學，與詩、書、六藝之義，一以貫之，燦然具備。後經董、韓詔述，周、程、張、朱闡發，日星河嶽，萬古昭昭。此仲尼所以賢於堯舜也。

孝經不謂聖人之書不可，其中辭語參錯處，端緒有理，旨義精密。孟子以前，文字簡質，轉合字眼多不備。如「然而」、「雖然」，惟孟子有之，論語、孝經、繫辭傳，皆作「是故」及「故」字承接。至孟子，文章之法備矣，雖韓文公不及也。韓文公亦止讓孟子，如孟子無意爲文也，韓子有意爲文也。董子三策，用「然而」、「雖然」亦少，故其文獨古。

大學一書，却純是説道理，就是平天下講到生財，仍説仁義、義利，全不及制度上。若周官、周禮各自成書，正不必牽混而自爲表裏。

伏羲畫八卦，天地道理全包其内，未有文字。至有文字，二典，三謨，禹貢，洪範，文、周彖文，孔子十翼，周子太極圖説，張子西銘，朱子二書解，程子定性書，皆天地至文也。

萬古之寶，河圖、洛書、易經、洪範、大學、中庸、太極圖説、西銘也。

孔子贊周易，修春秋，論語、學、庸内總不言及，不知傳與何人。孟子似竟不曾見易者，平生深於詩、書、春秋，禮經便不熟，所言「諸侯之禮，未之學也」。只是才大，學問直溯源尼山，掘井及泉，横説竪説，頭頭是道。若見之施爲，居然是伊尹局面。至考定制度，博學多聞，真不及尼山十分之三四。如周公之封魯，禮記明言「七百里」，而詩言「居常與許，復周公之宇」，「奄有龜、蒙，至於海邦」，豈止百里耶？即齊，東海，西河，南穆陵，北無棣，豈止百里耶？

禹之文章，禹貢、洪範兩篇，皆九股文字，總是道理熟耳。周子熟太極，文字多成五項。邵子作皇極經世，將一切皆看做四片。

國語是春秋時各國文字，多華縟。孔子生於其時，自當於周游時見之。其論語諸書，絶不染一毫習氣，清真獨立，天之未喪者，信在兹也。

古人文字不必相摹倣，如法言〔一〕倣易經，忠經倣孝經，中説倣論語，並其句調篇目皆依之，所以貽後人之笑。中庸何嘗似大學，孟子何嘗似論語，其不可廢則一也。

家語記弟子氣質，樊遲粗鄙近利，子夏篤信謹守，朱子多採用之。論語問答，因其人之淺深高下，家語不可不參觀。孫襄。

大學

後人謂異端之外，吾儒固自有所謂大人之學者。當周公之世，無此等議論。以周禮觀之，當時聖人，任爾小術小技，或收之爲巫，或使之爲祝，一官一職，皆有用處，無所爲異端也。焉得別有大人之學？

手忙脚亂，便是安之反對。自記。

格物亦有夸多務博，狥外爲名者，故須立誠意以格之，便是爲己之學問。自記。

問：「致知格物之説有三，如何？」曰：「除注疏之説在外，有以格訓去者，謂扞去外物，而後吾心之知可得而致。此涑水司馬氏之説也。有以格訓正，以物訓事者，謂如欲致其孝之知，當正其事父之事，欲致其忠之知，當正其事君之事。此姚江王氏之説也。與今集註之説爲三。」孫襄。

朱子有云：「日月有明，容光必照，雖些少孔竅，無不照。見此好識取。」又云：「昔在一山上看潮，凡溪澗小港中水，皆如生蛇走入，無不通透，甚好看。識得時，便是一貫的道理。」愚謂，日照如致知，通後潮來，如誠意熟時。自記。

著厚薄一意分明，知有釋、墨之學大爲之坊。自記。

仲虺、伊尹皆言「日新」，詩又云「聖敬日躋」，湯之所以聖者可想。自記。

問表裏精粗。曰：「如定省温凊，表也；孝敬，裏也。有孝敬之粗者，有孝敬之精者。」

惡惡臭，好好色，亦是情，要去之、得之，纔是意。自記。

「誠意」章，疑關不破，每思與學者反覆辨難，問之則曰：「本自明白。」因詰以：「意若兼善惡，實其惡之意如何説得去？」答應曰：「意有真有妄，『誠其意』者，所以存真而去妄也。」此似是而非。在京與徐善長論此章，因及前説，善長以爲然。予謂：「真體何物與？聖賢書中用他不得。」孫襄。

本然之理，性也，性之發見，情也，統之者心也。心之起處爲念，引之爲思，熟思爲慮。念短而思長，思淺而慮深。心之所主謂之意，所向謂之志。念有善有惡，意不能皆善無惡，故爲善爲不善，皆意先定。曰立志慕聖賢者，有之；曰立志慕穿窬，則未有也。意，陰也，志，陽也，獨知本心之明也。學者且將這幾個字分疏明白。如大學「誠意」章，當提掇出性情來。曰：「性者有善而無惡，情者好善而惡惡，則其發而爲意，未有不知善之當爲，惡之當去者。」今以病善念、惡念爲意，著善念、去惡念爲誠意，此大非也。「誠其意」，是實其爲善去惡之意，在好一邊說了。又以發念真切處當誠意，未說到事爲上，則體與用分，心與迹判。不知誠意是知行都到，打過人鬼關，正心修身，只消指出病痛，使之維持調護，工夫全在前面也。論誠意分位，則在致知之後，知既致，好吃緊著力。實則徹上徹下，自初學以至聖賢皆用得，自傭夫販婦以至王公大人皆用得。温公、季路，自是知有未致處，謂之不誠可乎？「毋自欺」，是正釋誠意。「如惡惡臭，如好好色，此之謂自慊」，完得「毋自欺」。孟子所謂慊，是此慊之效驗。蒙引謂「兩『自』有別」，存疑又謂「『自』與『獨』有別」。不知欺爲自欺，慊爲自慊，欺亦欺其獨知，慊亦慊其獨知，主人翁只有一箇，更無第二。此本心之明，無論聖賢庸衆皆有之，君子則知之加明，省察加密耳。淺說謂「一念而欺，則謹以察之；一念而慊，則謹以充之」。與當下尚隔一層，是亦文義之誤，不可不辨也。襄謂「如此看『誠意』章，已與朱子吻合無間」。

曰：「朱子盡心於此，此爲易簀前數日改定。向來看此書多謬誤，若與朱子吻合無間，則已造朱子地位也。」孫襄。

艾千子評文不佳，非朱非王。解誠意、慎獨，以爲「欲誠意先致知，看獨知之知，即致知之知」。千子素攻陽明，不知此即陽明之説。孫襄。

語鍾倫曰：「盤根錯節講究一二來年，更取四書熟玩，爲學業時亦省工夫。且五經藴奥具是，悟從疑生，必須潛心玩索。仲叔少時，令看孟子，一日遂至『以力假仁』章。問：『不動心有疑義否』？則曰：『無疑』。看學、庸亦復如是。當日吾所痛恨。然渠於幾何原本亦能通曉。前年在盤嶼與論『誠意』章，詰以『善意實得惡意，如何教實徑』？隨口答云：『善者天理之本然，惡者人欲之邪妄，誠意者去其妄以合於本然而已。』前儒果有此説。」孫襄。

將迎、偏倚、留滯，雖有事先、事至、事後三節，然合而言之，皆不得其正耳。蓋以心應物之正，本不當如此也。不可以將迎、留滯爲有所，而以偏倚爲不得其正，又不可以將迎、偏倚、留滯通爲有所，而以應物失宜處爲不得其正。自記。

觀吾之孝者，不獨能孝，而且能事君；觀吾之弟者，不獨能弟，而且能事長；觀吾之慈者，不獨能慈，而且能使衆。自記。

劉巖問：「『君子有大道，必忠信以得之』，大道即是絜矩之道否？」曰：「即是絜矩之道。」問：「信如何是循物無違？」曰：「如這個盤子，既是箇盤子，便道他是箇盤子，豈不是個循物無違？若道他是個杯子，便不是循物無違。」問：「與恕何別？」曰：「恕便是由此物推之彼物，一樣平便是恕。若無此實，如何得平？」問：「忠恕、忠信是誠，誠即是仁否？」曰：「也即是仁。在聖人謂之誠，在學者謂之忠信；在聖人謂之仁，在學者謂之恕。三達德之仁，即指盡心去行，故曰體此者也。在行達道上說，又與統體說不同，故下文云『力行近乎仁』。」

上論

說、樂無淺深，有内外。自記。

巧言令色之人，是要做出仁底模樣，故聖人就此破之。自記。

看論語亦有一法，其中最難者不過四五十條，看到七穿八透，觸此通彼，知如何爲仁，則「巧言令色」之鮮仁。「剛毅木訥」之近仁，當自明白。孫襄。

弟子學文，亦習其數，未能窮其理，執其器，未能通其道也。若說得太深，便是大學格物致知之功，非弟子之職矣。自記。

「禮之用，和爲貴。」言人之用禮，貴於和也。人多認註中推原説處，爲正面，故明代三百年，講解俱錯。惟王守溪文不失指，其次則許石城近之。自記。

鍾佐言：「顧麟士説約『北辰』章，引用西曆。」曰：「麟士當未明時，如此讀書極難得，然於理則未之有聞。所作『太王居邠，泰山壓卵而無卵』之語，殊可笑。考古當以一意求之，看四書且自理會，漫令學者紛神。只如禘、嘗字義，及孟子中『井田』，須識得，第於此中談經制，吾見亦罕矣。四書徵、人物考等書，及麟士考古，俱可廢也。」孫襄。

「道之以政，齊之以刑。」「民免」從「以政」來，若非政，但「無恥」而已。「無恥」却從「刑」來。大概人既受過，尚有何恥？易於無忌憚矣。下「有恥」却根德，「且格」却根禮。

「用之則行，舍之則藏，唯我與爾有是夫。」是「不器」也。自記。

先王制禮，意在坊民，儉，便是禮之本意。又儉便有樸實意，所以對得「戚」字。自記。

「夏禮吾能言之」節，看來「文獻不足故也」，比上文覺另是一層意思。杞、宋不足徵，是言其子孫不能統承先王，修其禮物，使有所存而不廢。固是如此，亦是文獻故也。若使其子孫不能振興，而其國之典籍尚存，遺老尚多，吾亦取之以爲證矣。到底杞、宋「不足徵」，是内症；「文獻不足」，是外症。

古者五祀皆設主而祭於所，然後迎尸而祭於奥，恐是臨時方設。朱子疑五祀之主未祭，及祭畢不知於何處藏之。及論周禮載社主，乃曰：「古人多用主命，如出行大事則用絹帛，就廟社請神以往，如今魂帛之類。推此，則五祀所設主可知。」自記。

夫子譏管仲器小，或人有疑而問，非爲管氏解脱也。使護仲，當曰管仲儉耳，知禮耳。本文兩「乎」字、「然則」字，俱用不著細味。註中「或人蓋疑器小之爲儉」，「又疑不儉爲知禮」，義理何等明白。嘗以語元少，欣然謂「聞所未聞」。世得曰：「元少有此題文，不是如此説。」曰：「元少聰明過人，一撥便轉。」襄曰：「商文毅文主此説。」曰：「終是回護底意思，或者疑其器小而又非儉，則幾於禮矣。此語道得是耳。」孫襄。

朱子云：「必無終食違仁，然後造次顛沛必於是。」愚謂「又必『造次必於是』，然後『顛沛必於是』」。自記。

程子謂「盡己謂忠，推己謂恕，循物謂信」。朱子釋之云：「如『乾道變化』是盡己處，『各正性命』是推以及物處，至推到物上，使物物各得其所，方是盡物。」愚謂：「須以『於穆不已』爲忠，『乾道變化』爲恕，『各正性命』爲信，方的確。」自記。

「吾斯之未能信」，「信」字不止是知之深，連行都在裏了。朱子「自保得過」之説最精。自記。

程朱説「無加」與「勿施」異，「無加」是仁，「勿施」是恕。依愚所見，夫子即是説恕道難盡，子貢更宜反己三省，未易以之自居。故曰：「非汝所及。」如中庸「君子之道四」，亦恕之事。聖人尚以爲未能，則其未許子貢以進之，何足怪也。自記。

夫子亦嘗言性與天道，何以言不可得聞？蓋身心未能與之一，雖當下無不領會，而要如未聞也。

聖人見其大者，故至，泰伯、文王；未盡善，武；仁，管仲；賢，伯夷、叔齊；未仁，子文、文子；彼，子西。自記。

子路是克去利心，顔子是克去名心。利心去，則可以進於同物；名心去，則可以幾於無我。自記。

顔子克己是禦寇，他人是攻城，故横渠有内外賓主之説。自記。

罔，欺也，誣也。自誣誣人，欺心欺天，皆是一箇「罔」字。自記。

「務民之義」，是察於人倫；「敬鬼神而遠之」，是知鬼神之情狀。自記。

立、達皆兼教養。自記。

脩德説在講學之前，只當以「存心」説。中庸「尊德性」豈不是脩德之事。自記。

記「子所雅言」於「學易」之後，意思甚好。自記。

或問四教，因問：「『行有餘力，則以學文』是如何？」朱子曰：「讀書最不要如此比並。」愚謂「這問比並得自好。因代下一轉語云：『弟子之職，敦行以學文；大學之教，博文而約禮。』」自記。

至誠無息，不實則無恆。易九卦恆繼復，復則不妄矣，所以能恆。自記。

聖人有意皆仁，有必皆禮，有固皆義，有我皆貞。必便有直遂意思，是亨之義也。自記。

「固天縱之將聖」節，上一句是承「夫子聖者與」，下一句是承「何其多能也」。太宰者「與」是疑詞，子貢「固」字是決詞。「何其多能」，太宰是嵩詞，子貢「又多能」是兼辭。言固是非常之聖，何須説又兼多能耳？太宰以多能爲聖，合而爲一，子貢分開，隱然有德成而上，藝成而下意。「天縱」本不甚重「天」字，説得太張皇，「又」字便難轉醒。

聖賢言語氣象自然不同，亦非以人不親、道不尊之故，而造作安排也。伊川之言當善觀之。自記。

前後，朱子通指道言，謂「方見聖人之道在自家前，要去趕著他，忽然却又在自家後了」。愚意「在後」，亦顔子自言「在後」耳。「瞻之在前」，似可及矣；忽然在後，所謂「回也瞠乎其後」。自記。

問：「喟然嘆高堅前後，是贊道體否？」曰：「不是。史記云，伏羲至淳厚，顔子亦至淳厚。顔子學夫子，非學道仰、鑽、瞻、忽，所謂夫子步亦步，趨亦趨，夫子絶塵而奔，而回也瞠乎其後也。『如有所立卓爾』，博文約禮之得力處。人倫之五品，知其本於性；人性之四德，知其出於天。故假之以年，則不日而化。此章先儒之説精矣，惟『過中不及中』之語未融。大抵三代以前，人未有學道之想，漢世猶然。誰生厲階？自達摩西來，擎拳竪拂，周、程不得已，起而争天奪國，赫然中興。今道教昌明，只可如漢人窮經，不必更標名色。」孫襄。

「欲罷不能」與「欲從」「末由」，兩「欲」字緊相照應，是著力不得，不著力又不得。自記。

下論

問：「程子有『虛中爲屢空』之説。」曰：「一説去驕吝則『屢空』，一説與朱子同，從集注爲是。」孫襄。

曾點言志，劈頭便説「異乎三子者之撰」。撰，具也，孔子所問者，酬知之具，故三子所對者，亦酬知之具。曾點蓋言己未有其具，故孔子使之言志。「暮春」數語，蓋以道其日用之間有以自樂，而求道進取之意見於言外，一切功名事業有所未遑。程子所謂「已見大意」，正謂此也。孫襄。

曾點只是不願於仕，自樂其樂，而其所以樂處，則由見道分明，超然無累中來。就其所言觀之，又藹然有同物氣象，是皆可與者。註中意有三層，須細觀之，方得程朱許多説話深意。今人一滚説去，須涉夸誕。自記。

此理見得分明，却須從苦雨凄風、嚴霜盛雪中驗過。曾氏之「風雩」，所以未如顔子之「陋巷」也。自記。

大略曾點與顔子之樂，不可因程子之説，遂諱却「樂道」兩字。曾點所以薄三子之事業，而未甘用世者，求志樂道而有所未暇焉耳。以樂道爲心，故日用之間，風物境遇，無所適而非樂也。自記。

明道「萬物静觀皆自得，四時佳興與人同」，便與曾點之意同。自記。

曾點問：「夫子何哂由也？」夫子以「爲國以禮，其言不讓」答之。就辭氣間説，他非禮，然細翫其言，亦多有病。故夫子云：「不得其死。」然人即欲自見其長，平居又何不可施展？必定要兵凶並至，氣象亦大不佳。大概天地間有氣魄人，就有此二種：其一要番轉來整頓一番，是子路一種；其一但潔身高蹈，不與其事而已，是曾晳一種。晋、宋之間，謝康樂便要興兵光復，陶靖節便飄然事外，自完其節而已。如管幼安，都是此流人。子路見當時壞亂極矣，索性大經變亂，重整乾坤，自見手段。除此兩種人，不過是俗人。如冉求便是隨時出用，亦可隨便利人。子華就當時有用者，講求一點禮樂，留在世上，無復有卓然自立之高志矣。

「克己復禮」，是對顔子説。在他人，則己方爲主，如何便克？如賊居砦中，人在其外，主客不敵，便當潛消默化。若盗不過數人，指名可得，問爲治何先，則云弭盗安民而已。此夫子告顔子之謂也。「出門如見大賓，使民如承大祭。己所不欲，勿施於人。」「居處恭，執事敬，與人忠。」一制之於外，以養其中也。「三月不違」，日月至焉，内外賓主之辨蓋如此。孫襄。

「年饑」章，當以「救荒」二字爲章旨。哀公慮年饑而用絀，有若則懼年饑而民流。蓋用絀一時之事，如民卒流亡，國非其國，何有於用哉？「二，吾猶不足」，亦未必是欲加賦。公明言因年饑，故用不足，則明是正賦猶不能供，奈何便思重斂？此句只是著急語，意在取足二者，而又苦於輸將之不前耳。然此只是目前淺計，故有若説能得百姓給足，邦本既固，財力有源，君自然有足之理。如百姓困匱，一遇凶荒，不能自存，田且汙萊，君誰與供？雖取足於賦，亦不終日之勢矣。此是實理實事，非虚論國體分誼者比。自記。

樊遲請學稼圃，不盡是近利，又不是隱遁，意思以爲學問在此。夫子恐其陷於許行一流，故語意頗類於大人勞心，小人勞力之旨。看龜山語録亦如此説。襄曰：「勉齋之意亦然。」孫襄。

湯、武放伐，管仲不死，子見南子，儒者且放過他。義之不明者甚多，何急於此，所謂不食馬肝未爲不知味也。召忽如何以爲匹夫匹婦之諒？世得云：「孔子重尊周，是天下之大君臣，管仲之可以不死，或義在尊周之志乎？」

友及樂三益、三損，朱子將三者各以相反配對，殊未盡確。大約皆有淺深次第，則確然無疑者。如由聞過而進於誠，進於明。樂之三損，病根起於驕。不驕，尚有正人君子告以正道而箴規之，惟驕，則正言無所入矣。佚遊，則日加放蕩。至宴樂，則安之而已，其病乃不可救藥也。樂之三益者，亦從「樂節禮樂」起。「節」字，雖照註亦好，若張子説亦有味。彼言禮勝則離，樂勝則流，節者以禮節樂，以樂節禮。終日用心於此，總在身心上檢點，斟酌不已，自向人考論，觀型人有善者，則稱道之。自此而以類應，則多賢友矣。友之三損者，起於便辟。但見人事事妥貼，威儀詞令無不嫺習，便親之近之，自此便喜人奉承，而善柔進矣。自此便喜變亂是非，承吾意旨，掩吾之過，飾吾之非，而便佞來矣。

癸丑假歸，九月，舟至浙溪。夜夢與人説「隱居求志」節義，云：「志者萬物一體之志也，養此心謂之求其志。道者萬物得所之道，求志之時而道在我矣。至此乃見之施行耳。」覺記之甚明，然以養其萬物一體之心爲求志，乃時解所未發者，因憶及偶筆録之。自記。

不賢者識其小者。度曲須知六朝穿鼻，其言聲韻，蓋邵子之所不及。韓元少云：「不賢者亦致足樂，信夫。」孫襄。

【校勘記】

〔一〕「法言」，當作「太玄」。

榕村續語録卷二

上孟

「不得於心，勿求於氣。」如不莊不敬，告子則但求其故於心，而不復責之四體。自記。

看來告子只就身上做工夫，則下文持志是其所能。但既不知言，則未免蔽於言；不養氣，則未免暴其氣耳。大抵聖學標指有三：曰存心也，窮理也，集義也。告子之學，於存心處不可謂無所得，而窮理、集義，則舉目爲外而不之求，正後世釋、老、陸、王之説也。孟子「持其志」，如知言、養氣，便是三者兼舉。朱子致知力行，而主敬以成其始終，則孔孟嫡派也。或以持志爲證告子勿求於心之失者，非。蓋勿求於心是不窮理，不知言，不關持志事也。自記。

「無暴其氣」，謂血氣之氣也。至養成浩然之氣，則不可以血氣目之。自記。

告子外義，與「義襲而取」者，是兩般病症，不可併作一路。義襲者，猶知有義而爲之，以襲取浩然之氣。告子則以義爲外，而不足爲矣。但因行不合義，而心不慊，見得義根於心，原不在外，足證告子平日外義之失。故語次偶及之，非謂告子爲義襲者流也。此章言養氣工夫，前後只是一意，「直養無害」四字是標的。集義即直養，襲取即害，此自是爲一樣人發藥，不干告子病痛。但告子不知言，不養氣，而却「先我不動心」，則其强制此心，使之不動，是助長揠苗之類，非順其自然者比。蓋義襲者助長於氣，告子助長於心，病候不同，而其受病則一也。此本文言外意。自記。

問：「『養氣』章，知言似無工夫著落處。」曰：「四『知其所』，直窮究出其心病，即是工夫。且集義内雖是踐履意多，但不窮理，精義則義，亦非真義，而尚何集乎？大約古人知行不十分分開說，故夫子言道之不明，由於不行，不行，由於不明也。此章書緊要在『義』字。」

「無益而舍之者」，即助長者。何也？若有事則逐漸有，事不須有，心要不動。若不耘苗者無事集義，便耑意求心不動，則助長而槁。以集義爲無益於心，而不用功者，如不耘苗者，不集義而便助長者，揠苗者也。非徒無益於心，而又害之。蓋至於枯槁死地，其爲害也何如。此節乃是不動心要緊工夫，而近世解者，乃似文字餘波，嘲謔告子。劇演科諢，大是罪過。知言亦以義爲主，集義即是盡性，知言即是窮理，聖學脉絡一綫直下。看來孟子之書，此爲最精，告子「性猶杞柳」數章，次之。

問：「凡稱聖人者，皆能朝諸侯，有天下乎？」曰：「自然，不然便不是聖人。只是也看時勢，假如有成、康在上，雖擁百里千里之國，豈能改步受命？要之其理其德固在。若孔孟之時，孔孟有百里之地，其能是也，何足道？蓋聖人以吾性通天下之性，一誠相貫，捷於影響，速於置郵，上天下地無隔礙。其理固能，無足怪也。」

「不動心」章，最難看，全要把「不得於言，勿求於心，不得於心，勿求於氣」看得精細，便見得孟子之言，字字針鋒相對。如今做時文，説「不得於言，勿求於心」，恐爲所動，非也。告子之意，以爲吾儒之不動心，非果於心有得也，不過借言語文字以爲明，假綱常名教粗氣魄以爲助，其實言語何關於心？不得於言，勿以爲心病而求之於心也。不得於心，但求之心，勿以爲心必須氣輔而求之氣也。他看得孟子學問路頭錯處在此，故以爲義襲而取，以義爲外也。孟子所謂「不得於心，勿求於氣，可；不得於言，勿求於心，不可」者，蓋以吾儒之言也，不得於心，却不由於氣，以氣無義理故也。不得於言，必須求之於心，以言爲義理之所在也。此以二者較之，微有重輕，其實氣亦烏可輕哉。故下文云云。夫所謂義襲而取者，如今秀才借一公事，糾衆訟言，憤激壯往。告子以孟子正是如此，孟子故云其爲氣也如此，其爲氣也如此。是乃集義所生者，非義襲而取者。「行有不慊於心，則餒矣。」如之何可以義襲而取也？告子以氣可襲取，總緣以義爲外之故耳。知義之在内，則知氣可集而生，不可襲而取，則知我浩然之氣是此，而非彼也。「是非」二字，如此纔明。不然，孟子自己倏出「非義襲而取」句何爲？甚無著落。且又云：「我故曰告子未嘗知義」，又何爲也？「助長」緊與「先我不動心」對，不與「養氣」對。知言工夫即在集義内，不精義，焉能集義？所集者非義也。其實告子以爲勿求言，勿求氣，其實助長即是用氣强制那心，及其蔽陷離窮也，則詖淫邪遁之詞更多。孟子對針下藥，字字精當。論語萬古一燈，無可與配。恰好又有孟子一部，真可相配。如天之有地，日之有月也。

「文王我師也」句，時講多作推尊之意。在他處則可，而非此章口氣。蓋其不推讓，與成覸、顔淵同，但辭若推尊耳。自記。

「聖人之憂民如此」，論者但欲單頂「教」來，蓋因禹一條有「雖欲耕得乎」隔斷語氣故耳。然此自指禹，與「堯獨憂之」等字不相應，蓋因禹過門不入，順便襯此一句，未是「勞心」結語。聖人憂民，自當總上文，以起下節爲是。自記。

「許行」章，「大哉，堯之爲君」兩段，總要形容出似無所用其心的意思，方與下文相關。一「無能名」，一「不與」，豈不似無所用心？故下文接「豈無所用其心哉」。先父作「不見諸侯」章文，「迫，斯可以見矣」，而不見。當是時，陽貨先，豈得不見？而不見。添「而不見」三字，極得答不見神情。

下孟

洪範五曰惡，六曰弱，即「自暴」、「自棄」兩樣氣質。自記。

「問有餘，曰『無矣』」，答之詞甚倨，或值真無時一二耳。曾元未必如是，恐孟子道聽塗説。程子嘗論「二嫂使治朕」棲，象雖愚，未敢覬帝主，要之不必計較。或云孟子文章好，道理好，然已開陸象山、王陽明一派。孟子終未免簸弄精神，所以不及孔子。孔子即説到難處，在不簸弄精神，「豈若匹夫匹婦之爲諒也」，亦無一毫蹁躚。孟子則有蹁躚處。孫襄。

「天下之言性也」一章，亦是王守溪文字説得融貫。向以「言性」「言」字，與「行所無事」「行」字，畢竟是兩樣話。今想，總是一意。「天下之言性也」，此一句所包者廣，其當時如性有善不善，無善無不善，皆在其内。孟子言天下之言性也紛紜雜出，無所不有，以吾論之，何必如此，只自其可見者言之，以曉然易知，「則故而已矣，故者以利爲本」。如「素〔一〕隱行怪」、告子異端之流之言性，説他是愚人不得，彼皆自作聰明以爲知者，而不知其穿鑿實甚。所以説「所惡於智者」云云。如此看來，原不兩截。

樂音固有獨奏一器者，如鼓琴擊磬之類。此則一音自爲條理，自爲始終。惟集大成之樂，八音並奏。「金聲」而「玉振之」，是總八音之條理，而以金玉始終之。譬則一理之明，一德之成，自爲始終。若合萬善百行而察之、由之者，「有始有卒，其惟大聖乎」。自記。

「天子之卿受地視侯」三句，自是不確。王制明説其禄視侯伯子男耳。諸侯納貢，天子以爲卿大夫，士之俸受地，蓋湯沐、圭田之類，不聞天子畿内有大侯國也。齊、魯始封，豈止百里？公侯皆封百里，開方也，以開方法，百里當萬里。方里而井，所謂提封萬井也。地方千里，亦開方也。孟子於制度甚疎，只聽臨到〔二〕他做時，他却能準度立制，合於聖人。就是此章所言，亦皆精要。天下一國，小國大國，井然不亂，規模便好。禄即起於井田，一夫受田百畝，庶人在官，及下士無甚功勳，無異自食其力。爵以賞賢，禄以報功，以次食禄，以功德之大小爲多寡，便是設爵受禄之義。孟子幾句，便説到根本處。

「見行可之仕」，人多説錯，以爲孔子見道有可行之幾，便不去而仕。原不是。其實自「爲之兆」句已説錯，蔡虚齋蒙引已將註意説不明白。須將白文「爲之」二字看得分明，「爲之」二字謹貼孔子，端是孔子爲之端。孔子之端足以行，而人不能遂行之，然後去。如此便不是人之用我，有可行道之幾矣。註「爲之兆」云：「孔子欲小試行道之端，以示於人，使知吾道之果可行也。」註「見行可」云：「見其道之可行也。」「見」字即「爲」字，若説孔子見道有可行之幾，白文「見」字、註中「其」字，皆不得力矣。何謂「爲之兆」？孔子小試其道，見吾道之行無不可者，而非世俗所云「至大莫能容，累世莫能殫之物也」。見吾道之行無不可，而君與相仍不能與行，然後不得已而去也。

問：「孟子弟子亦甚多，不見如有孟子者。」曰：「孟子弟子，如公孫丑、公都子之究心性命之學，萬章究心於古今人物事跡，皆不可輕。孟子七篇必非自記，如『告子』章内，公都子所問，必公都子自記；如『孟季子問何爲義内』章，是要緊處，只是先答的比孟子呆些。告子説義外，孟子却把『敬』字藏在一邊，不與他説，待他自悟。他説：『彼長而我長之，猶彼白而我白之』。孟子云：『白馬與白人固無異，難道長馬與長人亦無異乎？』長馬不用敬，長人用敬，隱然在内。且問：『長者義乎？長之者義乎？』只用『長之』二字點醒他。只説長，恐怕説出『敬』字，他便以長與敬混作一團，皆以爲外，須鏟絶根源矣。公都子不知此意，開〔三〕口便説：『行吾敬，故謂之内也。』孟季子便抓住『敬』字，便要破去，問：『鄉人長於伯兄，則誰敬？』曰：『敬兄。』『酌則誰先？』曰：『先酌鄉人。』孟季子曰：『所敬者在兄所長者在鄉人，是將所敬之人暫且不敬，所不敬之人從而長之，假作恭敬。是敬原非真心，特因人而作此文飾耳，何嘗由内來？』公都子不能答也。是至於孟子見的雪亮，曰：『長何嘗不是敬，難道平常敬叔父是真敬，弟爲尸，敬弟是假敬不成？特庸敬與斯須之敬不同，其當下之敬一也。敬可謂之外乎？』公都子透曉，孟季子仍鑾前見。公都子曰：『這樣連汝的脾胃皆外，冬日飲湯，夏日飲水，所以飲之者亦在外乎？』朱子註此章，亦未醒快。」

「存」字緊照「息」字，謂存留此良心。自記。

夜氣平旦，是板定子午；「操則存」，是真子午。自記。

「存其心，養其性。」人分別心是出入無時，莫知其鄉之物，故須存；性是無爲的，故須養。其實大謬。孟子言心性，殊不大分別。「敬以直内」倒是存心，「義以方外」倒是養性。孟子説：「豈無仁義之心哉？」心即是性；「仁，人心也」，性即是心。「養性」却不是空空的守静之謂，如以空空的説性，則墜入禪宗一派。故須認定是實事。大概寡欲是存心，「充無穿窬」，「充無欲害人」，擴充四端却是養性。「成性存存」，性何嘗不可説存？「養心莫善於寡欲」，心何嘗不可説養？

孟子説話，也有宜活看者。「伊尹，聖之任」，與夷、惠同説，是偏。及篇末又云：「伊尹，則見而知之。」既云見知，豈湯亦偏？自堯舜以來相傳之道亦偏乎？又「學焉而後臣之」，是湯學於尹。又云：「伊尹，見而知之」，又以尹學於湯。

中庸

中庸是一篇文字，無甚分章。另一意者，五章只説實心，若不在道上逐一細加切實工夫，與佛氏之清寂何異？故上言實心，則曰誠，曰性，曰至誠，曰至聖，曰致曲，曰前知，曰自成，曰無息；下言道，曰發育，曰三百、三千，曰不驕，不倍，曰議禮、制度、考文，曰不謬、不悖、無疑、不惑，曰世道、世法、世則。既尊德性矣，而又必要道問學；既致廣大矣，又必要盡精微；既極高明矣，又必要道中庸；既温故敦厚矣，又必要知新崇禮。以及議禮、制度、考文，考三王，建天地，質鬼神，俟聖人，世爲道，世爲法，世爲則。至此，然後能盡其道也。然却離不得根本，故論至道必扯著至德；道問學等必扯著尊德性等；作禮樂必扯著德，離不了實心。故曰：「修道以仁。」此本末相資，内外交養，方爲聖學之全。「洋洋乎，發育萬物」。言道之大。每見有以「尊德性」照「洋洋」，「道問學」照「優優」，大爲不合。道之發用於外者，「發育萬物，峻極於天」。而「無外」與德性何干？朱子天道、人道之説，雖亦不差，但似非書義切要處。上六章言誠，下三章言道，雖稱呼亦異。上言至誠，其次誠者，下即言聖人君子。凡此，皆説仲尼也，故接「仲尼」章，纔合誠與道，而大德小德合而爲一，而與天同也。

黄勉齋謂「中庸『天命』章，就心地説智仁勇，誠方是工夫」。不知説到天地位、萬物育，工夫有何滲漏？若心地上便能位育，何必更做工夫？此論有病，總不離朱子所謂立志主敬，致知力行。立志一條，到此已不必説。敬者，學之所以成始而成終也。致知力行，管攝於獨慎之内，觀大學「誠意」章可見。知，智也；行，仁也；智仁合而勇生其中。「所以行之者一也」，一者，誠也。襄曰：「館課曾以是發問。」曰：「勉齋之言如此，何論後學。」孫襄。

上段言不特睹聞時敬，即不睹不聞時亦敬，其提起「須臾」二字，正爲不睹不聞伏下意思。下段言不特顯見處謹，即獨處亦謹，其提起「隱微」二字，亦正爲謹獨伏下意思。大抵常情耳目所交之地，則自然斂肅，事幾彰著之餘，亦自然謹畏。特恐所忽者，俄頃之暫；所肆者，獨知之微。故中庸兩兩揭出，以見持敬、克己之功精微細密處。非謂睹聞不當敬，而顯見處不當謹也。敬謹兩段功夫，皆合内外，徹始終。持敬是正本清源功夫，故能致未發之中；克己是坊流制末功夫，故能致已發之和。原非以動靜分對。自記。

朱子初看不睹不聞，似君子之不可及，其唯人之所不見底意思，久之乃覺其非。人生除了睡夢，更無不睹不聞之時。即如見大賓，承大祭，戒懼乎所睹所聞也。出門如見大賓，使民如承大祭，戒懼乎其所不睹不聞也。又謂「未發之中，渾然未與物接時」，此亦非也。與物酧對中無偏繫，喜怒哀樂四者都無倚著，即此是未發氣象。孫襄。

問：「聖人與凡人，只此有我之私化與不化。」先生云：「以余觀之，不與鯀洪範九疇，而錫禹者就在此。鯀當時治水，豈無衆人分治？鯀『方命圮族』，故湮塞洪水，『汩陳五行』。禹聞善言則拜，故行所無事，一味順理，故能成功。人解『舜大知』章云：『舜原不藉資衆人，邇言仍然好問好察，所以爲大知。』觀孟子説『善與人同』，『聞一善言，見一善行』，却就是這等處。爲聖人正不必周旋那一層人，惟志氣大，故不恥下問。要周知，不肯自小，恥於問，而護短者，是志氣小。註書之錯，如此類者多。如『生知安行』，便是聖人『飽食終日，無所用心』，自然動即合道之謂。豈知聖人所謂『生知安行』者，是常人待困心衡慮，徵色發聲，而後作，而後喻。父師教訓，朋友切磋，聖人則生來便知。憂勤惕厲，安然終日乾乾，孳孳不已，勉勉日新。豈如彼所云耶？讀書不思，其弊至不可言。」

中庸文字，首尾相銜。「君子之道費而隱」，「隱」字從上章「素隱行怪」生出來。意以爲人謂君子之道隱，不知君子之道乃費而隱也。通章皆言費而隱在中。

中庸「費隱」章，「鳶飛魚躍」之旨，先輩程文有云：「飛躍者，性也；鳶飛魚躍者，率其性也。」此語有病。「性即理也」，飛躍便是氣，飛躍之得其理處方是率性。因與徐善長論此章。善長疑云：「以鳶飛魚躍言道，稍近釋氏『乾屎橛』、『木樨香』之意。」曰：「飛躍之中，亦自具有個天則。便以飛躍言道，則不可。」善長又問：「鳶只是飛，魚只是躍，却有甚天則？」曰：「他底道理與人身自別，人得仁義禮智之全，物則得其偏，然不可謂其無此理也。如或問所謂虎狼父子、蜂蟻君臣之類，自然發見，非天則而何？」善長又問：「他却不會體這天則。」曰：「此理最妙。且如服牛、乘馬、圈豹、檻虎，牛馬之屬，何嘗能自盡其性，却因聖人服之、乘之，便是牛馬率性一般。故盡物之性，則鳶魚飛躍，莫不得其性命之情。此道，豈不是因人而體了。然雖是因人而體，亦不能將他所無底添得些子。馬可乘，故乘之，牛可服，故服之。若他本無這理，聖人亦無緣驅率得來。」孫襄。

程子謂「『鳶飛戾天，魚躍於淵』，與孟子『必有事焉，而勿正心』同意」。看來「鳶飛魚躍」是道體，「必有事焉」是體道。孫襄。

君子之道，造端乎夫婦，及其至也，察乎天地。道體如是，體道亦如是。孫襄。

中庸説「道不遠人」，子臣弟友，素位而行，高遠即從卑邇始。人與兄弟不和，多由妻子。必妻子和，至於「如鼓瑟琴」，則妻子與我們一心一氣，毫無違反，然後「兄弟即翕，和樂且耽」也。舜知瞽瞍愛象，若與象不和，何以使瞽瞍豫順？所以經書言「克諧以孝」，能和於兄弟，以孝於親也。至於父母順，便察乎天地矣。堯舜之道，何以加此。

「宗廟之禮，序昭穆」，耑指祖宗位次，子孫總在序爵、序事内。序爵、序事，總合同異姓説。「旅酬下爲上」，註中引康誥成語，是説事畢時無算爵。如此，若祭仲則神尸與主人皆有旅酬。

「宗廟之禮」，註以爲序子孫之昭穆。竊謂以祖宗爲是。蓋廟中大率以爵爲主，至「燕毛」，始序齒。序齒亦是就尊卑各行輩中序之，非略却尊卑，而一以年爲主也。獻酬率於祭畢時行之，竊意當止是主人之弟子行之，若賓客之子弟，如何亦在廟中而獻主人、主婦、賓客也？

「明乎郊社之禮」三句，從來似俱不曾明白。時文動説幽明一理，此似混語。今以子孫日在廟中，事死如生，事亡如存，再没有反傷其宗黨者。此最易見，如人終日事父母，視無形，聽無聲，豈有反傷其兄弟之理？推而上之，以祖考之心爲心，豈有傷其族姓之理？推之郊禘，能見得天帝如在，豈有於天所生之民物，不一體相關之理？如此説「治國」，方有實際。

「思事親」四句，王守溪、謝于喬皆有作，破題皆言「欲仁必先知是矣」。至文中言「不得賢人以輔之，則不明事親之理，不能盡事親之道」，是智反在得人之後矣，「知」字不清白。問：「註中『欲盡親親之仁，必由尊賢之義』，如何説？」曰：「這却不礙。如村中謹厚之人，却有至性，能事其親盡心盡力。然不知交當世之賢人君子，不别人之善惡，如何能通於神明，光於四海？道理説寬大些便是。」又問：「知天。」曰「天即理也，人從何處知？知其賢否邪正。若自己不明理，何以能知人之賢否邪正乎？」又問：「須照註否？」曰：「照註何妨。天下之理，其實『親親之殺，尊賢之等』盡之。自親親而推之，凡以天合者皆親親之類也；自尊賢而推之，凡以人合者皆尊賢之類也。人有生便有五倫，五倫足以盡生人之事。九族外戚固皆親親，不特朋友是尊賢，即事君亦是尊賢，若不賢如何做得人君？『親親』加一『殺』字，『尊賢』加一『等』字，天理之節文全出於是。人世焉有出於二者之外的？故註云：『皆天理也，故又當知天。』夫子對哀公說政，『修道以仁』以下，便說仁義禮知，人知天便說智。先說四件，後又減作智仁勇三件，後又減作明誠兩件，後又歸到誠一件。夫子說兩個一也，到底不分解『一』字。生平又兩說『一以貫之』，一是道理的頭。聖人說到這裏便住。如『太極』，孔子只說『易有太極』，自周子始畫出來。前人不欲道破。」

問：「聖人『不思而得』，『不勉而中』，非安逸之謂。謂聖人不待思索，而後求得天理，不待勉强，而後求中乎道。若然，則朱子何爲以『不思而得』貼『耳順』，『不勉而中』貼『不踰矩』耶？」曰：「正是此意。只看『順』字、『矩』字，可見順者，順其理也；矩者，物之則也。聽其言之詖淫邪遁，便知其心之蔽陷離窮。小子聽之，濯纓濯足，皆其自取；好問而察邇言；聞一善言，若決江河，何非耳順？夫子色勃足躩，踧踖屏氣，恂恂侃侃，不正不坐，盛饌變色，見冕者瞽者必作必趨，何非不踰矩？此豈皆一無所事，安意肆志而爲之者乎？夫子焉不學？多能鄙事，博學而無所成名。蓋夫子當時無所不學，其心有唐虞萬世之心，其本領亦唐虞萬世之本領。一旦得位，舉而措之，所謂『立之斯立，道之斯行，綏之斯來，動之斯和』，皆是實事。立效能朝諸侯，有天下，豈待言乎。」

「至誠之道，可以前知。」自朱子講得精細。言誠則生明，但却與下「禎祥」、「妖孽」、「蓍龜」等句不甚緊醒。蓋如此，誠則自明，又何須説到「妖孽」、「禎祥」及「蓍龜」耶？倒是鄭康成粗粗的解一句甚好，言「天不欺至誠也」。蓋「禎祥」等亦有不驗者，如臧武仲據防，後世芝草生，醴泉出，鳳凰見，未必盡驗。惟「至誠」與鬼神合其吉凶，無不若合符節者，故必先知而無疑也。蓋「不欺」二字即從「至誠」看出，「至誠」不欺天，故天不欺「至誠」。其實「至誠」即天也。

中庸既説「尊德性」，又説「致廣大」、「極高明」，「温故」、「敦厚」，朱子又添出「存心」，何也？蓋空説「尊德性」，何處下手？自然不外立志、主敬等項工夫。如立心以天地萬物爲一體，何等廣大；必欲超然萬物之上，何等高明；已知者不肯生疏，已能者不肯間斷，無非「尊德性」。不屬之存心，而安屬乎？聖人語言零碎處，皆有歸著，不復囫圇過了事也。

「温故」只是「月無忘其所能」，「知新」只是「日知其所亡」。蓋義理既入於心，便自家性分中物。涵泳義理，是存養德性。未得者，則有資於講習討論。故云「學問」也。此合内外之道。自記。

昔與德子鶚、徐善長論中庸，「尊德性」、「道問學」，包「立志」、「主敬」、「致知」、「力行」四者。若分説出來，上一截「致廣大」、「極高明」是「立志」，「温故」、「敦厚」是「主敬」，下一截「盡精微」、「知新」是「致知」，「道中庸」、「崇禮」是「力行」。白剛甫聞之不服，以「存心」、「致知」朱子之説已爲支離，更加「立志」、「主敬」，條緒益紛然矣。然「存心」兼「立志」、「主敬」，「致知」該「力行」，四條本朱子之旨，並無添揑。知行有單説者，知便兼行，講究一個樣子行將去，此章是也。説行便兼知者，「敬以直内」，「主敬」也；「義以方外」，「力行」也。然必有「精義入神」之功，乃能「義以方外」。此段工夫，求之敬以直内時不得。「戒慎恐懼」，「主敬」也；「謹獨」，「力行」也。使非察乎理欲、公私、邪正之幾，何以謹於理欲、公私、邪正之界乎？孔子大聖，亦可以四者概其生平。「吾十有五而志於學」是「立志」，「三十而立」是「主敬」，「四十而不惑，五十而知天命，六十而耳順」是知之盡，「七十而從心所欲，不踰矩」是行之至。但「立志」、「主敬」時，知行工夫都辨了。又以學記言之，「一年視離經辨志」是「立志」，「三年視敬業樂羣」是「主敬」，「五年視博習〔四〕親師」、「七年視論學取友」是「致知」，「九年知類通達，强立而不反」是「力行」。孫襄。

聖賢四書、五經，無一字空下亂下者。數語並排，若無差别，實非複叠，其先後各有至理。嘗疑中庸「舟車所至」六句，「天之所覆」二句，已括日月霜露在内，而又出下二句，何也？不知天之所覆冒，地之所承載，似只以地之一面言，至於日月則繞地周行，所照不止地之一面而已，故曰：「日月所照。」又日月運行，止在天腰旁行遶之，至於南北盡頭，多日月之所不能照。然日月所不照，而霜露仍墜之。至此處，亦有「有血氣者，莫不尊親，故曰配天。」以此見聖賢之立言精矣。

【校勘記】

〔一〕「素」，原作「索」，據禮記正義卷五三中庸改。

〔二〕「到」原作「倒」，據石印本改。

〔三〕「開」，原作「問」，據石印本改。

〔四〕「習」原作「學」，據禮記正義卷三六學記改。

榕村續語録卷三

易

劉巖問：「王弼説易何如？」曰：「初頭説理開自王弼，又年紀甚小，成此一書，固自好。但有誤處，使後人不敢改動，亦自弼始。如『巽，順也』，順是坤，與巽何涉？但古人既如此説，後雖大儒亦不輕動。蓋我輩去古遠，渠去古較近，焉知其無傳授所自？故春秋重變古，非大有關係，確不可易，復有證佐者，不可輕變古人之説也。如今説易，又何以見得前人有不到處？却當靠定孔子作主，孔子明明有一部好易經註在，何不依傍發明耶？」

孔子傳易於商瞿，後來康節傳先天圖，却得之李挺之，挺之得之穆伯長，伯長得之陳希夷。可見自孔子後，代有的傳。想是聖人看得此理非一世即顯之書，又知其種子必不死，故授之商瞿，以俟其精光待時而發也。曾子已得大幹，不須並以此付之。希夷嘗一睡經許時，太宗時，計其年約有百卅餘歲，詔而不至，不知所終。而程朱皆於希夷無復有幾微貶辭，想是其學術品地大不同。而前賢之不輕訾議前輩，亦可見矣。

春秋、戰國時，孔子所贊之易尚未行世，想仍用之卜筮，而所用者止文、周之繫詞而已。

嘗疑卜筮不過一事，而繫詞如何那樣神奇其説。繼思，人無事不用洪範稽疑，詩、書、左、國中，古人一戰焉必卜，御必卜，葬必卜，遷國必卜，病必卜，祭日必卜，無事不用卜筮。蓋人刻刻與神相通，天人合一。今人信邪尚鬼，而敬天尊神之事，反抛置不講。此陰陽所以不和，而災害所以時至。

易中之剛柔往來，東坡説得有意理，但推得未密。須與補云：「凡言剛上者，皆三子之卦也；凡言柔上、柔進者，皆三女之卦也。」自記。

易例初三之陰，應四上之陽，皆爲援上而不吉。自記。

本義一書，朱子中年已出，後來未及修改，故晚年議論多有不同處。自記。

或問朱子，卦辭未見取象之意，本義中「其成形之大者爲天」及「擬之於天」二句，恐當於大象言之。此問極佳。凡八卦皆應如此看。人但見得天地道大，須及早於名辭發之，豈知天地之道何處不在？言健順則該之矣，何必便著穹壤之迹也。自記。

序卦、雜卦、疑非孔子所作。「有天地，然後萬物生焉。」類似大戴記一種文字。孫襄。

所畫古河圖，可作幾句文字，附於易學別編之内，亦不必冒古河圖名，標爲一元圖。一元者，一氣也。孫襄。

黄石齋少時作太咸，以擬太玄，用三起數，後更滅其書，然終身不離此見。以易、書、詩、春秋與天相追，惟易與範之數爲近，亦不及天九層，乃知迎日推策，未有如蓍數之合者。因之以四，得一千四百六十一；歸之以三，得四百九十；約之以十，得四十九也。四十八策應四十八弦，爲三百六旬，其一策當九，十辰適符五日四分日之一。筮法分二卦一，歸奇皆用之，惟不與揲四，正十用其七也。論七底來歷甚大，天上地下，古往今來，數只是自一至十。春夏秋冬之有中氣，東西南北之有中央，實有四數，倍之則八而已，而其用則七也。春夏秋生物，而冬不生，東西南可見，而北不可見。人身左顧右盼可見者，十之七；夏至之日兼以朦影，亦十之七。凡事爲之極，幾十之七則可止矣。是故卦數八，蓍數七。世元聞此，以爲八者體中之用，七者用中之用。予深嘉其悟此八個字，可蔽觀物。孫襄。

先生問襄：「聞看啓蒙，都沛然無窒礙。」襄言：「文義略解得，但恐識底是皮膚。」先生曰：「據小註中所説，亦影響之談，無深義之可求。當自以意會。」孫襄。

先生謂某曰：「世元看啓蒙，與爾大差，爾看本圖，書一日便解。他看五六日，還説不識。」某曰：「他是潛心玩索。」曰：「小註也無甚深義。」某曰：「惟玉齋胡氏之説爲多，須稍著想，亦胡氏之説。」曰：「玉齋自作啓蒙註，諸説是引來的。此一玉齋，只好贏個我底玉齋。其言有先後自相矛盾處，只好浮浮看去。」孫襄。

周易本義原本經二卷，傳十卷，其一即彖上傳，故曰：「彖即文王所繫之辭，傳者孔子所以釋經之辭也。」後凡言傳者放此。世儒不知來歷，遂有改言傳爲言彖者。古本始亂於費直，卒大亂於王弼。「彖曰」、「象曰」本王弼所增，程傳據王氏本耳。以朱從程，故其割裂分置，謬誤若此。孫襄。

文王八卦，即有邵子震、兑始交一節得之，出此當以五行論。伏羲雖不言五行，然坎本爲水，離本爲火，巽本爲木，乾本爲金，震本爲蒼筤竹，亦有木之象。兑爲金，雖無所見，恐於古有之，且兑利口，亦金之象。艮本爲山，坤本爲土，山亦土也。文王見先天八卦有五行，因變易出來，有自然之次序。坎、離各以一卦當水火，東方之木，陽用事，故首震而次巽，西方之金，陰用事，故進兑而退乾。水之渣滓爲土，水得土而生木，五行不言石，石亦土也。火之煨燼爲石，火煉石而生金，此艮、坤二土之妙也。木温火熱，金凉水寒，燠熱則陽多，寒凉則陰多。惟土稱和，陰陽之氣均焉，東北、西南陰陽所以均。如卦畫至寅、申而均是也。京房謂「土居四季則土多」，吕令謂「土居季夏則土少」，其位置皆未確。文王八卦，若以五行而言，則與先天同功。先天言陰陽，後天言五行，五行一陰陽也。不然再排幾個八卦出來亦可。其所以置之別編者，以先儒無此説也。孫襄。

乾主運行，心也；陰主甯静，身也，健順盡之矣。惟其健，故不息，聖人所謂「逝者如斯」。身從而順之，所謂小體從大體，不然則心之官不思，不思而蔽於物矣。又乾坤相依，乾非坤則爲游魂，坤非乾則爲滯魄。

胡雲峰以「乘六龍」謂得天位，便差了。「乘六龍」却是備天德，「御天」却是得天位。自記。

「各正性命」者，成也；「保合太和」者，成而固也。在人事，則宜如此處，是「各正性命」；守之之固，則「保合太和」也。自記。

陽而變陰，則是動静無始，莫知其端，故曰：「天德不可爲首也。」愚見與朱子異。自記。

利者，宜也；義者，亦宜也。義之和，是正釋「利」字，與上下文只一般。存疑之説非是。自記。

「成德爲行，日可見之行」，「行而未成」，蔡虚齋説好，數行字只一樣。自記。

「君子進德修業」，可知所以惕厲如此者，非憂讒畏譏，避災免禍也，然亦在其中矣。

「修辭立其誠」，明道一串説，伊川作兩事。看來伊川説爲是，言説話處、行事處有真實道理也。蓋立誠在修辭之後，是就事上説，董子所謂「設誠而致行之」。自記。

乾元者，始也。然即始而亨之理已具，故人知其亨，而亨不知其始。而亨也，心該乎事也。利貞者，成也。然不過以成其性而已。故人知利貞爲功用之終，不知其爲性情之至也，事歸於心也。此兩句便與下「乾始」節意思是一串。自記。

「各正性命」就物身上説，「性情」就乾上説。雖是一理，却要分別。惟「利貞」爲乾之「性情」，故萬物各正其性命。自記。

建安邱氏，以先後解東北西南，獨得。自記。

有「含章」之素，故能「無成有終」。「從王事」根「含章」來，故其「知光大」。自記。

「括囊」不止爲處亂世，蓋陰過中之象。凡功成名就，卷而懷之，口不言功，讓美不居，皆其類也。自記。

「乾元用九」，便見不是偏剛；「用六永貞」，便見不是偏柔。自記。

「永貞」，則不息而起元矣。自記。

「動剛」是直；「德方」是方；含弘「化光」[一]是大。自記。

曰「敬以直内」，又曰「義以方外」，又曰「敬義立而德不孤」。孤者，偏枯之謂也。如佛家耑用功在内，至於行事全不講求，不復能措之用，豈不偏枯？申、韓在作用上講得有實用，立可見之行事，至於天命人心、自然而然大源頭，却不曉得，豈不偏枯？宋儒謂佛、老但知「敬以直内」，却不知「義以方外」，既不知「義以方外」，則所謂「敬以直内」者，亦未必果能「敬以直内」也。細看道理自是如此，但他却也得一點内力，若全無聖賢一些相近處，焉能賺得天下許多聰明才智人心悦誠服？做時文，却不好將兩截意入夫子口中，遺漏又使不得，放在大結内可也。時文初制用大結，即是此意。

有敬而無義，如告子、佛氏之學。知有義而無敬以立其根本，略如韓文公、明道之用一般，其究皆不免偏枯之弊。孤猶偏枯也。朱子有云：「久之則内外自然合。」此句乃「敬義立而德不孤」極妙注脚，一言蔽之，不費辭説矣。自記。

如有些須愧怍暗昧，便不免回護畏縮，此不直之驗。朱子以「方外」爲講學工夫，蓋講學兼知行，講明而踐履之，然後可言「方外」。自記。

雲峰説「黄中通理」處甚精，只是解「黄」字遺却「裳」字，對直方不過耳。須知「通理」即在「直」字内；「正位居體」乃對「方」字也。「黄中通理」，所謂「居天下之廣居」，不亦直乎？「正位居體」，所謂「立天下之正位」，不亦方乎？自記。

六十四卦以屯爲首，意思極好。看「負罪引慝」，舜之屯處；「胼手胝足」，禹之屯處；「柞棫斯拔」，周家之屯處；「發憤忘食」，孔子之屯處；「仰鑽瞻忽」，顔子之屯處。自記。

屯、蒙皆從草。屯，草始生而未伸也；蒙，草既生而未理也。草則昧矣，故皆有昧義。自記。

陷於險矣然不止，則尚有可通之機，險而又止，所以爲塞之甚也。止是自家止。自記。

「上使中」，言上之所以使下者，得其中，與師五「使不當」之義同。非謂使邑人中也。自記。

程傳於泰二爻四段，俱作已泰之後，上恬下熙時説。殆亦感於仁、英之世乎？四者之道，致泰保泰皆必由是，豈必曰「處泰甯之世」也？自記。

以「乾行」釋「於野」、「涉川」，只是以在外爲川野之象。乾在外爲亨利之象。自記。

初與四無應，三與上無應。無應則異，異則有相攻之象。三敵上，故升陵以規之；四敵初，故乘墉以俯之。自記。

在事外者，以無應爲同；在事中者，以無應爲異。三之「敵剛」，敵上也，非敵五也。四之「弗克攻」，攻初也，非攻二也。自記。

同人上九「同人於郊」，解者以爲居荒僻之地，而莫與同，故曰：「志未得也。」却是因「志未得」而生解，不思國門之外曰郊，郊之外曰關，關之外曰野，於郊荒僻爲不得志，豈於野更荒僻，而反曰亨，何説耶？蓋時至後代，雖聖人復生，亦不能到淳古之治，止可到三代。然畢竟到此方妙，故「同人於郊」，已「無悔」矣。夫子曰「志未得也」，言尚有於野，其志未大遂也。故曰：「大道之行也，某竊有志焉，而末之逮也。」

天地之交也以山，「地中有山」，則「天道下濟」而「地道上行」矣。自記。

「平」字即從「裒」、「益」看出，無兩事。自記。

「尊而光」，尊非以位言。敬人者，人恆敬之，自有尊之理也。觀繫傳可見。自記。

豫二爻辭口氣猶言，其「介於石」也，曾「不終日」，言其去豫之速也。繫傳則反其語以明之。自記。

豫卦卦名好。至六五「貞疾，恆不死」，解者以爲人君沉溺於豫，受制於强臣，而威權已去，故有「貞疾」之象。然以其得中，則名分猶在，舊澤難忘，故得不死。如此説，却無意思，又何取「貞疾，恆不死」之象？蓋以柔居尊處，患難之地，其人得中「乘剛」，身分原高，刻刻危厲，困心衡慮，徵色發聲，動心忍性。入則有法家拂士，出則有敵國外患，反得不亡。如人常常有病，自知節飲食，戒嗜慾，而轉得不死也。

有疾是足以警戒處，不是溺于豫處。諸家多引「知生於憂患」爲説，是已，然不知疾即憂患也。自記。

「育德」亦是養育民德，蒙「育德」不同。自記。

「賁如濡如」，兩「如」字是兩意。「賁如」内已有得陰潤澤意，「濡如」則言其溺也。自記。

「蔑貞，凶」，是説蔑貞者凶也。「以辨」、「以足」，如所謂「由來者漸矣」。「以膚」，如所謂「惡不積，不足以滅身」。自記。

「反復其道」，觀其字口氣，却是人去反復他。蒙引之説未是。自記。

朱子論「七日來復」處，謂「陽長一分，陰消一分，以流行者言也」。須知還有對待者在，不可不著提掇。自記。

「復見天地心」，猶觀仁者不於博施濟衆，而於乍見孺子時也。自記。

復卦，漢儒都説是「静見天地之心」，程傳方説陽去而來復，於將動見「天地之心」。其實此語蘇子美已有，此論而「不知」，唐劉蜕已如此説矣。

雲峰謂「『迷復』與『不遠復』相反，『敦復』與『頻復』相反」，而「獨復」與「休復」却謂相似。看來亦可言相反。「休復」者，優游於同羣之中；「獨復」者，獨立於異衆之會。自記。

「剛自外來」一句，是名卦第一義。「動而健，剛中而應」，是亦所以爲无妄也。臨彖傳同。舊藁沿襲不是，須改正。自記。

八卦健德至好，順德至好。順非他，即順天也。次之動亦好，人心時時欲奮發有爲也。明亦好，但有察察之弊。安、止、和、悦皆是美德，但亦有固執取媚之慮。然皆人身不可少之德。惟坎爲險，必不可言人宜有險德，聖人加一「習」字，妙。正所謂「習坎」者。如困心衡慮，動心忍性，雖舜、禹、周公人倫之變，孔孟之栖栖道路，所謂要熟也，須從這裏過。又習坎出險，不獨貧困禍患也，雖極富貴如意，而沉溺於聲色貨利，非坎陷乎？狃於安逸惰弛，非坎險乎？以此言之，日用飲食，何處不要習坎出險也？以此見習坎之德，亦人生之不可須臾離者。健之中，始震動以有爲，中習坎而出險，終凝然而能止，皆健也。順之中，始盤旋而深入，中光明而洞達，終怡然而喜悦，皆順也。總言之，健順而已。分析，則每項中又有三德焉。

險非心德也，然能習於險而熟焉，則富貴貧賤不能移，而威武强禦不可干，亦天下之至險者也。自記。

水之中實不盈處是孚，流行不窮處是亨。不盈故不窮，盈滿則窮矣；不窮故不盈，窮盡則盈矣。自記。

水之所以爲實者，一勺之多，有源常繼，「樽酒簋貳，用缶」者似之。水之所以能通者，洩竇穿穴，無間不達，「納約自牖」者似之。自記。

坎四爻義，郭氏擒定「有孚」立説，極是。然「樽酒簋貳」，象水之涓細而有源；「納約自牖」，象水之穿穴而必達。於事君之道，程傳之説固可參用。自記。

彖傳説「明」，都是説明其言麗者，亦必曰「麗乎」。大明無專言麗者。齊氏以形神論「離麗」之理極精，然須知神麗於形者，明之用也；神之變動麗於體之静正者，明之德也。自記。

恒如安定胡氏説，方於卦有關切。程子想因其太深闊而不用，然以爲新進鋭進，於卦義却無涉。自記。

遯卦不以初終爲早晚，而以遠近爲吉凶。自記。

正位内外，俞石澗止以二、五二爻當之，看來當合全卦觀之爲是。自記。

「大蹇朋來，以中節也。」「中節」如所謂處置得宜，有以服人心，其應事，則動中機會。自記。

公在高墉之上射隼，非隼集於墉也。自記。

狐是巢窟於内者，隼是飛揚飄忽於外者。狐喻便僻側媚之奸，隼喻畔服不常之輩。

「征」字有工夫，欲其離去之也。「行」字正釋「征」字。自記。

有長女在，則有統率矣。惟中少女，故不相統率，而相睽相革。自記。

震、益、无妄、大壯，「恐懼修省」，「遷善改過」，「非禮弗履」，「物與无妄」，皆於雷取義。自記。

「驚遠懼邇」，「驚懼」二字，虚齋欲以遠近爲别。若然，則須云聞風而駭者爲驚，切身而怖者爲懼。自記。

俞石澗以「有事」爲有事於宗廟社稷，以爲祭主。極是。春秋書法，祭祀皆曰「有事」。自記。

「時止」、「時行」，然止者行之基。「動静不失其時」，然静者動之本。自記。

止則有以自安，進之基也。巽則有以自審，進之道也。故曰：「動不窮。」自記。

晋的氣勢大，故曰：「明出地上。」升亦得時而出之義，漸不過循次而進耳。卦皆貴剛，惟逢進則尚柔，蓋取其宜静而不宜動，宜止而不宜往。故晋曰「柔進而上行」；升曰「柔以時升」；漸曰「漸之進也，女歸吉也」。定九先生曰：「守得住柔，便是剛。」九四雖無應，不至如九二之反其類也。故四猶有待，而二直曰：「幽人。」自記。

照天下，謂於天下人情事理無所壅蔽。自記。

巽以入言，亦有卑象，但非卑下之卑。既有謙卦，巽亦無取乎卑也。須合剛中柔外方盡「貞」義，不可破分。萬一剛中而不柔外，亦不得爲「貞」也。自記。

「商兑未寧」者，人情溺於説，則宴安而寧，而疾生焉矣。四本剛質，故能商度。其所當説者，而不溺於安寧，是以雖介乎六二之疾，而有喜。自記。

六四柔正，爲巽之主。風能散物，又能聚之，故爻辭闡發涣羣之義。自記。

「説」字、「中正」字，對「苦」字；「行」字、「通」字，對「窮」字。自記。

小過卦義須拿定。「小者過」三字作主，意行也，用也，喪也，皆非小也。以其近在一身，對天下國家之事，則爲小耳。大過者剛毅之意多，小過者柔慎之意多。自記。

「弗過防之」，言不可太過，須有以防之，如戕其防，則凶。小象言能不過而防之，則凶奈我何哉?自記。

以迷復置灾眚,故曰:「有災眚」;與時俱過,故曰:「是謂災眚。」自記。

江德功言:「乾是定理,坤是順理。」極精。某嘗説繫辭云:「健則與理爲體,順則順理而行。」自記。

「辨吉凶」,即辨其失得;「憂悔吝」,即憂其小疵;「震無咎」,震其補過。初無兩層,胡氏之説似是而非。自記。

吝即愧也,愧亦改過之端,然愧而不悔,因而掩護,以增過者有矣。故曰:「震無咎者,存乎悔。」自記。

周物者,義之精,而所知者皆民用之實,則其知不過。旁行者,仁之熟,而所行者皆時中之道,則其行不流。須兩面夾説。自記。

「安土敦乎仁,故能愛」一句,顛撲不破。心之德,愛之理,專言、偏言都在裏面了。自記。

「繼之者善」,命之所以流行而不已;「成之者性」,分之所以一定而不移。自記。

愚説「仁」、「用」兩字,與先儒不同。仁在内者也,即德也;用在外者也,即業也。顯以顯其在中之仁,是仁因顯而日新,故謂之「盛德」。藏以藏其在外之用,是用因藏而富有，故謂之「大業」。自記。

看來仁即是德，用即是業。仁在中則自然顯著，故日新之謂「盛德」。用既成則自然收斂，故富有之謂「大業」。德益著則業益大，日新即業也；業益斂則德益盛，富有即德也。故先言德，次言業以及德者，以此。自記。

「日新」則蘊藏於内者，流行不窮，而其所蘊藏者益充。「富有」則發生於外者，收斂成就，而其所以爲發生者益裕。自記。

「象其物宜」，著「宜」字，便非泛言物類、物理所宜也。「形容」，如雷風山澤之象；「物宜」，如健順動止之德。自記。

「引伸」是説卦畫，「觸類」是説卦義。自記。

「知變化之道者，其知神之所爲乎」節，單承蓍策言，與圖數「成變化、行鬼神」相對。自記。

「至精」、「至變」疑不可分。辭、占、象、變也，即是下文「蓍之德」、「卦之德」耳。自記。

「參伍以變」者，如爻有三有六，卦有八有六十四，多寡參差，而要其齊也。「錯綜其數」者，如卦有陰陽純雜，爻有剛柔當否，彼此交錯而歸其總也。自記。

「知來」、「藏往」者，聰明睿智也。與民同患，有所謂「不言而信」，「不怒而威」者，故曰：「神武不殺。」自記。

同衙門前輩問：「『神以知來』，信有之乎？」曰：「卜筮、推步自是不同。譬如與人相交，觀其家風，知其奢華儉嗇，一寓箴規，竦然敬服。若人家纖悉無所不窺，有心伺察，其謂我何？故財成補救，天且弗違；一味推測，能無犯造物之忌？」孫襄。

朱子論「太極」，不離兩儀、四象、八卦處，尚有一轉語。六十四卦總爲八卦，八卦總爲乾、坤、坎、離，乾、坤、坎、離總爲乾、坤，乾、坤總爲乾。是以乾、坤、坎、離居始，終乾、坤居首，而乾尤居首也。以形言則天，以主宰言則帝，以妙用言則神，專言之則道，道即太極也。或謂「太極」無象，愚謂乾即「太極」之象。自記。

「鼓天下之動」之「鼓」，即「鼓之舞之」之「鼓」。「天下之動」，謂民行也。自記。

默是自默不言，是不待他人之言。自記。

「象在其中」，是天地雷風之象。「爻在其中」，是剛柔各兩之爻。「變在其中」，是剛柔交錯之變。「動在其中」，是人事吉凶之動。自記。

倦者倦於故，宜者宜於新。自記。

「書契取夬」者，乾陽爲實，兑爲言語，内有誠信，而以言語達之也。自記。

「精義入神，以致用也；利用安身，以崇德也。」蓋不於義理上研究得，則應用無本；不於世事上閱歷過，則所得猶虚。自記。

「基」者，積行之基；「本」者，養德之本；「地」者，應用之地。三字不同。自記。

「辨義」謂取之而皆逢其源，「行權」謂措之而皆得其準。自記。

擬、成、雜、撰、辨等字，皆須以學易言爲當。自記。

書

尚書今文，鼂錯從伏生女子口授。當繇伏生不識隸字，鼂錯不識古文，聽受之間，傳寫易誤，故今文反梗澀難讀。孫襄。

二典之精，真是史書宗祖。先總敘堯之德，由明德，以及於親睦、平章、協和，遂及治曆明時，中分二分二至，又指出朝午昏暮，精極。此猶説日，未及月。又云：「以閏月定四時，成歲。」淡淡數語，萬古不易。次及用人，人之賢否，了然於心，却不自用。卒試虞舜，而以天下付之，是何等識見、何等德量。舜典妙在節節與堯典對。堯如天，舜如地；堯生之，舜成之；堯始之，舜終之。四凶之誅，治水成功，終堯事也。四凶罪不至死，故皆止於流。「象以典刑」一節，即起下文也。信乎當日執簡操筆者，皆聖人之徒，而名亦不傳。四岳名亦不傳，蓋四岳乃醇謹老成透好的人，休休有容大臣也。想才具不及舜禹諸人耳。

傲是凶德，大都是有才力之人。如鯀之方命，而四岳薦之。丹朱傲，而臣下尚曰：「啓明。」象傲，而舜封之有庳，使吏治其國，亦恐其叛逆，不全親親之愛耳。

「儆戒無虞」節，朱子語類中一條，説得字字皆爲龜鑑，「罔咈百姓，以從己之欲」一語，尤周旋無罅漏。「無怠無荒」，則所以終之也。自記。

南軒以爲「人心」人欲，「道心」天理，朱子非之。然人欲亦未是不好底字。如耳目口鼻之於聲色臭味，俱是人欲，然却離這個道心，亦無發見處。但溢於其節，方見病痛，故曰「惟危」耳。又如一條山徑，上面靠山，下臨不測之淵也，行得到通達去處，但不可不謂之危。孫襄。

大禹治水，順其性而分疏之，則由地中行矣。不與水争地，棄之爲澤以棲水，則不横行矣。所謂「九澤既陂」是也。陂者，亦是堤堰，惟澤可用。鯀用之於川，此所以大壞也。

天之孽，十之一不可違，其可違者九也，此所謂「猶可違」也。人之孽，十之九不可逭，其可逭一而已矣，此所謂「不可逭」也。孫襄。

洪範武王訪箕子之言，大段幾微。如「天陰騭下民，相協厥居」，舊説以「騭」訓定，然「騭」之字從陟、從馬，以「騭」訓陟，於義似長。蓋受中以生謂之「降衷」，繫命於天謂之「陰騭」，有默默相通之意。相，助也，天俾以成形、成性，便是相助下民處。協，和合也，如目視五色，耳聽五聲，一身備天地之用，一心契天下之理，和合而無所欠缺，此是相協之義。如五行以下，節節皆有此二意。居，不但是居處之居，人身亦有安身立命處。舊看二句，上句是降之性，下句是助之生。今看上下句，皆當兼此二意方是。孫襄。

聖人之言，藏頭露尾，句中有心，字中有眼。看書萬遍千周，要識得眼目所在。「攸好德」，範之眼目也。福有五，壽、富、康甯、考終命，不可得而識；可得而識者，「攸好德」而已。五福者，治道之成，而於皇極發之。蓋使天下之人，無不好德者，皇之所以建極錫福也。孫襄。

五事修矣，皇極建矣，然得無猶有滲漏者乎？故於「庶徵」發之。嘗見東海孝婦之冤，致旱三年，豈其皇之不極哉？亦有司之咎耳。此卿士師尹所當佐王以交修其職也。又不特貌言視聽思，凡政治刑賞必無偏而不舉之處，乃能和氣致祥。歲月日之時無易，則百穀用成。是即「日時，五者來備，各以其序，庶草蕃廡」之意也。「草蕃廡」，則穀成。可知「乂用明」以下，乃言其所以致此之由。反是，則時易而穀不成矣。又言日月之從星，以驗卿士師尹之從民。星有好風、好雨，亦有好燠、好寒，聖人之言舉一反三，故遂言冬、夏、風、雨而不及暘。蓋日歷於星，而好燠、寒，月從乎星，而有風、雨。其曰「日月之行」，因日而及月也。凡陰類皆月主之，今之慣洋者，候風信，以月之明晦爲占，亦其證也。孫襄。

詩

詩經國風次第，雖程子次序不妥，或者以邶、鄘、衛總爲衛，正與二南相對者，亂由闈帝起也。諸侯無道，由於王綱解紐，故次以王。至王政不行畿内，如鄭淫風大盛，故次鄭。無王則霸興，故次以齊、晋、唐、魏，皆晋也。齊、晋又衰，則戎、狄之秦主盟中夏矣，故秦次之。至天下無霸，則小國益無所庇，故次之以鄶、陳、曹。亂極思治，以豳終焉。見周之所以開基保治者，如此也。略略可通，然總無關乎正義。詩要得其益處，斷章取義，正不在世次，及爲某人某事作也。

六經皆是言天人相通之理，然猶零碎錯見，惟詩全見此意。十五國風，不過説男女居室，飲食作息；至於小雅，承筐宴衎，士君子所作；以及大雅三頌，居歆奏假，洋溢同流，總不出此。我輩此時飲一盃茶，點一盞燈，厮役之侍立，偶然之嚬笑，得其理便是天理，無有間隔。所以原道見得甚精，其法、其文、其民、其衣食云云，直至「生則得其情，死則盡其常；郊焉而天神格，廟焉而人鬼饗」。〔二〕及謝自然詩〔三〕，非不知道者所能道。中庸君子之道，造端乎夫婦，及其至也，察乎天地。易首乾坤，書先釐降，春秋紀仲子之賵，此猶偶然近於傅會。惟詩經，此道顯然。人不修身齊家，而欲德譽達於閭里，治化及於邦國，必不能也。十五國風未有不及此者。

何屺瞻問何元子詩經世本。曰：「也平常，不過敘次諸詩世代，殊未的確。某意詩經，除如『周公之孫，莊公之子』之爲僖公；『戎、狄是膺，荆、舒是懲』、『至於海邦，淮夷來同』之爲從齊桓公征伐之類，的有證據者爲無疑，其他皆宜空闊，爲無題之詩可也。陳介石極説得是：『頌爲天子用之宗廟者，魯且僭而倣之，則大小雅列國獨不敢倣乎？』夫國風出於天子巡守列國，陳而觀之，以行賞罰，示勸懲者。西周王迹未熄之時，風詩自二南以外蔑如也。東周以後，天子不巡守，諸侯不獻詩，而孔子所選者，反纍纍焉，此豈可信乎？夫風不必二南爲正，自邶、鄘以下皆變也。各國之中皆有正變也，烏知其正者内無西周之詩耶？故不指實，豈不更妙？」

詩經除顯然有證據的，自〔四〕然爲某人某事，稍涉游移者，便須空之，愈空愈好，何用實以世系爲哉？只是要見其大處。如國風不過此男女飲食之故，到大小雅，皆賢人君子所爲，作燕饗慰勞，命將出師，行禮奏樂也，不過如此。至於頌，以成功告神明，格天祖也，不過如此。其言情，情即性也，聖人盡性，徹上徹下，見到至處。六經皆是此理，詩經更説得蒼萃融浹耳。

關雎之詩，夫子明言：「樂而不淫，哀而不傷」，自非淫詩。小序糊糊涂涂，夾夾雜雜，總無條理。以道理推之，則太姒自作思賢助，其説爲長。蓋家居日用，蠶繅酒食，事事次第，筐筥錡釜，品物烹飪，皆修潔治辦。夫君正位於外，一切賓祭皆無失事。此豈易言？太姒有見於此，故思所以助君子者。未得，至於寤寐反側之憂；得之，則有琴瑟鐘鼓之樂。此螽斯、麟趾之本也。由此推之，意味深長。人君之求賢，士大夫之求友，馮翼孝德，直諒多聞，豈容漠然視之？天下惟此樂不淫，哀不傷，外此未有不淫傷者。唐棣之詩孔子删之，以其無此意也。

人不善體會詩經，以后妃不過不妒勤儉，此亦常事，有何奇異？因以卷耳爲助文王憂傷使臣之勞。如朱子所云：「『嗟我懷人』，『姑酌金罍』，大非后妃懷傷使臣之語。」

不知文王家裏事務，后妃調治妥當，賓祭、衣服、飲食、僕御，各得其所，子孫教養有方，使文王一心辦治外事。日中是不遑暇食，無復内顧，此已足矣，所以爲可法。若分外有好處，又不好，便是婦有長舌、牝雞司晨矣。

簡兮際遇，不及考槃、衡門、十畝諸詩，攜手同歸者，亦還去來自得。孫襄。

「文王在上」，在上而爲君也；「於昭於天」，其德上昭於天也；「文王陟降」，一升一降，猶言一舉一動也；「在帝左右」，猶言順帝之則也。程、張之説皆然。孫襄。

王者功成作樂。今大合諸樂而奏之，司樂之官各供其職，但見「有瞽有瞽」，不一其人，皆在我周廟之庭焉。其所作之樂何如？樂必有縣，因使人設其横者之業，設其植者之虡。而業上畫以崇牙，崇牙上樹以采羽，所以飾業也。既有應鼓、田鼓、縣鼓，又有鞉、有磬、有柷、有圉，皆所以節宣作止乎？樂者也設之於庭，樂器既備矣，乃從而奏之。則編竹之簫，併竹之管，應堂上之人聲而備舉焉。樂既備舉，果何如其盛耶？但見喤喤然厥聲之和，肅則噭如，雝則純如，相濟而和鳴也。由是和氣所感，先祖之神聽之，無不來格。我客之至止者，罔不夷懌。由一成以迄六成，永觀之而無有厭斁焉。信乎，樂之美盛可以觀德矣。孫襄。

按樂之奏也，有堂上焉，有堂下焉。堂上之樂，則以人聲爲主，而玉、磬、琴、瑟以和之。堂下之樂，則以笙、管爲主，而應鼓、鼖鼓、柷敔以節之。此詩所陳，不及堂上之樂歌，而琴瑟皆瞽者爲之。言有瞽，則絃歌具矣。鐘磬與歌應者，曰頌鐘、頌磬，與笙管應者，曰笙鐘、笙磬。特言磬者，舉磬以該鐘也。管則堂下之樂之綱，故諸器備而後作。言管不言笙者，天子之樂用管，不用笙，所謂「升歌清廟，下而管象」是也。又言簫者，簫亦管之類，合樂之綱。虞書「簫韶九成」，則大樂備矣。意周樂於舞入曲終而繁，會之時必亦用此也與？自記。

【校勘記】

〔一〕「化光」，原作「光化」，據周易正義卷一及石印本乙正。

〔二〕「郊焉而天神格，廟焉而人鬼饗」，兩「而」字原缺，據榕村語録卷一三與韓愈原道補。

〔三〕「謝自然詩」，原作「其自然詩」，據石印本與韓文公集改。

〔四〕「自」，原缺，據榕村語録卷一三補。

榕村續語録卷四

三禮

周禮看來無可疑，我深信之，確有以見其爲周公之書也。當漢武帝時未出，令得見之，不知何如？帝以尚書爲樸學弗好，兒寬爲帝授一篇，終弗好也。此似不可解。孫襄。

冢宰之官，以其規模言之，則總理五官，遥制四海也；以其總領言之，則調燮王身，肅清官闈也；以其職事言之，則司食貨、制入出盡之矣。或曰：「教，司徒職也。『八統』親親、敬故之類，與『九兩』師、儒之文，若疑於教焉，何也？」曰：「司徒之敷教也，親奉教法，而頒行之日，討斯民而諄諭之，故以教命官也。冢宰所掌，皆所以治在上者之事，不曰輔導天子，則曰綜核百官。事皆攬其大綱，而未嘗有所專主，故不可以一職名焉。此其所以異也。」鍾倫。

司空所以居五官之末者，家君子之論審矣。蓋三代以後，水土事平，度地居民，經書頗易。若夫百工備用之職，於禮樂兵刑諸官，輕重異次，故曰：「殷、周之損益可知也。」鍾倫。

小宰職具八法，據注，尚少官常、官刑。家君子謂「官刑即小宰職末，令於百官府，所謂『國有大刑』。官常即小宰職首，官府之六敘，蓋尊卑以敘，乃官府之常法也。治官府以大體爲先，有官屬，所以優大官而集衆事也，故首之。治官府，以明察爲要，有官職，所以使六屬條其類，而百執事得其理也，故次之。屬固，所以舉邦治矣。有一屬所不能舉者，則必會他屬而舉之，故繼以官聯。職固，所以辨邦治矣。然六職之中，有尊卑錯綜，又必以其序而聽之，故繼以官常。此四者，正治官府之法也。官成，治民事也；官法，治朝儀之事也。民事爲切，故先官成，次官法。此二者，皆官府治事之法也。官刑、官計，皆所以督課其成功，故終焉。刑以糾其不稱職者，計以斷其或稱或否。官刑逐時行之，官計則待歲終而斷之，故計又後於刑也」。鍾倫。

「馭」者，上操其權，以制其下也。「馭其神」者，釐正祀典，無僭舉也。凡治民者，皆曰吏。「禄位以馭其士」，謂未出仕者賢，則進而禄位之，如鄉有賓興之禮是也。祭祀、法則、廢置、禄位，皆施於在上者。賦貢、禮俗、刑賞、田役，皆施於百姓者。先治神而後治人，故祭祀爲先，法則次之，此二者辨等威之事。吏已出仕者，士未仕者，故次廢置，次禄位，此二者定功罪之事。賦貢，下之所以供上；禮俗，上之所以化下。先理財而後施教也。刑賞，所以威民；田役，所以用民。其平日畏威而遠罪，故一旦有事而可用也。八則所條，已備君民規模者，都鄙有立國之義也。鍾倫。

八柄所列，實不過爵禄生殺四者，故首言爵，次言禄。予者，非常之禄也；置者，不次之爵也；生者，可殺而猶生之也；奪者，去其禄也；廢者，去其爵也。誅以施小過，殺以致大罪。舉一而可。此内史所以變誅言殺，互文見義也。鍾倫。

八統所謂「上行之下效之」者，如上進賢斯，下興於賢；上使能斯，下進於能；上保庸斯，下勉於功。此其義也。「達吏」、「禮賓」，家君子謂「吏亦庸也，賓亦貴也」。天下之治，親親、賢賢、貴貴而已。三者之中，親親爲重，故先之。「進賢」、「使能」，賢賢也；「尊貴」，貴貴也。「敬故」是「親親」之推也；「保庸」、「達吏」是賢賢之推也；「禮賓」是貴貴之推也。達此三治者於天下之民，此謂「上行下效之」也，此謂「詔王馭萬民」也。鍾倫。

農者，民之本業，故爲先。園圃、虞衡、藪牧，地利之所生也；百工、商賈、嬪婦，人功之所成也。次及臣妾，微者也。最後閒民，無常職者也。或曰：「司徒頒十二職，此舉其九，何也？」「意主於頒賦法也，出賦者唯有此九等民也。」鍾倫。

嬪貢，未織之物，必經婦功而後成者；服貢，織成之物，中衣服之用者；器貢，成器可用者；幣貢，疑是充筐篚而未必中服用者；貨貢，可當財布之用者；斿貢，輕微可當玩好之用者。祀貢爲先，嬪貢、器貢、幣貢、材貢，皆用物也，故次之。貨貢，異物也，故又次之。服貢，王私用之物也，故又次之。斿貢、物貢，非切用且微物也，故又次之。鍾倫。

牧言地，長言貴，互文也。師、儒皆鄉學之師。大司徒「以本俗〔一〕六，安萬民」，「四曰聯師儒」。注曰：「師儒，鄉里教以道藝者。」疏曰：「致仕賢者，使教於鄉里」，謂之師儒。據此，則師儒非「師氏」、「保氏」。然彼師、儒連言，此離而二之，或大夫致仕者爲師，或士致仕者爲儒，亦一説也。故大傳曰：「大夫爲父師，士爲少師。」師曰賢，儒曰道，亦互文也。至涣者，天下之民，先王所以協比聯屬，而不使之離異者，教養而已。牧、長，君也；師、儒，師也；宗法，親也，此教之屬也；主與吏，道民以利者也；友與藪，使民各得以安其利也，此養之屬也。牧、主，聯合有土，其所繫者不止一國之民，故曰：「以地得民。」「以貴得民」者，天子畿外，其貴得伸，故内公卿大夫出封，皆加一等，以示貴也。都鄙之主不言貴，侯國之長言貴，以此矣。「以利得民」者，都鄙之主，民則理居，地則井授，是以死徙不出鄉，地著而重本，樂其樂，利其利也。鍾倫。

注疏釋「始和」，謂始調和典、法、則已〔二〕下之事，又謂建子之月始和而布之，建寅之月乃縣而觀之。愚意布之與縣非有異時，且據凌人十二月斬冰，是夏十二月，冰堅而斬之。若周十二月，乃建亥之月，非可斬冰。十二月既是夏十二月，則正月自是夏正月，安得以正月繫之於周，十二月繫之於夏？豈有正月建子，十二月建丑者乎？「始和」者，陽氣開動和熙之始。「布治」，即縣治象，施典、法、則是也。治象之法，凡太宰所掌者也。此治象之法，非專施於萬民，其縣而使萬民觀之，浹日而後斂之者，欲令傳布相聞，自近及遠。牧、長、殷、輔之屬，皆所以奉行典、法、則而布之者，故施典、施則、施法，即是將牧、長、殷、輔之屬，更申飭之，建、立、陳、設等義勿泥可也。上文由官府都鄙而及邦國，此文由邦國都鄙而及官府，或先近而後遠，所以尊内；或先遠而後近，重有國也。鍾倫。

凡治謂施典、施則、施法之類，六典、八法、八則、八成、賓禮，各有條目，見於周禮者，或但舉其大綱。如「禄位，以馭其士」，必有都鄙取士之法；「賦貢，以馭其用」，必有都鄙財賦之法；「田役，以馭其衆」，必備都鄙出師之法。他事皆然。在當時，必載之成書，太宰藏之，若頒施於邦國都鄙之等，則依此書所載，考而行之，故曰：「以典待邦國之治」云云。上文無賓客事，惟「八統」有「禮賓」之條，其文不詳。此言「以禮待賓客之治」者，祭祀、賓客、喪紀皆大事，故行人之官，雖隸於司寇，而冢宰猶必關與之也。鍾倫。

或曰：「小宰陳列八法，其序異於冢宰，何也？」曰：「冢宰之治官府，義主於邦治者也；小宰之治官府，義止於官府者也。主於邦治，則以設官分職爲大；主於官府，則以敘次尊卑爲體，故其敘不同也。」「官法之後於官計何也？」曰：「計所以考定功罪，官成以上，皆所當計也。法也者，先時以令於百官，當其事則訓其法，百官廢法，則有常刑，不待稽察功過之日而始斷之，故離而後之也。」「終之以官刑何也？」曰：「經文凡有數可紀者，皆在於前，官刑無數可紀，且其辭曰：『修乃職，考乃法，待乃事』，是不過取上文諸法而申儆之。亦如冢宰先次六典，以至九兩，正月以下，則所以頒施前法者。此周官立言之例也。」鍾倫。

邦國、都鄙官府之治有能否，小宰考察之以告冢宰，冢宰以詔王廢置。均財者，均其所入，謂貢賦有恆經。節用者，節其所出，謂式法有定制。小宰稽其籍以詔冢宰，量入爲出，制國用。鍾倫。

小宰「六敘」，家君子謂「即『八法』中『官常』是也。以其官之尊卑，秩次有常，是之謂『官常』。『進』，如『呼昭穆而進之』之進。『進其治』者，進而授之以所治之職。謂施法於官府之時，六者皆先尊後卑，所謂敘也。次位列者於朝，頒治職者亦當於朝類也。事以服勤，食以報功類也。會定功罪，情弊曲直亦類也」。鍾倫。

從，謂供其使令，聽其教戒。官各有長，總言之治。官以太宰爲長，又分之。食官以膳夫爲長，推此義可見。鍾倫。

司空主興事任力，使土不曠，民不遊，則百物以生。典，王者所操；職，當官所掌。故典言官府，而職不言官府，以其皆官府之事也。「平邦國」，謂執典、法，則以權衡中外；「均萬民」，謂均其賦貢。其餘言邦國、萬民，雖文異而義同。「政典」言「均萬民」，而「政職」[三]言「正萬民」。均，猶齊也；正，猶整也，整齊一也。「節財用」，「懷賓客」以下，典不言而職言之者，典舉其義，故其文括；職舉其辨，故其事詳。鍾倫。

聽，謂聽其治，或有獄訟，則亦聽之。「聽禄位以禮命」，謂興賢能之治，萬民中有德行道藝者，進而禮命之。若欲授禄制爵，則以禮命之書考之。鍾倫。

仁心爲質之謂善，材力可任之謂能，畏威勤事之謂敬，剛直不撓之謂正，道守成式之謂法，審察精詳之謂辨。敬與正，皆善之類也；法與辨，亦能之屬也。鍾倫。

宫刑，此宫中之宫刑也，以其在王宫故，但表縣之。鍾倫。

當官所守謂之職，國家所定謂之法，此統「六屬」之「官」、「刑」也。此一節，家君子以爲「八法」中「官刑」之事。鍾倫。

大府節，家君子謂「『九功』」者，畿内九職之民所貢，閭師所掌者也。内諸侯亦應各以九職所出爲貢，皆所謂『九功』也。但其貢甚輕且微。蓋王畿千里，自農田、關市、山澤、雜税，兵車、牛馬，征役之外，復有此數，以其輕微，故冢宰不載，而於大府載之。稽其所入，亦但以充府庫而已，國之經費不藉此也」。鍾倫。

家君子曰：「邦都之賦，以待祭祀；邦中之賦，以待賓客；山澤之賦，以待喪紀；關市之賦，以待膳服，皆賦之最多者也。邦縣之賦，以待幣帛；家削之賦，以待匪頒；邦甸之賦，以待工事，皆賦之次多者也。四郊之賦，以待稍秣；幣餘之賦，以待賜予，皆賦之差少者也。蓋邦中以外，其地漸遠漸大，自甸、稍、縣、都以内，其賦漸近漸輕。至於關市、山澤、幣餘，皆逐末趨利者，故又增重賦焉。然王城之内，人民聚集，故賦雖輕而得亦多。先王之世，專利有禁，故斥幣雖賦重，而得亦少。其所待不同以此也。歷觀周官之職，凡祭祀、賓客、喪紀諸大事，自邦中以至郊野，莫敢不供。然則某賦以待某事者，計其所出，約略足以供之耳。讀周禮者宜善觀之。」鍾倫。

大司徒「土會」節，家君子曰：「山林積草，故其物毛；川澤積水，故其物鱗；丘陵多樹，故其物羽；墳衍多石，故其物介；原隰積土，故其物蠃。毛肖草之莖，鱗肖水之文，羽肖木之葉，介肖石之體，蠃肖土之形。各感其氣而成其類。蓋毛物生於山林者，金生於土也；鱗物生於川澤者，木生於水也；羽物生於丘陵者，火生於木也；介物生於墳衍者，水生於金也；蠃物生於原隰者，原隰備燥濕高下，土寄旺於四行也。『皂物』、『覈物』，剛之屬也；『膏物』、『莢物』，柔之屬也；『叢物』，和氣之屬也，亦各感其氣而生也。『毛而方』者，得金土之氣；『黑而津』者，得水木之氣；『專而長』者，得木火之氣；『皙而瘠』者，得金水之氣；『豐肉而痺』者，得土之氣也。蓋五地應乎五行，而民物之生不離五行之化，形體既異，性情亦殊。先王因物以施教，蓋由乎此矣。」鍾倫。

「土宜」節，家君子曰：「五地者，經也；十二土者，緯也。十二土各有五地焉，故以土宜之法辨之。任土事者，即稼穡樹藝之事也，以其事重，必察其物而知其種，故又特言之。」鍾倫。

「土均」節，家君子曰：「均，平也。土地有肥磽之異，而貢賦有多寡之殊，所以均之也。」鍾倫。

「土圭」節，家君子曰：「此所謂地中及東西南北之偏，就九州以內言之耳。如今南方多暑，北方多寒，近海處多風，近山處多陰，故惟中州氣候爲得其正。而其日景，則夏至之日，與土圭齊，故取以爲準。是日景以土中而定，非土中因日景而得也。經云『正日景以求地中』者，求之爲言，猶標識之義耳。『景短多暑』，謂景短時多暑也；

『景長多寒』，言景長時多寒也；『景夕多風』，言景夕時多風也；『景朝多陰』，言景朝時多陰也。景短謂夏，景長謂冬，景夕謂午後，景朝謂午前。」鍾倫。

「卿大夫之職」節，家君子曰：「五物即射中之事。和，内志正也；容，外體直也；主皮，中也；和容，其節比於樂也；興舞，其進退揖讓比於禮也。大司樂『王大射』，則『詔諸侯以弓矢舞』，注謂『舞者，執弓挾矢，進退揖讓之儀』。」鍾倫。

「舞師」節，家君子曰：「鼓人隸於司徒者，司徒掌徒役，凡師田行役，鼓用爲多，舞師不隸於宗伯者此。四祀當是民間之祭，與師樂〔四〕所掌不同。社稷即上州社，山川、四方，蓋亦各於其地。旱暵，恐亦民自祈禱。若天子『大雩帝，用盛樂』，豈特『皇舞』而已也？」鍾倫。

「近郊十一，遠郊二十而三，甸、稍、縣、都，皆無過十二。」如以爲田税，則惟近郊正合中制，遠郊、甸、稍、縣、都多者，乃至十三，斷非周初取民之制可知。故鄭注以爲口賦，而朱子以爲并雜税而算之也。考冢宰「九賦」，邦中、四郊、甸、稍、縣、都之外，尚有山澤、關市、幣餘之賦，而此不言之，則朱子所謂并雜税通數者，確矣。蓋冢宰「九賦」，分田賦、雜税言之也。「載師」遠近郊、甸、稍、縣、都之征，合田税、雜税言之也。近郊無雜税，故止於十一。鄭氏口賦之説，恐非三代之制也。但禹貢冀州王畿無貢，而周官「九貢」、「九賦」之外，尚有「九功」之文，則畿内九職之民又皆有貢。其職之所出，爲不可曉。然意其貢，當亦甚少，故不屬於天官。自記。

「載師」節，家君子曰：「里布乃布帛之布，蓋不毛則出布，不耕則出粟，無職則出征。征者，力役之征。皆各以其類。」鍾倫。

「閭師」節，家君子曰：「閭師所掌貢，即九功之貢也。蓋自國中及四郊六鄉之地，閭師所貢，其餘則食采之君貢之與？」鍾倫。

「泉府」節，家君子曰：「『凡國之財用取具』，謂當需布者，非國用盡取具於泉府也。」鍾倫。

鄉吏主教，遂吏主耕，互見也。自記。

「大師樂」節，家君子曰：「周兼立四代之學，舉成均爲尊也。其法則樂德、樂語、樂舞之類。立師教之始，而祀之於學，所謂釋菜於先師也。」鍾倫。

「大合樂」，乃肄習於學之事，其用則格鬼神，動民物，樂之效也。律以爲聲之和，聲以爲音之節，故其立文之序如此。自「鬼神示」以及「動物」，其序則自尊而卑，自近而遠也。鍾倫。

「分樂」節，家君子曰：「上言祭、享、祀三事，而此乃有六樂者，蓋有祀日月星辰不繫於天，祭嶽瀆山川不繫於地，特祭閟宫分享羣廟之時然。其曰祀、曰祭、曰享，則仍蒙上文、其實三事而已。四望，日月星辰也。黄鍾，陽辰之始，而大吕合之，天主大始，故以祀天也。應鍾，陰辰之終，而太簇合之，地居成物，故以祭地也。姑洗，陽辰之終，而南吕合之，四望次於天，故以祀四望也。函鍾，陰辰之始，而蕤賓合之，山川次於地，故以祭山川也。夷則西方，而小吕合之。夾鍾東方，而無射合之。人事始於卯，終於申，故以享先妣、先祖也。天主奏，地主歌，妣反主奏，祖反主歌者，周尊姜嫄，故以妣爲先。每二律歌奏，則别爲二調。然通謂之一樂者，所用同也。凡此二律者，特以之起調畢曲耳。其間五聲，蓋各以其律，從而爲八音之節，故曰：『文之以五聲，播之以八音。』」鍾倫。

變猶更也，樂成則更奏，故一成亦爲一變。此條通論爲樂感召之理，以起下六變、八變、九變之端也。羽物輕清，得氣之先；其次則羸物，爲其近於人也；其次則鱗，次毛，次介，以動静之性爲别也。川澤之竅大，山林之氣疏，其次丘陵，次墳衍，次土示，以氣之通塞爲序也。象物聚而成，象不可常者，六變而致「象物，及天神」，故下云樂六變，則天神「可得而禮」也。由此而八變以興地示，九變以來人鬼，不究言之者，省文也。注以此爲大蜡之樂。特因經文及於百物，故緣以起義。不知蜡祭則吹豳頌、擊土鼓，乃籥章氏掌之，非大司樂之事。且據注，四方之蜡各用其律，是四樂也，反蒙六樂之文，何哉？鍾倫。

「圜鍾爲宫」數節，家君子曰：「上六樂者，用以祭、享、祀，各有二焉，此則合二者而一之。蓋陽生而郊天配以日月星辰，陰生而祭地配以嶽瀆山川，大事於太廟，配以羣后之時也。所用之律，與前文同，但錯互黄鍾、圜鍾之文，又誤小吕爲南吕耳。其云某律爲宫中，即本律爲之；其云某律爲角、爲徵、爲羽者，非本律爲之，乃謂本律之角、之徵、之羽也。且若圜丘之樂，宫固黄鍾也；黄鍾之角，則姑洗也；太簇之徵，則南吕也；姑洗之羽，則大吕也。方丘、宗廟莫不皆然。蓋合天神四聖之樂，以奏於圜丘；合地示山川之樂，以奏於方澤；合先妣先祖之樂，以奏於太廟也。無商者，祭祀吉禮，商，殺伐之聲，故去之。人鬼之樂，卯與戌合，當用無射，而複用南吕者，戌爲乾，維金氣之盛，故亦去之，而用卯衝焉。蓋去商者，去其調也；去無射者，去其律之調也。至於調中之聲律，則雖商與無射，未嘗不用也。其必用黄鍾、林鍾、圜鍾爲宫者，天氣始於子，終於辰；地氣始於未，終於亥；人事始於卯，終於申，故以三始者爲宫也。義既有取，氣亦相應。冬至祀天，自當用黄鍾，冬至之律。夏至祭地，午爲陽律，取未與午合，自當用林鐘爲宫。宗廟之祭，以春爲首，自當用圜鍾，春分之律。夫陽始於子而終巳，陰始於午而終亥，人統始於寅。今曰陽終於辰，陰始於未，人始於卯者，蓋陽終於巳，而巳爲陰律，陰始於午，而午爲陽律。惟子、寅、辰爲陽中之陽，是陽終於辰也，故以子、辰之合祀天神、四望；惟未、酉、亥爲陰中之陰，是陰始於未也，故以亥、未之合祭地示、山川。寅雖人統，然人之六辰固欲兼天地而用之，自卯至申，各用陰陽之半，故曰人始於卯。其用六代之舞，亦與前異者，在天則統以天神之舞，在地則統以地示之舞，在人則以古樂爲尊，故用大韶焉。其音有八，而僅舉鼗、鼓、管、琴、瑟者，堂上舉琴、瑟，堂下舉管與鼗、鼓，爲諸聲之綱也。其三樂之變數多寡不同者，天動而地静，動者速，静者遲；天地伸而人鬼屈，伸者易求，屈者難致也。上六變者，五土之示皆已畢至，而此謂『樂八變，地示乃出』者，前所致是山川之類，經别地示於山川，故八變而出也。注家以此爲大祭降神之樂，以上大合樂爲大祭行禮時樂。不知合樂者，惟肄習於學宫爲多，若用之賓祭，蓋無考焉。春秋吴季子觀六代之樂，亦陳而觀之耳。且别以一樂降神，又合樂以祭，其説亦有所不通也。又按樂所歌奏，必有其文，如禮記『升歌清廟，下而管象』，以舞大武，及此經『九德之歌』、『九韶之舞』是也。神示樂章當亦有之，蓋經偶不及之耳。」鍾倫。

「凡樂事」節，家君子曰：「祭祀用樂，説見前文，但正學之外，復有此三夏以贊出入也。樂之諸工，各有所屬，而國子六舞，乃大司樂所教，故特言之。」鍾倫。

不入牲則不奏昭夏，但王出入、賓出入，奏王夏、肆夏而已。其宿縣展聲命舞，亦與祭祀同也。凡五禮用樂，惟祭祀饗燕爲盛。其樂有升歌，有笙管，有間歌，有合樂，各有樂章，以歆鬼神，以娱賓客。而又奏九夏，以出入於有司徹而歌雍，及乎燕樂、縵樂，莫不陳而觀之。他若大射、大食、大獻之屬，各隨其事用樂而已，則不若祭享之備也。鍾倫。

「日月食」節，家君子曰：「去樂者，去之不作。弛縣者，釋下其器弛縣蓋久矣。」鍾倫。

「凡建國」節，家君子曰：「國，諸侯之國。太師陳詩以觀民風，則司樂因而禁之。」鍾倫。

「樂師」節，家君子曰：「宗廟之舞，干羽並備，何嘗專用人舞？蓋舞器有此六者，其用之各以其宜，不必分事與地。舞師所稱，蓋謂民間民樂，故器不得備。其施於國則否。」鍾倫。

「教樂」節，家君子曰：「此所教者，自王以下，非止國子樂儀。凡行趨、登車、周旋、拜跪及射，其節應乎樂者皆是。」鍾倫。

商書曰：「敢有恒舞於宮，酣歌於室，時謂巫風。」周官大胥兼序宮中之事，意深矣。鍾倫。

鐘磬十六者，蓋十二正律并四清聲耳。樂惟五聲得以爲調，十二律旋相爲宮，而自夷則以下少一聲，自夾鍾以下少二聲，自無射以下少三聲，自仲呂以下少四聲，故復爲四清聲，以具商、角、徵、羽之調。此鐘磬所以有十六也。二變不爲調，故不登於縣。疏以八風釋之，恐非其旨。鍾倫。

自大司樂、樂師及大胥、小胥，皆以教爲職，而凡樂之政令綱紀屬焉。自大師以下，則無與國學之政，所司者器數聲音一節之事，所教者其屬而已。鍾倫。

凡樂之歌奏，皆瞽者爲之，擇其賢智者爲大師、小師而統率之。鍾倫。

大師「教六詩」節，家君子曰：「言風即繼以賦、比、興，而後及雅頌者，詩以風爲首，有風則有三者矣。」鍾倫。

考之儀禮「升歌三終」，「笙入三終」，無所謂管者。蓋管重於笙，重則以管，輕則以笙也。故「升歌三終」，「笙入三終」，鄉飲酒及燕用之。至四方之賓客，則「升歌鹿鳴，下管新宫」，故曰管重於笙。天子則「升歌清廟，下而管象」。祭祀之樂也，肆夏繁遏，渠所以饗元侯也，所管未聞。鍾倫。

瞽矇不言「掌凡樂事」者，瞽矇所習者，雖無事常肄焉，故舉其業而已，用在其中也。鍾倫。

「眡瞭」節，家君子曰：「此所謂廞者，謂瞽矇所掌者。又此職既掌頌磬、笙磬，復掌大師之縣，則鐘磬之屬亦必眡瞭廞之。故鐘師、磬師不言廞器，其餘笙師廞竽笙，已下鎛師廞晉鼓，籥師、司干典庸器，各以其職。廞作大旅，惟於眡瞭、笙師言之者，見例而已。」鍾倫。

虞書「笙鏞以間」，「頌」或作「鏞」，謂歌與笙間作也。頌磬、笙磬，此編縣也。其云：「掌大師之縣」，總言凡縣皆掌之也。云：「賓射奏其鐘鼓」及「鼜愷獻」，此則特縣者。又歌吹，大抵皆瞽矇之事，故瞽矇人數亦多。而其職有塤、簫、管之屬，笙師所教者此也，特文詳略異耳。然則小師既教之矣，而笙師復教之，何也？蓋管笙器多，瞽矇人衆，大師、小師特爲之審其音，通其理，設笙師以佐之，不亦宜乎？鍾倫。

大師所掌者歌，鐘師所掌者奏，然則四節者，蓋歌而鐘鼓以奏之也。眡瞭所奏鐘鼓，其役於鐘師者與？鍾倫。

「凡軍之夜三鼜」者，行鼜也，故曰「守鼜」以别之。鍾倫。

「韎師」節，家君子曰：「旄人、鞮鞻氏並掌四夷之樂，此乃特别東夷者，其樂蓋優與？」鍾倫。

「旄人」節，家君子曰：「此所掌者，夷舞，鞮鞻氏所掌，其器一聲。」鍾倫。

「籥章」節，家君子曰：「此大司樂所掌，國所舉用之樂，與鼓人、舞師所掌民間助祭者不同。迎寒暑則先擊鼓，祈年則先吹籥者，土鼓，上古之樂也；豳籥，豳人之樂也；寒暑，天氣尊也，别於人物，故所用不同。豳，諸侯之國，以其爲受命之基，故不可夷於列國，而特以籥章氏掌之。其用之必於田事，不忘本也。然則不陳之廟中，何也？曰，王者功成作樂，豳非王者之樂也，故不得與韶、夏、濩、武陳之也。燕樂、夷樂其陳之何也？所以一風俗，示無外也。於豳不敢混而陳之，所以尊祖宗也。」鍾倫。

「司干」節，家君子曰：「鄭蓋欲别司兵與司戈盾，故於彼言干戚而不言戈。又欲别司兵與司干，故於此言羽籥而不言干戚耳。疏解恐非其意。」鍾倫。

「太卜掌三夢」節，家君子曰：「此與前三兆、三易分爲三家者異，故下直云：『其經運十，其别九十』，不言皆也，『致夢』有以致之，晝所思爲，夜則成夢是也；『觭夢』亦思爲所致，而詭異不測。衛玠謂『夢有想有因』，『致夢』、『觭夢』之謂也』。咸，感也；陟，升也。精神感而上通，與鬼神合其吉凶，以其無心焉，故曰咸也。及其占之，則以其時，日月星辰之運，如占夢所云也。」鍾倫。

開占書而以占者，占人之事。卜師所掌，在於作龜，所謂「開龜」者，蓋作龜也。「四兆」者，鑿龜之四方，鄭氏云：「春灼後左，夏灼前左，秋灼前右，冬灼後右」是也。方功、義弓之義未聞。鍾倫。

「太卜」節，家君子曰：「『眡高』者，仰視高處，蓋高者神明所在，故『作龜』、『命龜』皆『眡高』。今之術者猶然。古者遷國行師，必以龜從，『貞龜』者，正龜位而以行也。祭饗有陳寶玉之事，而龜其一。傳曰：『龜爲前列，先知也』。『大旅陳龜』，義蓋如此二者，非用以卜。注以輕重別之，可疑。喪事與祭祀同，後言之者，凡喪事多後之。」鍾倫。

「占人」節，家君子曰：「言『占龜』，蓍亦在其中矣。『以八簭占八頌』者，以八命而占龜也；『以八卦占簭之八故』者，以八命而占蓍也。各互其文，其實一也。」鍾倫。

君大夫以下，雖以次而占，然占其吉凶，則亦占人之事。鍾倫。

「簭人」節，家君子曰：「八事已盡之矣，又有『九簭』，何與？按世本『巫』咸作『簭』，由此推之，『九簭』其九家之法與？」鍾倫。

「占夢」節，家君子曰：「此『天地之會』、『陰陽之氣』，皆察之於日月星辰而見者也。」鍾倫。

思，當爲覺。夢中忽有所知審者，忽有所見正夢、噩夢者，「咸陟」之類也；「覺夢」、「寤夢」者，「奇夢」之類也；「喜夢」、「懼夢」者，「致夢」之類也。鍾倫。

「眂祲掌安宅」節，家君子曰：「降者，神之所下有吉有凶，安民之居而序神之所下，則可以使民避凶就吉矣。」鍾倫。

先生見巫爲人祈福，曰：「古之道也，祀天饗帝，有祝、有司之守。交於鬼以巫，以陰氣接者也。女爲巫，男爲覡。」孫襄。以上周禮。

儀禮中惟有士大夫之禮，天子諸侯惟覲禮、聘禮，至於天子諸侯之冠昏、喪祭，總不存矣。

問：「士大夫家有舞如何？」曰：「祖宗既無功德可歌可象，則隨其歌而用之耳。儀禮皆士大夫所用，天子諸侯所用之禮樂，俱不傳。漢、唐以後，皆以士大夫之樂增損之，用於天子諸侯耳。以大武六成合之益稷，則知虞廷之韶蓋至四節：『搏拊琴瑟以咏』，升歌也；『下管鼗鼓』，笙入也；『笙鏞以間』，間歌也；『合止柷敔』，合樂也。『簫韶九成』，亦終以舞。季札觀周樂，見舞韶箾者，箾即簫舞者所執之物。」

古樂有四節，元人曲四齣尚有古意。蓋樂貴人聲，次人氣。初起升歌三終，堂上鼓瑟，而歌鹿鳴、四牡、皇皇者華，不雜衆音。既畢，然後笙入三終，堂下笙南陔、白華、華黍。既畢，然後間歌三終，歌魚麗，笙由庚；歌南有嘉魚，笙崇邱；歌南山有臺，笙由儀。既畢，乃合樂三終。周南：關雎、葛覃、卷耳，召南：鵲巢、采蘩、采蘋，蓋歌關雎、葛覃、卷耳，即笙關雎、葛覃、卷耳也；歌鵲巢、采蘩、采蘋，即笙鵲巢、采蘩、采蘋也。所謂「關雎之亂」也。

問：「樂始堂上之歌，不知金聲之後即歌乎？」曰：「朱子謂『先擊鎛鐘以宣其聲，俟其既闋而後，擊特磬以收其韻』。此説却無據。雖或出於注疏，考之於經，殊不合。蓋觀『戛擊鳴球，搏拊琴瑟以咏』，及『既和且平，依我磬聲』，反似磬在先。蓋堂上堂下，皆用鐘磬節之，如今曲中之用板。與歌相應者，曰頌又曰鏞鐘、頌磬；與笙相應者，曰笙鐘、笙磬也。至樂之舞，經無明文在何時，大約在合樂之時。如大武『始而北出』，一人『總干而山立』，『夾振駟伐』，但作此象，不知此爲何人。旁或歌『上帝臨汝，無貳爾心』之章，則人知其爲武王大正於商，俟天休命也。『再成而滅商』，一人『發揚蹈厲』，又不知爲何人。旁或歌『維玆尚父，時維鷹揚』之章，則人知爲太公也。『三成而南』，所謂『濟河而西，馬歸之華山之陽，牛放之桃林之野』，使天下知武王之不復用兵也。『四成而南國是疆』，所謂『列爵惟五，分土維三』也。『五成而分周公左，召公右』，『分陝而治也』。『六成復綴以崇天子』，所謂『垂拱而天下治』也。由此推之，則韶之九成，想見舜之功德，徵庸、在位、齊政、巡守、命官、殛罪、封山、濬川諸事，遂至九成也。」

嫂叔有服，儀禮中固自有之。先儒何以不檢點及此，而相沿無服之説，行之至今？此不可解者。以上儀禮。

或問：「孔子待康子禮謙，於其饋藥，拜而受之。」曰：「古者席地而坐，終日百拜俯首而已。如今之百拜，則筋力竭矣。孔子未至委頓則不寢。坐之禮，屈兩膝向後，而身僂坐於其上，即今之跪。危坐者，雖跪而停身不僂。長跪，則坐稍遠，而伸一足側身以就之也。前席，則移席使前，而安坐不動。故長跪視前席爲卑遜。」問：「古人未有椅棹，故席地。」曰：「今滿洲家猶用之，然滿洲之盤坐，僧家之趺坐，兩足相交，即原壤之夷禮中之所謂箕也。」問：「『君子問更端則起而對』是起立。」曰：「然。『子夏蹷然而起，負牆而立。』」孫襄。

王制一篇，先儒謂多舉歷代之典，蓋不盡周制也。然其本末次第，井有條貫，則非苟然編次者。蓋首言封建、井田、爵禄之制，乃王道之本也。次言巡狩、朝覲、班錫、田獵之制，王者所以治諸侯也。次及冢宰、司空、司徒、樂正、司馬、司寇、市官之職，而以告成受質終焉，王者所以理庶官也。然後及於養老、恤窮之典，使天下無不得其所者，則又所以逮萬民也。庶官理於内，諸侯順於外，萬民得所於下，而王道備矣。然必自封建、井田始，故二事不還，則三代終不可得而復也。自記。

「爵人」、「刑人」及「不畜刑人」兩條，舊説以爲商制。以周制爵人於廟，有爵者刑於甸師氏，及墨守門，劓守關，宫守内，刖者守囿，髡者守積也。自記。

禮運記帝王禮樂之因革，及陰陽造化流通之理，疑出於子游門人所記。自記。

「禮器」「器」字有二義：一是學禮者成德器之美，一是行禮者明用器之制。自記。

大傳一篇，論祖宗仁親之大義。自記。

「宵雅肄三」，童子初入學時，即使習鹿鳴、四牡、皇皇者華，言將異日爲官，賓於王家而效忠勤也。

古樂疑多聲音，樂舞之節，而無辭句可讀誦記識，故秦火後無傳。樂記一篇，乃河間獻王所纂述，不過明其義耳。至器數之詳，不可考矣。自記。

樂記自「魏文侯」以上，略分爲八段。自「凡音之起」至「而出治道也」爲第一段，自「凡音者」至「德者得也」爲第二段。此二段言樂之生於人心而關乎政治也。自「樂之隆」至「則禮行矣」爲第三段，言先王作樂，感人心之效。自「大樂與天地同和」至「故聖人曰禮樂云」爲第四段，又推其制作之原，極其神化之妙，其精微所存，有不在區區器數聲容之間者矣。自「昔者舜作五絃之琴」至「善則行象德矣」爲五段，申樂之關乎政也。自「夫豢豕爲酒」至「可以觀德矣」爲六段，申樂之生乎人心，而感通之效也。自「德者性之端也」至「然[五]後可以有制於天下也」爲第七段，又以申其制作之精，神化之盛，誠不在氣數聲容之間也。蓋統樂之本末而論之，則生於人心者，還足以感乎人心；成乎風俗者，還足以變乎風俗；本於天地者，還足以通乎天地。是以終篇反復推明，而大旨不過如此而已。自「君子曰」至「禮樂可謂盛矣」爲一段，本在子貢問樂之上，今按當依史記附於七段之後，蓋樂之總論也。「魏文侯」一節，所以言聲，「賓牟賈」一節，所以言舞，「子貢」一節，所謂「詩言志，歌永言」，則又聲容之本也。戴氏之編，自學、庸外，未有若是之精神者也。留心禮樂者，其可不致思焉？自記。

禮樂率神，從天居，鬼從地，天地鬼神只是一套事。但天地顯而鬼神微，天地示不易之理，鬼神妙不測之機耳。自記。

按祭法曰：「王立七廟。」而以文、武不遷之廟爲二祧，以足其數，則其實五廟而已，與三昭、三穆，並太祖之廟爲七之文異。壇墠之主藏於祧，而祭於壇墠，猶之可也。直謂有禱乃祭，則大祫升，毁廟何爲乎？宗廟之制，先儒講之甚詳，未有舉壇墠爲言者。周公三壇同墠，非此義也。又按五祀之文，散見經傳者非一，此言七祀、五祀、三祀、二祀、一祀之説，殊爲可疑。曲禮「大夫祭五祀」，注言殷禮；王制注謂「有地之大夫」，皆未可詳也。又庶殤全不祭，恐亦非禮。自記。

孔子閒居篇引湯之詩，以明無私之德，則三代皆可知矣。「天有四時」以下，即天地之無私也。「清明在躬」，聖人之無私，合於天地也，故能受命而興，舉文、武，而三代亦可知矣。故總之曰：「三代之王，必先其令聞也。」惟篇首「五至」、「三無」等語，不類聖人之言。自記。

坊記蓋記者雜引孔子之格言，而結以己意。凡引易、詩爲證，亦多記者之辭。不然不應夫子之言，而證體若是其類同也。緇衣亦然，中間言語，亦有後人夾入者。

儒行所列條目凡十有七，多重復其辭理，且語氣夸張，大不類聖人對君氣象。蓋多出於後儒附益之辭。自記。以上禮記。

春秋

春秋胡傳，動引左傳，有此事經何以不書？便搜討一緣故，此大不然。夫子當初止因魯史之舊，當時赴告有便書，無便不書，夫子豈得增減？只是定義例而已。故知以左氏傳爲魯之春秋原本，夫子因而作之者，非也。左氏傳蓋注春秋，而附益以所聞者。

春秋一書，游、夏不能贊一辭。後世大儒，如程朱皆不能理會到畫一處，真是難看。胡康侯轉不如啖助、趙匡等粗粗的講，倒有著處。啖、趙等又不如三傳爲有來歷，只是三傳又不能使是非有定處。

春秋正月者，四時原不改，只是改正朔，以新人之耳目而已。如寅時人方起，不成子時半夜，黑洞洞的即教人起。亦不像萬物發生於春，若十一月爲春，則水冷草枯，冷冰冰的而謂之發生，可乎？夫子此書即有微意，便見時之春夏秋冬，不因王制而改天之序也。若是尊王，何不書王春正月乎？豳風凡夏時，皆書月，周時，便書日。「一之日」，「二之日」；「四月秀葽，五月鳴蜩」，固自有緣故。其實以此爲歲首，亦不是。堯典劈頭從「欽若昊天」、「敬授人時」，自然畢竟以興作人事起頭爲歲首方妥。夫子云「行夏之時」、「祖述堯舜」，删書斷自唐、虞，固知孔子比周公又較妥當。

「夏時周月」之説，非之者輒引泰誓爲據，胡文定援證自多。「大會孟津」，推長曆者，以爲十一月二十八日之事，惟「十有三年春」，或作「十有一年」，正使此篇不誤，亦不能以寡敵衆。蓋春夏秋冬、仁禮義智、木火金水、東南西北、曉午昏暮，各有定位，今以周之建子爲春，則將迎春於東郊乎？迎春於北郊乎？聖人南面而聽，天下嚮明而治，周之明堂將欹側尖斜，而易其向巽方乎？秦書建國曰「元年，冬十月」，固不改時矣。豈武王、周公反智出嬴氏之下耶？然則孔子何以亂之？寓「行夏之時」之意也。天有陽而無陰，有賞而無罰，則時闕焉而不書。程門之説，以爲孔子以天自處。朱子自分此生不敢議此書，則固以俟之來世乎？孫襄。

左傳左氏，自是子夏門徒。即史遷亦止言左丘，未嘗言左丘明也。

讀春秋也無難，以朱子綱目書法比照，則得之矣。固知善言春秋者，不言春秋也。孫襄。

「有年」、「大有年」，自古難得。春秋二百四十二年，止桓、宣書二次。程伊川謂爲譏也，豈有二百四十二年止兩次「有年」者？蓋謂弒君之賊而何以亦有年乎？此論恐未確。若以此爲貶譏，則書饑爲褒美乎？聖人貴民命，貴難得，故謹書之。明道先生和平，伊川説經，合下便有漢儒不知道，安能通經見解。正心誠意之學，漢儒果不知也，至於説經，豈無是處？合衆人之是，皆所以明經也，豈可輕忽掃棄？

隱公十一年，「滕侯、薛侯來朝」，次年，〔六〕桓公二年，〔七〕即書「滕子」。杜預以爲周天子貶之爲子。伊川言滕後屬楚，故貶稱子。無論滕侯封於先王，夫子不得貶之，且荆楚後數十年始見於經，豈有以子孫之從夷，而豫貶其祖父之理？況考春秋經從楚者陳、蔡諸國，滕從未服事楚國，伊川之言未確。胡康侯知伊川之論不確，因改一論，以爲桓公乃弑君之賊，而滕子首來朝，春秋惡之，故貶稱子，以示罰。夫桓公身爲簒弑，絶無誅譏，而來朝小國，遂貶其爵，已屬不倫。且即如此説，來朝者貶之，〔八〕終春秋皆稱「滕子」，此又何説？豈有弑君之賊，世世子孫稱公，而來朝之人，世世子孫皆從貶罰？春秋如此用刑，尚爲聖人之書乎？朱子不信兩説，以爲當時諸侯有自貶以輕賦者，故子産以邦本爵争供賦。此説亦不確。齊桓創伯，列國始有會盟征伐之事，此時尚相隔許多年。滕此時並未有索賦之苦，何遽自貶？況隱公十一年滕、薛來朝，尚嘵嘵争長，方自崛强，豈肯於一年間〔九〕即自貶稱子？斷無此事。仔細思之，惟杜預注是。伊川以爲東周，焉能貶諸侯？東周若能貶諸侯，則春秋可以不作。夫吴、楚僭稱王，齊、晉諸不法，天子不能問，而能貶者，惟滕、薛、杞之小國。楚子觀兵於周疆，且使人勞之，此王政之所以不行，而春秋之所以不可不作也。薛貶爲伯，杞貶爲子，滕貶爲子，無足怪者。況當時周雖微弱，體貌尚存，齊桓必待命之爲伯，而後敢會諸侯。王人雖微，尚敘於諸侯之上，不特當時然也。數百年後，晉武公賂周以寶器而得封；趙、韓、魏分晉，尚必禀命焉。故司馬通鑑尚云：「初命韓虔、趙籍、魏斯爲諸侯。」〔一〇〕豈有以東遷不久，而即不能以威命及小國乎？惟不敢問大國，而威只行於小國。如門祚衰薄之家，紀綱之僕尾大不掉，惟汲纍下役朝笞而暮榜之，適足以啓輕侮。看書不熟，又不深思，遂憑臆見説經，如胡康侯之傳，其謬妄者多矣。天子死曰崩，諸侯曰薨，大夫曰卒。春秋於某國某君死，皆以原爵書卒，惟魯稱公，至葬，皆稱某公，從時號。諸家紛紛不可通，不知即是眼前道理。其曰某國、某號、某名卒者，因其訃而記之於我史册中。彼不爲政，我爲政，則據其原爵而書之，不必因其僭而僭之，且示不喜之意，曰卒者彼哉彼哉。至於葬，則我國遣人會葬，往來之禮，以彼爲主，非王非伯，豈有入人國行禮，而封其臣子貶其君父之理？此即日用常行庸近之所必然，人卻以深求而失之。况葬既書公，而卒書本爵，互相印證，僭竊昭然，所謂「微而顯」也。

【校勘記】

〔一〕「俗」，原作「屬」，據周禮注疏卷一〇大司徒改。

〔二〕「已」字下，原注有「始調和上六典八法以」九字，當爲黄家鼎所稱「箋正」。因與上句重複，故移置注中。石印本無此九字。

〔三〕「政職」，原作「正職」，據周禮注疏卷三小宰改。

〔四〕「師樂」，當爲「大司樂」之誤。李光地榕村全集卷五周官筆記「鼓人」條，與此條文同，「師樂」即作「大司樂」。

〔五〕原作「而」，據禮記正義卷三八樂記改。

〔六〕「次年」，春秋書「滕子來朝」，事當桓公二年，應屬隱公十一年後二年。李光地榕村全集卷三春秋大義，即記作「越二年」。

〔七〕原作「桓公元年」，據春秋左傳正義卷五桓公二年經文改。本書卷七「文中子論史」條，亦作「桓公二年」。

〔八〕此處原缺十六字，就上下文意看，似無脱落，故不從，而從石印本。

〔九〕「二年間」，似不妥，宜從作者春秋大義説，作「越二年」。

〔一〇〕此句原引作「始命韓虔、趙藉、魏斯爲侯」，據資治通鑑卷一周紀改。

榕村續語録卷五

宋六子

四書、五經後，有三篇文字：太極圖説、西銘、定性書，缺一不可。太極圖説〔一〕明天人之道，尚渾渾淪淪；西銘從父母之生，説出天人合一，廣大切要，然尚無下手處；定性書則指明一體一用，動静交養，廓然大公，物來順應。程子他日恐人錯會，自解云：「廓然大公，敬以直内也；物來順應，義以方外也。自修之事畢矣，第能於怒時遽忘其怒。而觀理之是非，何以能忘其怒？非敬以直内何以能此。」

漢、唐知聖學者少，故佛教昌熾。儒者褒衣博帶，率以讖緯文詞，講到經濟氣節而止，故將孔子合内外之道遺卻一邊，全不從天命之性，自己身心誠敬上下功夫。佛家竊之，所以他還知從内裏講個定空，視吾儒之營營逐逐，沉溺不返，輕而笑之。至周、程、朱、張出，而此理乃大明。雖未必人人能行，然此理得不晦昧，故彼教亦從而衰落。物不能兩大，彼與我故相爲乘除者，朱子之功與日月争光可也。

周子真不可測，過數年更覺見得其書妙處，又進過幾年復然，總無隙縫可乘。至邵子之書、程子易傳、朱子本義，皆不能無遺義。不知周子之學何所自來，朱子作周子像贊，直以爲不由師傳，默契道體。以爲授自希夷者，非也。

聖賢之道，久而彌光。程朱去今尚近，將來愈久愈顯。後來便以堯、舜、文、周爲上古，孔孟爲中古，周、程、張、朱爲下古。

聖學中興者周子，周子，楚人也。二程生於江西，長乃歸洛。朱子生於閩，終身居閩，之新安者再耳。祇算張子横渠一人，是北方之産。孫襄。

周子不卑小官，所到之處，以鋤奸澤物爲己任，是委吏乘田之意也。三代而後，出處之正者，孔明也；孔明而後，出處之正者，程朱諸賢也。孫襄。

程子之言無所傳授，得之天。朱子有所依倣。開先作祖底最難。孫襄。

學者有志，當法朱子，若二程，則有不可測識。朱子受學延平，生則師事之，殁則奔其喪。二程於周子，不聞有是也。周子之殁也，大中猶無恙，同寮至交不若是恝。程門不以言語爲教，豈其書不傳耶？朱子得蔡西山，反師資之，於吕東萊、張南軒、陳同甫輩，辨論攻擊，不遺餘力。伊川易傳，與康節之學，判然若不相入。居洛二十年，亦未嘗如朱子之與象山，反復數四，終於不可合而後已也。孫襄。

朱子師禮延平，殁身不衰，而亦不諱所短。程子教人涵養未發氣象，自龜山差了宗旨，執而勿失，大段著力，便似釋氏「觀吾性起滅」、「識取本心」之説。孫襄。

周子學問深潛，門人亦甚少，得二程。大程十五歲，小程十四歲，便以太極、通書傳之。周子無復餘事，然二程足矣，何用他爲？二程門人甚多，不見又得一程子。朱子更多，更不見其如朱子者。

「上天之載」，「載」，始也。上天之始，即所謂天地萬物之根，「太極」是也。書傳有「太始」、「太初」，亦取此意，但不如「太極」兩字渾全的確。自記。

「太極」打一圓圈最好，陰中有陽，陽中有陰，質如是氣，亦如是五行。交繫於上，一陰陽也；交會於一，一太極也。氣化、形化，分而二之，實引而親之也。人知成形於父母，而不知受氣於天地。使知以星辰河嶽自處，則立於天地之間卓然矣。孫襄。

看來「無極」二字之義，不是謂無之極，亦不是無此極。蓋言他物以有爲極，而「太極」以無爲極也，如此，方於「無極之真」四字説得順。「無極而太極」，言以無爲極者，天下至大之極也。自記。

周子太極圖，上一圈似乎可省，而不知妙處在此。蓋語人以爾與天地一般，太隔絶多不可信。至教他以爾之身父生之，父本於祖，祖本於曾、高，遞而上之，以至於最初，必有兩大父母，以爲所生之始者。至顯至切，不待煩言，而知我與天地爲一體矣。下一圈，就包一部西銘在内，而張子隨續之，奇矣。聖人治天下，專在根本上用功。如人培養花木，都在枝葉上灑以水，去其塵垢，聖人止在根上培植灌溉，枝、葉、華、實自然茂盛。

周子指出「萬事」來對「萬物」，其知變化之道，神之所爲乎？死生之説，鬼神之情狀，於何知之？以吾心之應萬事而知之。孫襄。

周子「定之以中正仁義，而主靜」。自注云：「無欲故靜」，恐人錯會也。他人多不得其解，惟朱子知之甚精，曰：「其行之也中，其處之也正，其發之也仁，其裁之也義。」蓋處便是現成事，裁便是截然而止，故正與義無事可見，見於事即仁禮矣。智只是明於心，義只是恰好便住。到此處，便貞又起元，循環無端矣。主靜不在中正仁義之外。

「果」是立志，「確」是持守；「果」是知之明，「確」是行之篤。自記。

誠、幾、德是一路，從未發説出來，故德以用處言，而因用以見體。自記。

易以貞屬智，故知正爲智。禮無過不及，故知中爲禮。自記。

無欲則虚，一則實，惟虚故實。明屬金，通屬水，公屬木，溥屬火。「明通」，如金水内明；「公溥」，如火日外光。自記。

「乾乾不息」，敬也；「懲忿窒慾」、「遷善改過」，便是致知力行之事。自記。

聖學埋没於訓詁中，禪家傲兀爲大。故二程揭出上一層道理，號召學者回來。自記。

程子語録言楊龜山、游定夫所記，過於粉飾。朱子考下下，如「君子多乎哉？不多也」之類。世得舉「以比事天享帝」一條，用筆較勁。先生曰：「總看道理如何，須於淡中見得。然要當知德。」世得言：「龜山稱明道爲先生，至伊川直稱其字。」曰：「龜山師事明道，卒業於二程子之門。」孫襄。

伊川自云：「臣幸得之於遺經。」爲明道作墓表，以伯淳直接孟子，不知置茂叔於何地？好學論直書太極圖説語，而不言師授之由。明道尋顔子樂處，吟風弄月，「吾學雖有所授，『天理』二字是自己拈出」，及「見獵心喜」數條，較伊川爲親切。然亦不見發明周子之學，而明言其所自承與。孟子自敍，若直以己接孔子，不提起傳自子思，皆是大疑案。朱子叙孟子及孟子篇末引伊川語，亦以二程直接孟子。然此以發明經書，其他日作江州周子書堂記，始述羲、文、周、孔，以濂溪續道脉，以二程爲見知。其見卓，而其論定矣。

西銘説乾爲父，坤爲母；民吾胞，物吾與。至民胞物與之事，總不説及，但云：「於時保之，子之翼也。」下面一總説事天如事親云，蓋人知天地爲大，父母而能孝，所以胞與者，不患他不能矣。

西銘明理一而分殊，程子因龜山之疑而發耳。後人據此以爲西銘本旨，則非也。張子作書之意，慮人與天地萬物不相關，曰「胞」，曰「與」，曰「宗子家相」，以見一家之中，不可隔形骸而分爾汝。推之一鄉、一國，亦不可隔形骸而分爾汝。所以不能如此者，總由工夫欠缺。其書舊名訂頑，以人之頑甚矣，故思有以訂之。若論理一分殊，何處不是此道理，太極獨不明理一而分殊耶？仇滄柱亦據以爲言，予嘗折之如是。孫襄。

磨鍊歷憂患，正是利用安身處。緣是不安處，所以見安，豈享受安樂之安乎？横渠說「困之進人」一段，謂「孔子蒙難正志，其德日躋」，即此意也。自記。

以道體身，身與道一也；以身體道，身與道二也。自記。

邵子文字熟爛，觀物外篇乃其門人所述，似花經蜂採而蜜成。

宋生周、張、程、邵，果是不凡。邵子先天圖出，時人罵之，南渡後罵之。至今，浙東萬氏罵之不休。惟朱子表章推服之，人亦不敢廢之。吾讀易三十餘年，見得惟此班班駁駁，與孔子大傳合，却亦有不盡合處。然除却先天圖，再求一件與大傳彷彿，則絶無。乃知此書正未可輕議也。

程子問康節，欲學所學。曰：「須廿年。」程子曰：「某兄弟却没有這許多功夫。」後和叔欲竟其學，邵子曰：「以公之聰明，半日可了，但欲成，須廿年。」大約康節之學，自不須廿年，所謂廿年者，要人學得他静定無一毫掛繫，内外純粹，非廿年不可耳。

何焯問：「皇極經世，絶看不出好處。」曰：「其立言瑣碎，文字不好，只是宋儒説性命較親切。如朱子極稱『性者道之形體，心者性之郛廓』等語。又如『道之道，天盡之矣；天之道，地盡之矣；地之道，物盡之矣；物之道，人盡之矣；人之道，聖人盡之矣』。雖摹老子，卻精采。」

皇極經世分明泄漏天機。其推算之術，或本弇鄙，邵子舉而歸之大道，故伯温不傳其學。孫襄。

人物文章許多事，至宋朝定案，以朱子無所不通曉也。

朱子文章，以數十字爲一句。「象者，卦之上下兩象，及兩象之六爻，周公所繫之辭。」猶云卦之上下兩象，大象也；六爻，周公所繫之辭，小象也。通謂之象。「致中和」節，「自戒懼而約之」爲一句，「以至於至静之中，無少偏倚，而其守不失」爲一句，約之收斂之謂也。「精之」，察其幾也，下句一氣緊讀，猶言戒懼而益戒懼，故以「則極其中」足之。史氏伯璿曲爲迴護，以起新建之紛争，非朱子本意。蒙引論救，斯得之矣。孫襄。

朱子語類，四書只録大綱領數條。大學「格物」、「誠意」，中庸「天命」、「費隱」，論語「問仁」幾處、「點，爾何如」等章，孟子「養氣」、「性善」，皆禪家所謂公案。孫襄。

四書精義，不出朱子範圍，用心數十年，直欲操戈入室，而後知其説之至也。所謂「百家騰躍，終入範圍者」也。孫襄。

諸儒

以彭蠡爲鄱陽湖，鄭康成如此説，後人便不敢易。蓋制度名物，比道理不同。道理在人心，可直溯無極，無有分限。至名物制度，恐有傳授，便不敢輕易空説。故漢儒錯，則承謞襲悮，苦不可言。只有孔子，一字無據不輕下。二代之禮，因無徵，則便棄置。其腹中班班備具，故選其精者存之也。漢儒説道理無如董仲舒，説制度無如鄭康成。董子説不透，鄭君多杜撰。朱子比鄭君爲確當，比孔子尚爲無稽。如啓蒙之占，「隔八相生」之解，皆排比齊整，便硬斷以爲如此，其實錯處甚多。

韓文公當時既以道自任，又復賭錢、戲謔、飲酒、賦詩。張文昌以書規之，尚自辨，以前言之戲善、戲謔，張而不弛爲解，惟呼博認改耳。一能文狂生，獨其所見超卓，直窺大道之要，雖程朱不敢易而忽之。當時，李習之言：「韓文公人阿附之者，便得令譽，無復公道。」今亦不見證據，或退之亦自不免。至李習之言道處，渠必以退之爲淺近，而已爲精微矣，自今觀之，不值一笑也。若董江都，則言規行矩，威儀備具矣。

自漢明帝以後，佛、老惑世，深根固蒂。況玄元皇帝又是唐家自認祖宗，天下爲之立廟者。韓退之特立不懼，以道自任，闢而距之，不遺餘力，振古豪傑也。其答孟尚書書，聲光氣燄，幾掩江都而過之。即其原鬼，皆是暗闢佛、老。鬼有二：一爲人死厲氣，如左傳之言伯有是也；一爲怪物，如山魈、木客是也。鬼本無形聲，其有形聲者，皆寃孽之氣所爲，非天神格、人鬼饗之正也。佛氏之言生而死，死復生，回復償報，妄矣。人生則有死，所傳仙人不死者，皆怪物憑之，如神女，謝自然詩所云耳，老氏之言妄矣。凡此，所見皆精極。

韓文公原道，程子謂其「博愛之謂仁」，謂愛爲情。朱子又謂其引大學至「誠意」止，皆有異論。其實韓子原性，未嘗不知以愛人於情。此之所原「道」也，「率性之謂道」，率性而行之於外，非博愛何以見其仁？若説向天德，則非原「道」矣。陳萬策云：「亦將謂『行而宜之之謂義』之爲外乎？至大學格物致知，又是一件事。其實『明明德』至『誠意』已完，此即朱子補格致傳所見之弊端也。若添格致下文『而外天下國家』便接不去。蓋儒、佛之分正在此，韓文公之所引精矣。」周、程、朱、張之所見，果度越董子、韓子、文中子，然譏彈三子處，亦似有不得其意者。至明儒，肆口非議，似以前賢爲三歲小兒。今以其所著書較之，其底裏與三子何啻天淵。

韓文公不特其識見高，摸出性命端倪，即其經濟、文字，字字著實。細求之，惟孔明文字有此。想其出世有爲，亦孔明之亞也。

昌黎不獨文人，其經濟若見於世，亦是孔明一輩人。如極瑣屑事，經其議論，皆精細中倫理，句句有實理，有實事。此便是得六經妙處。若他人將文字做，便有閑話說。

韓文公卻知道吾儒之道至是，然識力都用在文章內，至於反躬實踐工夫尚欠，故一見大顛便服。平生好詼諧，喜食肉，善睡。有邀請者，必設枕席，傍置書帙，至則有間，便就枕觀書，尋入睡鄉。故人譏其註論語，將「晝寢」以爲「畫寢」。晝寢，室也。故下文「朽木不可雕」，「糞土不可杇」，「在齊聞韶，三月不知肉味」，「三月」爲「音」字之誤，人豈有三月不食肉者乎？避己所好也。至於一經蹉跌，便恐懼憂苦，貶潮回，爲祭酒，請上徽號，以取悦於君。終日要歸田，而卒於仕宦。不能寂寞，以禪説觀之，渾身俗骨。然卻臨大事不放過，見迎佛骨，便忍不住一説；使王廷湊〔二〕便日馳三百里而執節不回。今人卻數韓文公爲人物，不以爲在唐諸名僧下，可見路頭要正。佛教惟唐最盛，豪傑皆入其中，以爲工詩取上第，直是無益俗事。門人問朱子，論語子文、文子忠清矣，何尚未仁？朱子云：「當理爲難。同一死也，有仗節死義者，有坐脱立忘者。仗節死義，一猛厲人能之，而坐脱立忘，非實下工夫不能。」然容易的，卻要還他仗節死義的是；難的，卻要還他坐脱立忘的非。惟宋周、程、張、邵、朱子卻是見得正，又切己做一番，合而爲一，故比昌黎爲優。周、程、朱皆身入佛教中，有工夫，故能透他那一層，見得破，且能兼也。

上蔡之學，要在灑掃、應對中，便到精義入神。朱子屢譏之。自記。

游、楊地位，未必能邁上蔡、和靖諸公，然二程夫子最喜此兩人。蓋亦閩學將興之兆。孫襄。

謝上蔡、尹和靖，晚年亦只是佛學，於用處疎略。故朱子笑和靖經筵進講時，只對高宗問云「程頤不曾毁孟子」，不能暢言時務也。二程雖講明正學，路頭已正大矣，而門人晚年多成旁門。朱子出，乃立讀書爲教宗極，而佛氏不能奪矣。人或言佛教能使人外形骸，見危致命爲脱然。由今觀之，唐人率溺於佛，皆沉溺於聲利，而不見其清廉節義多於後世。朱子之學興，讀書者視死如歸，亦復不少。宋、明之末，可以觀矣。故子路云：「何必讀書，然後爲學。」此種議論，夫子深惡之，而斥其佞，並不與辨論。又當時之以讀書爲學，亦可見矣。朱子真孔子衣鉢。天知秦皇生，須先生一孔子，整頓一番，爲萬代護持此一脈也。

龜山一部史爛熟，終日譚古今事，蓋博學者。得程子之緒餘，以倡其教於南方，雖朱子淵源所自，然終不甚表彰。其疑西銘處，亦可無疑。墨子而後，兼愛甯復有人，佛氏固一無所愛也。孫襄。

語録，程朱而外，有張橫渠、謝上蔡、李延平、陳潛室、真西山、許魯齋八家。孫襄。謝上蔡、許魯齋二家語録最好。問：「李延平入選否？」曰：「好底朱子已引入集註。」孫襄。

朱子語録云：「浦城有一道人，常在山中燒丹，後因出神，祝其人云：『七日不返，可燒我。』未七日，其人焚之。後道人歸，叫罵討身。」愚嘗見一小説，謂真文忠是一道人托生，其事與此相類。想是因浦城有此事，附會之耳。自記。

真西山經學，皆遵朱子，惟詩主小序，與朱子異。孫襄。

黃勉齋從學於朱門，講論而退，獨坐一室中，寂寞之濱，饔飧不給，意氣自如。朱子察其數年，了無倦容，謂大成之器。年三十而予之以室，四十而予之以官，徒步之石門。平生未嘗肩輿，刻厲清修。又與楊信齋繼成儀禮，學者以爲得朱子之傳。及門日益衆，蔡九峰、陳北溪、陳潛室，弗與齊名也。然朱子晚年有云：「釋氏有悲其道之無傳，至於發狂慟哭，不意今者身親見之。」則於諸弟子意有不滿。孫襄。

朱子集中，與信齋酧酢者絶少，豈其人留心於文爲制度，而性命之源亦有未窺者與？孫襄。

今人責備許先生仕元，最是夢語。許所生之地，屬元已久，其祖父已爲元人，不仕則已，仕不於元，而於誰乎？又責其胡不至江南問學，而安於腥羶。彼時南北爲敵國，關津嚴稽察，許一讀書人，豈能飛渡耶？

魯齋語録，非諸家所及，文質相稱，不知當日出何人之手。若龜山粹言，則過於粧飾。孫襄。

魯齋之言有觔兩，譚性命之原處卻少。然都是躬行，切切實實底説出來。孫襄。

南方風氣日開，周、程、朱子，道南一脉，蔚然儒宗。又如陳古靈、蔡君謨、陳了翁、真西山，皆卓然。吾泉則有蘇子容。明人物雖不及宋，若蔡虚齋、陳紫峰、林次崖，海内讀其書。末造有黄石齋、何元子諸公相踵起。孫襄。

【校勘記】

〔一〕「圖」字原缺，據上文補。

〔二〕「王廷湊」，原作「王庭湊」，據舊唐書卷一四二王廷湊傳及同書卷一六〇韓愈傳改。

榕村續語録卷六

諸子

老子云：「不善人，善人之資。」「之」字，有幸人不善之意，無惻隱之心，故張南軒譏之。自記。

孫武子十三篇，魏武所删，粗心浮氣人，那管文字，留其要言，有裨於用而已。今閱其書，無段落可尋，注他不得。首篇分明説出經權。看來「兵者，國之大事」一段，總言兵事之重；「故經之以五事」以下，言兵之經；「計利以聽」以下，言兵之權。孫襄。

董子弟子吕步舒耑言災異，諸葛武侯書申、韓書與後主，滋後人議論。孟子以後，言性命之理，五常之道，自董子始，其目光直照千古。後此，則昌黎。若楊子法言，恐不能到。韓文公、司馬温公皆推服法言，朱子直不數在道傳之内。宋儒所見尤精。韓文公幼年稱荀、孟，後來稱孟醇，而荀、楊大醇而小疵。至作原道，説：「孟之死，不得其傳。」荀與楊，擇焉而不精，語焉而不詳。」其識高矣，其論定矣，雖宋儒不能易。董江都應五百年而生，班孟堅度其勢而爲言，以史遷、董子、楊雄、劉向當之而不能定，意在劉更生也。然以今觀之，則董江都是其人也，劉更生封事雖好，不見其説性命如天人策也。

孟堅史學第一，雖文字不如司馬子長雄健，然識見醇正，議論皆是。如西域傳贊、諸侯王年表贊，皆至好，千古不易之論。孟堅傳贊無不佳者，韓文公輕之，亦未允。想是以其勦襲楊子雲、劉子政父子議論耳。文公果不勦襲，然孟堅亦不可輕。孟堅雖學出二劉，然其評論二劉及董仲舒、楊子雲諸人，皆精當。戰國文字氣習、識議，至向、歆、孟堅始變盡。司馬子長亦非戰國文字，其高視闊步中有斷處，而穿田過脉皆有針綫，高出左、國之上，但其議論多是戰國耳。西漢文字，董仲舒最好，三策皆面對武帝寫出。又當時是隸字，直是才大學富，道理精熟，纔能一筆寫來，字字醇確。匡衡亦好，朱子言其似策段，不是胸中流出，亦甚似。朱子評語古人，不差錙黍。其論文中子，問答皆引將相，雖其子弟門人所爲，要亦仲淹好自誇大有以啓之。確甚。然朱子謂其意思懇惻，今觀之信然，此不可假者，其問答皆不可廢。論古人須平心，如楊雄與劉歆皆仕莽，歆尚欲殺之，此其意亦比雄少好。雄縱不死，或受其官而去，猶可恕。而太玄中顯然頌莽之功德，司馬温公註其書，至漢公分明是安漢公，而注云：「公與功同」，不知下面「阿衡」字作何解？豈漢天子之功如阿衡耶？如此等最不是，何須如此？學者即是自己祖宗有此事，亦只是置之不論可也，所以程子皆不甚服温公。朱子便無此病。

問：「楊子雲讀書多，當識養氣，何遽自投閣？」曰：「成、哀之世，莽、賢用事，可以去矣，如梅福、嚴君平鴻飛冥冥。當時願守箕山之節者，莽不强也。莽自比周公，子雲自比孔子，臭味相投。法言曰：『自周公以來，未有如漢公之懿者也，其勞則過於阿衡。』莽有羿、浞篡君之罪，子雲亦不免有吴、楚僭王之誅。以爲經莫大於易，作太玄；傳莫大於論語，作法言。使子雲不附莽，位止執戟，太玄、法言亦不能增重，其書遠不逮中説。漢書十志，莽制作爲多，明堂、辟雍，皆劉歆輩定之。」孫襄。

星曆名家，漢洛下閎、張衡，南朝祖沖之，唐僧一行，元郭守敬其最表表者。邵堯夫未嘗作曆，然當超出諸家之上。問：「張衡與楊雄相似。」曰：「文中子有言，振古之奇人也。」孫襄。

張平子作候風地動儀，刻漢郡國，一銅龍在下，旋轉所觸，則其處動摇，守相上變，不差漏刻。然則博徵大輿，更當何如？此理之所無者。漢人亦未可盡信，鄭康成不免穿鑿，北海猶譏之矣。孫襄。

「采菊東籬下，無人送酒來。己能安貧室，無交謫北門」之賢，不如陶令遠矣。孫襄。

文中子自謂紹宣尼之業，雖涉夸大，然邵子無名公傳，顯然自贊與太極爲體。明道尚渾涵，至伊川自任，以爲孟子後無人，自己直接，何嘗無此意？正不得因其果於任道，而輕譏詆也。

文中子中説「董常問憂疑」章，程子以「心迹之判」句爲不合，邵康節極贊此句之妙。細思聖人之心，樂天知命，窮理盡性，有何憂疑？至於吉凶與民同患，欲不憂疑得乎？故董常退而歎易之大，至於皆心之所爲，本自合一，彼已自言之矣。陳萬策云：「若程子所疑『心迹』之言甚淺，如行與心違之説，果爾，邵子必不贊矣。」

「文書自傳道，不仗史筆垂。」文中子當之。孫襄。

陸象山語録一派禪機，「蕭蕭馬鳴，動中有静；悠悠旆旌，静中有動。」集中多此類也。孫襄。

陸子静文字堅卓，論對劄子，千秋之龜鑑也，第五篇更切中後世情事。孫襄。

異端

朱子説他參過禪，曉得他是騙法。緣人心昏擾久，急忙不得清定，説一句極没道理話教爾參。有一句話在這裏，繫在爾的心，別處念頭都斷絶。你心未歸一時，他看得出，只説不是。逼得你心向一路邪妄退時，十日半月，自己心靈自有虛明，透露得意處，那時你隨便説一句，他便教是了，其義總不關那句話頭也。此亦極好法。

釋氏所説人轉生，及禍福報應之事，且存在那裏，不必論。必説無此事，亦不足以盡天地之情，但非理之常。夫子説：「未知生，焉知死？」何等精正。

仙家形體，比常人自然久存。到形體漸銷，其半虛半實、半隱半顯者尚存。至並此銷化，則道德之精，其神理自亦與天合。聖賢只存此理，何用彼渣滓爲哉。

梅先生云：「孔子問禮於老聃，可見老子亦未嘗毁滅禮教，蕩檢踰閑。蓋亦其後來失真耳。」

佛家恁説得願力宏大，要普度衆生，卻不知如何普度。全無普度之法，即是絶好心腸，羣生但感其意而已。只是他這段意思亦好，故其根器亦不流於惡道。

仙家雖口中説清浄無爲，看來他亦貴胸中明白，精思天地化機竅妙處，好道理，好意思，塞滿於中，便自不同。不然只欲静坐，雖也有一段虛明受用處，然不過如此。所以程子見董五經，無所講論而回，朱子答人問「德」字甚好，曰：「只是好意思，日日長進。」

最上底君子懷德，其次懷刑。知時事，則不犯當世之文網，可以寡過。莊周云：「爲善無近名，爲惡無近刑。」然此等語，只可寘之昔時賢文中，教俗輩耳，如何著之於經？問「緣督以爲經」。曰：「督者，中也，循中以爲常，即『無近名』、『無近刑』之意。莊周雄辨，『數千年一人』，邵子稱之太過。只把他當異端便了。」孫襄。

魏伯陽是無書不讀人，參同契中用鳥獸草木字，皆有考據。

參同契豈惟文字古雅，即道理與易經大有發明。參者，大易、黄老、丹經也。同契者，同一契券也。恐人不明也，故又作三相類。相類者，同契也。

參同契信有此理，人身真有魂魄、精氣，二物各有性情，不能相同。一則飛揚跋扈，一則陰鷙牽掣，由陰陽之氣而分，並無再一件可以添入。生性不同，卻兩件離不得一件，彼此相制，相制然后能相合。飛揚者須得陰鷙者拘管，陰鷙者須得飛揚者主持。陽如蕩子飄流，陰者必爲招呼，一回便牽掣住，不復能出。陰如無陽，自己耑恣，無所不爲，有陽爲主，亦復畏忌。其初亦大不安帖，至相制之久，則室家和平，内外得理，自然殷實富厚。獨陰不生，獨陽不成，陰陽相合，方能生物。人生形神不能合一，但見飲食動作無恙，便以爲無患。其實漸漸相離，各自營求，不相謀議，馴至兩物判然，則吾生亦盡矣。

參同契所云鉛汞丹砂者，皆以其中有金也。烹煉揀擇則爲至寶，棄置高閣則爲渣滓。糟粕言人身皆有至寶，如金在丹砂鉛汞中，非必從外覓來，但不揀擇烹煉爲可惜。即孟子所云：「人皆可以爲堯舜」也。丹者純陽，後漸白，漸黄，死則黑矣。故赤子、日光、草木，初皆紅，漸白，漸黄，漸黑，皆同。人曰黄耇，日曰黄昏，草木曰黄落，過此則黑。道家人白時他却黑，故曰：「玄之又玄，衆妙之門。」玄非真黑，中有陽光，故黑有紅色，謂之玄色，非同全黑。人皆營謀，渠卻黑洞洞的在暗地裏做工夫，形如槁木，心如死灰，黑裡見出白來，所謂「虚室生白」。漸至黄會於中央，光明發見，黄又如火候到時，故五穀至黄而成。至於還丹，則復其本然純陽主體，故有童顔，所謂「順則成人，逆則成仙也」。聖賢學道，何嘗不是如此，只差一線主意耳。

或問：「道書言鉛汞不及鐵，何也？」曰：「鉛汞煉之可得真金，鐵則否也。故道書以此二物喻人身之有至寶。煅神煉氣，養性延命，使魂抱魄，魄抱魂，兩不相離。煉氣之候，先黑後白，如入暗室中，黑洞洞，然久之，則虚室生白。黄爲土色，及於黄，則中和矣。猶非至也，若乃正陽真火，則終古不敝，故還丹名焉。」孫襄。

陰符經自己誇張説：「宇宙在乎手，萬化生乎身。死者，生之根也。絶利一源，用師十倍；三反晝夜，用師萬倍。」人能絶旁歧之利心而一其源，則十倍於用師。到三反晝夜，其功不歇，則萬倍於用師。參同契、陰符經皆有益於人。到憂患荒涼寂寞時，能見得這些，便自己覺得當下即有無窮受用。即受天之大任處，卻又不可見得便休，卻要時時策勵警動，特地精采，晝夜不間斷，一放倒便不好。暗地做工夫，不要人知，殲盡邪類，造化在手。二書皆本之老子。

孔子於老子，以前輩處之，德盛禮恭，厚之至也。孫襄。

王陽明見一個三年閉目，坐石洞中不飲食者，作詩一首。又見一十年不飲食，在關內入定者，破關入，打一掌，呵聲道：「挣著眼看甚麽？張著口説甚麽？」其僧遂寤。問：「何爲不生不滅坐此處？」曰：「要去不能，只老母尚在，此一點意思掛在這裏。」陽明因教之下山養母。看來此種亦多，終非大教主，以其覺悟有限也。

成仙、成佛，性命雙修。道家雖言性，而所寶者命；釋氏雖言命，而所貴者性。道家以「長生延年」爲要，釋氏以「明心見性」爲宗也。孫襄。

釋鋭峰和予異菊詩，有衣黄、衣白之句，戲答之曰：「區區已倦飛矣，和尚俗心猶未遺也。」既出門，謂襄曰：「我失言，數日後必興報復之師矣。」已而數挑戰，先生不爲之動。乃以所下轉語，與其徒清者争論之，請教先生，第謂不識。僧大屈服，云：「只此不識，大是玄微。」又曰：「善知識，不如居士遠矣。」孫襄。

敝鄉僧鋭峰，真在彼教中能窺最上一層道理。曾有三段話，吾皆記之。渠受付法歸，爲善知識，予訪之。請問，曰：「余不讀佛書，無可舉質，但就耳聞至俗鄙之説以相質。如所云『輪迴』者，豈人死後必有存者，以待再生？」曰：「此有何奇，不必遠求。以佛法觀天地，只以心法觀之。生死如晝夜，晝夜相循環，心之起滅無時，其起者即其滅者，有二物耶？」曰：「人作惡變爲禽獸，禽獸有善又變爲人，信乎紛然變化耶？」曰：「人一日之間，意念起伏，善惡雜亂，幾番爲人，幾番爲禽獸矣。何疑乎。」又問曰：「妄念不除，如公等信當下有悟，一絲不挂耶？」曰：「工夫何必急，但要願力發得大。願力大，悟也悟得快，去也去得浄。居士問此，必有平日胸中打叠不過的事放不下，學道人要當下斬截，已往將來，有何牽掛？故曰：『學道必須鐵漢，下手心頭便判。直證無上菩提，一切是非莫管。』」又問：「吾儒所謂心性與佛不同，不知公教中所云『明心見性』者，可舉似其端倪否？」渠冥坐移時，曰：「善惡無記。今人有惡念羅列胸中，固不好；有善念羅列胸中，亦是累。不記善，不記惡，又不是昏然無記，此是『明心見性』。」此三説者，皆是彼教最精處。他日又曾問：「人修苦行，無所知覺，能入道否？」曰：「佛言『此如磨麪驢耳，身雖行道，心道不行』。」

鄉僧有天問者，自余登科時，即入山最高處，人攀躋不到，十餘年不下，饑寒自苦，看經静坐。一徒在山下募米，人多施之。徒以酒肉之餘資給之，大蛇與居，虎見而走。予造訪之，用僕人以布挽之，後推之而上。問其所得，所言皆修來世宰官身，至粗至鄙之論。乃知「磨麪驢」之説信然。

吾鄉有二高僧，就所見，無出其右者。一號天問，一號鋭峰。天問枯寂，結廬於高山絶頂，弟子募緣山下，數日不歸，僧即獨處，魑魅、虎豹，皆所不懼。有來者，持呪驅之，亦旋去。有一大蛇，如斗粗，一夕盤踞於床側，渠持呪驅之，亦去，旋復來，然卻無相害意，又依依不舍，久且安之。然智慧短，實無所知識，不過欲修來世宰官身而已。故佛家有言，或問世尊曰：「有能修行勤苦，不求了悟，而能註無上果者否？」世尊曰：「不能。如磨麪驢，身雖行道，心道不行，有何用處？」便已説盡。至如鋭峰，大有見解，能詩，讀經舉渠佛書中紛繁名目，皆能舉其辭。至五十一歲受佛子回，余一日訪之，有數條問答，雖未知與吾儒盡合否，要在彼教中，卻説得好。予問之云：「因果報應、生死輪迴之説，自如來傳教，便有此語，還是後人踵事增華添出？」曰：「此自佛即有，此非增添也。」余曰：「然則自上古以至於今，有人而禽，禽而人，生而死，死而生，皆一个套一个不成？一一籍記，何其不憚煩也。」曰：「且莫問冥世，居士想，人一日之間，妄想雜糅中，不知已幾番人，幾番禽獸，幾番生，幾番死矣。一念是人，渾然是人；一念是禽獸，渾然是禽獸，生理存則生，生理絶則死。由人而禽獸，由禽獸而復人，由生而死，由死復生，何所不有。」余又問：「『明心見性』，吾儒心性原明，説心性明，見原有工夫。佛家所言『明心見性』卻不相同。不知佛家所謂心性是甚麽？如何是明見？」云：「教我説心性是如何樣子，便不是。總是要去了善惡與無記。人終日擾擾，不是善念，便是惡念。善與惡兩無所着，卻又不是無記，昏昏的便了。三者皆不着，便是明心，便是見性。」予又問：「修行了悟，何者爲重？」曰：「二者皆少不得，卻不關緊要。緊要是發大願力，所謂『直註無上菩提，一切是非莫管』也。」即吾儒所云立志者。此三答皆好。至天問，亦曾訪之，渠便以語樵夫之語爲吾輩説法。言：「但掛佛門籍者，來世皆享爵禄，以修行之高下爲大小。惟在教中而爲非者，來生做梨園子弟。何也？亦有冠服，非真官。」其議論之鄙俚如此。然其孤峻高潔，甘心窮餓，有累日不食，渠亦安之。此亦不易得。鋭峰在吾鄉，與寒門爲患難之交。佐先伯平大寇，實渠首爲此謀。及耿逆變亂，羣賊垂涎，吾湖口危如累卵，居人皆遷去，惟吾家父子兄弟子侄相保聚。鋭峰不去，且爲言立高山，見吾家祖宗練鬼兵，有神火，自少而多，分合進退，一如營陣，以爲必有成，時來贊決。及余休假侍母，先母喜余在左右，伯叔兄弟亦習而安焉。鄉里笑余丙寅還朝，八月而復歸，有似探視然者。彼時皇上意甚好，别時賜宴，期以懸缺相待。余意以爲上以孝治天下，未有以侍養得罪之理。又雖競進者多，予不與争，而脱身局外，渠亦不須見忌矣，於是決計家居。而鋭峰時時强聒，以爲家居不妥，禍福關頭。予時怒云：「和尚不過要我做官，何俗乃爾。」渠發火性，大怒，遂别去。雖不絶交，然數以書來駡，皆暗與俗字對照。今思其所言，真如見也。彼心清，想所見自不同也。晚年極欲招余輩入其教，此如何使得。見久不至而亦怒，榜其山門曰「何似者」，引周子爲韓文公所作句以示意。後死之日，小兒輒于半醒半寐時見之，語若平生。死時亦能不亂，了無憂苦。平生所見如鋭峰、天問之高明，施將軍之戰功，皆當記數語於簡帙者。二僧，余在家粗能使之得所，及余入朝，而天問遂至爲竊賊所毆，幾斃。近二舍弟始結茅于近地而居之。

安卿言：「僧鋭峰有見識。當耿、吴亂時，時時對家兄言，天下仍屬本朝，凡叛者皆草寇耳，無一成事者。君看誰有帝王之氣度者，即偏據亦不能也。吾全家爲林日勝〔一〕所擄，襲其營而與之戰，皆僧發其謀，而使其徒助之。家兄蠟丸進表，僧所見與暗合。高明多智，能詩文，説道理，奇偉人也。今年八十餘矣。又僧天問，向中枯坐山上四十年，夜有大蛇來眠其榻下，又虎豹與之馴習。今年六十餘矣。」

和尚家公案，有一僧問僧曰：「日間能自己做得主否？」曰：「能。」「夢時自做得主否？」曰：「能。」又曰：「無夢時能做得主否？」其人不能承當。鋭峰時舉此語，以爲吾儒就差此一層，即所謂「過此以往，未之或知也」一層。這是胡説。這就是吾儒所云「至誠無息」,「純亦不已」。第此卻是他最精論頭,鋭峰僧實有些静工夫。

同年王梅谷維珍弟清俊能文,余嘗至其家,梅谷有事,則渠相對。一日,有一西人能推算八字者,極贊賞之,對梅谷云:「又是一翰林,但遲發爲善,太清早貴,便恐不長久。」梅谷云:「豈晚發便增壽耶?」曰:「吾見此等甚多,不知何故。早發不能大受用,功名遲幾年,便悠久些,一似定理。」壬子年,便登賢書。梅谷語術士,術士曰:「舉人還算不得顯達,翰林便算。令弟入場無不中者,若信余,甯不入場,遲三科則大佳,余可斷其爲尚書、侍郎。不爾,兩科亦佳。遲一科,斷斷不可不可。」梅公不聽。場後,榜前沈同年名尚仁者,能見鬼物,走報梅谷云:「爲君道喜,令弟已中,廿八日放榜。」梅谷且疑且喜,廿七日晚,命人邀沈曰:「吾欲與君共飲待報,如何?」沈欣然諾之。共飲至四鼓,果發榜,報至,中矣。先未報時,梅谷固問以名次,曰:「這使不得,余爲同年,對君説中已不是,若再言及名次,立遭天譴。」指空處云:「這些禽獸皆記余過失者。」及報已至,不説名次,王曰:「君始不允所請者,恐榜未出漏洩也。今榜已懸,請道名次。」曰:「可矣。」言之果然。又問云:「何人房?」曰:「閩中李厚庵。」亦然。遂點詞林,不數月而殂。

丙戌十月十九日,孝感與余同奏朱子書。上令諸内官俱退,呼余與孝感近前,云:

「汝等知西洋人漸漸作怪乎？將孔夫子亦駡了。予所以好待他者，不過是用其技藝耳。曆算之學果然好，你們通是讀書人，見外面地方官與知道理者，可俱道朕意。」

十月廿一日，上又令内官等退，招予與孝感近前，云：「達賴喇嘛〔三〕，人好傳其神通，爲活佛，累生不變，俱是佛身，能記累生事。都影也没有，予着人看來。若是要像漢武帝通西域，此時也容易，其國中亦不和睦，費力不過從而郡縣之，也不難。只是想起來，得了他也無用。得其地不足以爲富，得其民不足以爲用。汝等可傳與九卿大家知道。」

吾鄉有黄勿庵，人厭之者多，而吾記其言之可採者，致十年不忘于心。自言罷任舟泊錢塘江，未渡，天暑，在舡頭上坐，忽有兩三歲自生女，在艙中趴出呼爺云：「汝明日死。」余笑而不答。停時，又出呼爺云：「汝明日午時死。」仍笑而不答。又移疇，呼云：「汝明日不死，我當死。」亦不答，並不告知家人。至明日，恐有風濤之險，遂托買什物一二件，遷移。過午，殊無恙。乳臭何知？作此語，有鬼物憑之。至今余不死，此女已出嫁有子矣。此言即「見怪不怪」之謂也。豈獨處鬼，並可以處人。奸詭之人多方尋釁，吾只以不見不聞應之。彼求吾一怒，即於怒乘間；求吾一喜，即於喜乘間。而無如吾之不喜亦不怒也，則伎倆窮矣。黄又見人分别畫眉鳥，取能鬭者，以硃砂眼、桐油眼爲上品，而眼青白分明者爲下。勿庵云：「何繆，畫眉之至呆者，乃硃砂、桐油眼者。了無緣故，爲人所搏弄，以生死決鬥，毛血紛籍，自傷以傷同類。此何爲者，豈不至呆。而人貴之，以數金市之。若青白眼者，不爲人指使，見健鬥者，則慄竦毛竪，退避不暇，而鬬者亦爲索興。自全以全其類，豈非至靈？而人賤之一錢不值。若余輩者，乃諸君之所謂一錢不值之人也。」此言殊合黄老家之旨。又一前輩黄君，自幼即以狀元自命。一日當午獨行，忽見一朱衣神，冠服儼然如畫，當廳事而立。黄君向前，俯首叩拜，祝以科名顯達。神點頭，其神傴僂入地而没。黄君自負以爲點頭矣。後入學歲考，點名不到，除籍。老又爲一别駕家教讀，别駕令復應童子試，尋一起鐵板數者決之，其數即排定。某年入學，某年除名，某年復入學，某年中狀元，復大自負。余時已爲庶常，歸，渠爲余查數，以前俱驗，以註其將來不繆。予語云：「可信是已往，但如其言將來，子作幾節零星死方合，何也？」幾個小兒算他丁憂年俱不對，何也？渠應試不進，數年後，見予云：「余老矣，無復能爲。只是少年有此親見朱衣事，頗奇，求記。」余諾之，言：「君厚德，不發於身，必發於子孫，自有驗時。」後其人死，閒時對勿庵言此，自咎尚未踐爲記事之言。勿庵曰：「此言必不可踐，是爲鬼所弄也。」叩其故，曰：「神之交必在夢寐，不在耳目；必在夜，不在日；必化而昇天，不縮而入地。亦非他鬼，即此君終日呆想狀元，結成此物，所謂『種種由心造』也。」余爽然稱是，歎其能知鬼神之情狀。

楊椒山不過是箇不要錢，立氣節的。箇甯爾講胸中糊塗，學問可笑。從韓大司馬學樂，就將荒唐夢中語筆之於書，言：「大舞成，爲之叩鐘擊磬。」絶無道理。狂語、綺語，皆佛家所大戒，獨佛又自己説許多荒茫誕幻之事，雖或寓言，要亦非全無所見。是他精神耑一，逼出一段境界來。他却自見得如此，無如人都不看見，總謂之怪而已。聖人見的，如今人皆見，所以妙。聖人所不見，則怪而已。予同年沈某，日與人同坐，起，渠見鬼塞滿人間，無時無刻不見。然人皆不見，雖謂之無鬼可也。猗氏衛師初從朱二眉學，朱令終日仰視天，凝神聚精，久之，則玉皇、諸神仙皆得目覩。衛師信之，曰：「想古人所云『顧諟天之明命』即此也。」又教衛師静坐，久之，昏夜不燈燭，見眼前有光，如錢大。久之，漸大罩其足，如佛像之圓光。衛師如其言習之，果然樂極，以爲道在是矣。又教衛師挺腰運氣，已覺通身水逆上，過頂門灌下，快〔三〕不可言。師曰：「想孟子所以『直養而無害』，即挺腰運氣之謂也。」一日，衛師立朝堂，忽覺體中水自下湧上，盛大非常。水上時，自覺身如泰山之高大，及自頂而下，便覺得身成兩開，不自知已仆地，不省人事矣。當時，李元振及劉姓扶掖師，久之始甦，面紫黑色。舁歸寓，予急候之，見師言語不能屬。頃之，李君至，始述其詳，大責師以不忠不孝。師天姿高明，遂自此棄其學。

【校勘記】

〔一〕「勝」，原作「盛」，據李清馥榕村譜録合考卷上十四歲條改。

〔二〕原作「達力黑喇嘛」，據清聖祖實録卷二二七康熙四十五年十月癸卯條改。

〔三〕「快」，原作「決」，據石印本改。

榕村續語録卷七

史

問：「一友時看智囊，有益否？」曰：「亦好。大約讀經要透，纔見得後世情僞之變，無所不有，甚難。若讀史，則易見，亦練達人情之事。左傳尚不能全備後世人情，若前漢書則備矣。漢人筆妙，又形容得出，後人則不能形容矣。若後漢書，却是學道成的人方看得。如盜賊皆知有仁義廉恥，此却是前後所無。繇此看去，見得三代可復。」

史書自古惟尚書紀言，春秋紀事。司馬遷則一變而爲紀傳，因人以紀事與言，遂不朽矣。史記乃未成之書，班孟堅踵修之，遂爲完備。人能熟此，再將杜祐通典、馬端臨文獻通考、鄭樵通志二百餘本書，芟繁摘要，使大經大法，源流井然，因革損益，講究至當，存廿卷，亦能熟記，便好。予頗有此志，惜無二年閒工夫，奈之何哉。

史記雖有偏駁，如孟堅譏其「先黄老而後六經，貴游俠而賤處士」，然稱道「其事覈，其文直，不隱惡，不虛美，故謂之實録。」自唐太宗看起居注，而後遂無良史，率皆不實，無足觀者。宋史益可笑，惟有看周、張、程、朱言語文字，及軼事而已。

漢書中精核明備，居然可用以治天下。史記却不可以治天下。左傳、漢書真有用書，人能講貫明白，研究精熟，有王者起，便可佐命。何焯云：「史記列游俠、貨殖，或亦有見，見得封建、井田、學校廢，先王〔一〕法制蕩盡，將來兼并吞噬，不在上而在下。嗣後，則俠猾貨殖者出而持世矣。以今驗之，果然。」師云：「如此，宜露其意以抑遏之，反爲之揚其波，無是理也。」

漢書最是一部大書，若做聖賢尚不足，若熟此爲詩文、經濟，皆綽綽矣。再熟一部左傳，經外通此，文壇中便所向無前。

班氏父子、姊妹、兄弟，自成一家之學。大家爲后師，而閨範肅然，天官、律曆反出其手，真非常人。〔二〕

班仲升條陳，文亦斐然，即至班勇，尚亦通文，范蔚宗闢佛，尚引班勇。身至西域諸國，録其山川風土，若有如此大法王尊峙西天，豈有略不一記者？此卻是一大疑案。此等議論，蔚宗未必能及，此或是范武子搜求也。此如我中國文中子故事，其中說確不可廢，至引當時將相皆出其門，司馬温公已疑。其在唐初，公卿皆其弟子，豈無有一語道及之理？且隋史即魏鄭公總其事，豈有受業其門，而儒林、隱逸中不掛王通一姓名其中者乎？亦有以當時長孫無忌與王氏相惡，故當時修史者不敢入。魏鄭公亦非怕人者，這也是一大疑案。大約吾輩只認定有一作中説之王通其人者在，至將相出其門，河、汾間以爲聖人，作六經以續尼山，且略而不論可也。佛法只認定西國有一清修苦行、定空寂滅之釋迦在，而神通無礙，變相萬千，百萬人天繞坐供養，且略而不論可也。古文尚書其大經大法，微言奥旨，只認定有一古文尚書在，而字句之琢飾，經魏、晉之手，則略而不論可也。

文中子論史，只取三國志，而不取班固，以爲自孔子後無人物，雖董子皆不取。此意雖大賢不免。程伊川自以爲接孔孟，作春秋傳皆斷以己意。如隱公元年不書即位，左傳云「攝也」，穀梁子言「繼故」也；他書即位，正也；繼故而書即位，變也，與乎故者也。諸語本是，而伊川定不用。隱公末年滕稱「侯」，桓公二年即稱「子」，杜元凱以爲時王貶之也，正是，而伊川不用。此皆未免有輕薄前人意。

東宮問張桐城英，史記殷紀祖甲、祖乙直下，許多年代不載一事，但有帝名而已，想是年代久遠，無所稽攷之故。張對曰：「固是如此。然許多年代無一事可紀，此天下所以太平也。」東宮亦然之。桐城如此等語，實平生可傳處。

唐書敍事極不明白，然宋子京傳贊議論極好。韓文公贊又好，或歐陽公特地加意撰成也。

歐陽公以史才自命，幾目空千古，今觀其所作五代史，視班馬尚遠。即如子長論龜策極精妙，班固諸論皆有到處，歐公其中無有也，怪竹辨所言都解不去。韓退之筆下亦輕清而道理結實，如柳子厚所引論天處，皆韓子與戲語。韓子大頑皮，當時看劉禹錫、柳子厚、張文昌、李習之、皇甫持正、孟東野、賈浪仙輩，亦喜其能文，至正經大道理渠所心知者，却不與説。或時詼諧以亂其聽，大有玩侮之意。

向日東海每推孝感，以爲今之朱子，其實與朱子何干。大冶、北門欲傾孝感，遂先打朱子，豈知打朱子，孝感並不痛。説朱子做綱目，貶夷狄，尊中國，罵金人。皇上最不平續綱目奪元朝之統，元主不書「崩」而書「殂」，天下反不書「反」而書「起兵」。余廷對時，説朱子並無此説，皆後人不善續綱目者之所爲。至暴虐莫如秦、隋，秦、隋朱子何嘗奪其統？天下無他主，不歸之統而誰歸？其分書者，各國皆稱大號，而其不正同，其殘暴又同，無可屬只得分書。元大一統，至外國皆屬，宋又亡統，不屬元而誰屬？且論元雖非中國主，尚不至如秦始皇焚詩書坑儒者地位，秦尚與之統，況元乎。舜東夷，文王西夷，豈限地位？惟其德耳。朱子之意與皇上同。皇上近來大信朱子，言朱子説佛、老一些不錯，他各人修身養性，何必説他不是，但治天下一毫用不着。狠説得是。

余閣學時，上一日臨軒，忽問中堂及學士續綱目何如，時宛平、漢陽相公皆漫應云好。上轉頭問余曰：「何如？」余曰：「臣平生極不喜此書。朱子綱目義例所云『統者，以天下無主，有以主之者，便以統歸之』。如秦、隋之無道，而又不久，亦不得不以統屬之。惟五代，地無大小，國無常主，無統可歸，必奪統也。續綱目於元而奪之統，不允。元已百年，君天下矣，宋之臣子若舉兵起事，還可以忠孝解説。凡百姓有一作亂者，即謂之起兵，已爲元之子民，而乃以叛民爲義士，可乎？」余素持論如此，不謂與上意合。隔數日鈎囚，問明中堂止廿餘件，他多者不過十餘件，問余五十七件。舉朝震竦，以爲殊異，遂陞掌院。東海由此深嫉，而設法中之，又播言于上曰：「李某竊聽余論而勦之。」其可笑如此。

問：「宋之天下，元已全得，尚以宋爲正統，安乎？」曰：「續綱目許多不得朱子本意。金時，以宋爲正統猶可議，宋已稱臣便難説。至元天下一統，凡賊皆曰起兵，尤不通。享國久，時皆元朝所生，又非宋之子孫臣子，其人又無大志，而曰起兵，是教人刻刻該做賊，如之何其可也？如今平心而論，金、宋只好分注，自然先宋而後金，不然朱子遂爲陪臣，豈學者所安？如三國先主固是漢後，看孔明體面亦有一二分。」

綱目所謂「正統」，統者，相傳之緒，非一之謂。正對偏安言，非變正之正。自記。

【校勘記】

〔一〕「王」，原作「生」，據石印本改。

〔二〕此條亦載榕村語録卷二一，未爲盡確。據後漢書卷八四曹世叔妻記，班昭號大家，所補漢書爲八表及天文志。律曆志則爲其兄班固所撰。

榕村續語録卷八

歷代

聖人非無過，有過而改，方是可爲千百世法。若聖人必定要無過，天下後世人，皆要學聖人無過，則聖人果難學，而文過者更多矣。堯知鯀「方命圮族」，衆人俱説他好，堯也就用他。用之九年，中間亦未必全無查考，全無成效，想是堤堰亦成，旋被水衝。如此屢屢，至於九年，總課成效，全無所益，故曰「績用弗成」也。堯舜之知而不偏物，想是治水不能如禹，禮樂不能如夷、夔，曆象不能如羲、和，只是深曉其理，若動手制器，自不能如其專精也。禹亦非天生能治水，必是九年隨鯀相度形勢，采問人言，又親見鯀之所爲致敗之由，久之又久，得其條理，故能成功。

稷先出，故穀以稷爲長。周棄以之名官。按粢盛，粢稷也。

吴太伯、仲雍如何一至吴，便得衆心而君之？大概不私其利，又于事明白。立心公平，衆人感他恩惠，又明白事體不如他，又有争忿，他又公道不過，便歸之者多。如管寧在遼東，不過一老教書，遂能化人；如田子泰疇〔一〕，便能化一方人，立井田、學校可見。如今也不見人居鄉，能公其利，爲長者之行，使一方人服信之者。大抵人能公其利，便自受其利。如山之出雲，本以爲雨，及雨下，則出雲之山亦被其澤，此自然之理勢也。若有心施一小利，便有望報之心，使不相干人一計較，便没趣。

周初人材固盛，後來亦有限。大抵仲山甫爲優，詩經誇美，自「天生蒸民」説起，到「德輶如毛」，與他人不同。尹吉甫文武兼資，至方叔、召虎、申伯、謝伯之類，想亦有限。

定九先生云：「觀孟子『武丁朝諸侯有天下』，可見武丁未出，諸侯不可得而朝也。從來如此，總是王畿不亂，天下繫屬，各國委其自治，聖人公天下之意不過如此。不利其所有。」師曰：「商朝最好，雖屢播遷，制度修舉，叛亂甚少。大抵聖人取人不論形勢，能齊家，便能治國平天下。武侯一蜀，能得多少大，今觀其治得有條有理，便足羨慕。須知使之治天下之大，亦是如此。」

孔子稱管仲「一匡天下」。當時總不知有天子，而管仲知尊之，不至爲秦、楚所併，即是一匡。其實何曾及天下，晉便始終不至。所同事者，不過魯、宋、鄭、莒、陳、蔡、衛、邢，纔今山東、河南一區而已。葵丘之會，聲勢已大，晉獻公懼而來，中道有阻之者，遂回。而孔子許管仲爲「民到於今受其賜」，蓋尊王義重，周又借以延長，不然則思蠶食者久矣。

周公居東，或以爲避讒，或以爲東征，斯二者皆有之。朝廷之事，託之太公、召公，既可無誤，且明示天下以無他也。又洛陽天下之中，據形勢之勝，以制頑叛，二者兼得之。

孔子平時夢寐思行周公之道，至「畏於匡」，跨過周公，直言：「文王既没，文不在茲乎？」夫子平素極謙，至是自任却大。文王演易，包涵周公，却是自出意思，不板依圖書。然其必直通造化，代天爲言。看文王當日，自朝至暮，無非修德勤民之事，興學校，造就人材。至「大邦畏其力，小邦懷其德」；「燕及皇天，克昌厥後」；「其命維新」，「濟濟多士」。是何等力量。所謂大邦畏、小邦懷者，方伯之職如是，非圖殷之天下也。如後世齊桓、晉文服楚，是畏其力也；存衛、救邢等事，是懷其德也。「誕膺天命」，安民之命也。「承厥志」，承安民之志也。不然何以爲「至德」？

孔子攝行相事，如今皆錯説，觀家語自明。古者兩君相見，必用相禮之官，當時夾谷之會，欲命相，知禮無如孔子者，故以司寇攝之。司寇官尊，豈可相禮？故云攝也。朱子「孔子行」及温公通鑑皆錯，誤以爲行宰相之事。不知當時官，亦無宰相之名也。三月大治，即爲司寇與聞國政之時也。與聞國政，遂如此。古人如字句錯處，必不能無。朱子笑東坡誤引「孔子射於矍相之圃,」序點,人名也,而東坡以爲「行揚觶序典之禮」,竟以「序點」爲禮節矣。

一代人眼,原不足憑,到得千八百年,合之便是天眼。其初不過一二知己耳,知孔子者,宰我、子貢、有若;知韓子者,習之、文昌、持正、子厚。久之精光愈現,而異口同聲矣。

三代後,惟漢最近古,兵民不分,文武不分,丞相入奏,侍從居内,内外不分。君雖尊,臣雖卑,然上下猶不甚闊絶,官至加秩久任。文帝弛山海之禁,不興兵革,賈誼要立錢法,文帝不理。鄧通可鑄,吴王濞可鑄,天下士民要鑄,皆得而鑄之。尉佗據東南,許大一片地做皇帝,文帝亦不爲意,但戒不相侵,要做便做,汝祖父墳墓在真定仍令官爲掃除。吴王驕蹇不朝,反賜之几杖。輕徭蠲租,衣食儉樸,大爲近古,真得黄老意思,培漢家元氣。後人都説宣帝刻覈,傷元氣,故不久亂生。今觀之,亦未盡然。當時綜覈吏治,久任循良,原好,至國短長,有天焉。可云堯舜不再世,爲堯舜傷元氣?周宣王旋有幽王之變,可云宣王傷元氣乎?唐、宋便蕩蔑古法,今視兩漢已若三古矣。

漢高祖入關,婦女不近,秋毫無犯,遂定霸王之基。杜子美贊明皇中興云:「不聞夏殷衰,中自誅褒妲。」不獨立言有體,道理亦足。朱子入對,便先攻孝宗左右近倖數人。孝宗云：「此何足介意？不過差伶俐給使令而已。朕豈聽若輩言耶？」朱子云：「自古人君受其蠱惑者，正惟以爲微賤，正惟不自以爲任用，而不知已墮其術中矣。」朱子終身不得柄用以此。韓侂胄彼時官甚小，定策與渠無涉，僅效趙汝愚之驅策而已。朱子爾時便力勸趙去之，曰：「甯使居外，此人頗有巧佞之才，此時一節鉞足塞其意矣。」趙不聽，曰：「此何能爲？公過矣。」朱子曰：「公不聽，當自受其禍。」趙卒不聽，後果然。聖賢於此處，見得破，斷得定，是扼要處不肯放鬆。聖賢要有不近人情處，朱子斷妓女，施以嚴刑，而判其從良。其實與妓女無關也，至今人爲口實。朱子彼時甯過於嚴。孔子將景公好梨園子弟而付之極刑，太公蒙面而殺妲己，何妨同道。

坑儒者漢高也，非秦皇也；焚書者，蕭何也，非李斯也。高祖時，若肯引用耆舊，當時遺老如魯二生之類，自有見聞，而不用，可惜哉。蕭何原是做書辦人，但知收秦府圖籍，爲錢糧兵馬計，而經書皆棄置不問。項羽一炬，乃盡澌滅。當時所禁，禁民間藏書，非謂官庫也。所謂「王府則有」者，固在也。

漢文帝文字，未必不如賈生，且天下做事人，亂叫嚷便有限。若使賈生爲天子，恐未必如文帝。治安策開頭便言要處置藩王，其意狀如制强敵，意象極不好。孔子論九經，尊賢即次親親；書言堯德，必言親睦九族。如何是此種立論？當日以漢文帝爲君，以董子爲相，而以河間獻王調停其間，三代庶可復乎。仲舒第二策，余初未選，以其語意平常。細思其以皇皇求利爲言，皆豫見武帝之禍天下，與孔子要哀公立誠行政，而不直誨以在下位者，推言同意。先賢所見深遠如此。

漢文帝雖天資仁厚，但不能興禮樂，致太平，所以易世至武帝，而幾危。宣帝綜覈名實，雖亦小康，不知禮樂，竟弄成一名法之天下。東漢明帝鋭意興復禮樂，然亦只是皮毛，然功效亦能使人尚名節。可見禮樂之功大，但終不能置斯民於三代。可見此事非聖人躬至，德從心中流出者，不能爲也。唐太宗慨然有志，而人倫多慚，不獨禮樂無本，而再世幾亡。甚矣，根本宜亟也。

何焯云：「長沙講積貯，却未有流弊。至晁錯言之，便有輪粟納爵，開搜括之端。其後納爵不行，只得告緡，告緡不已，只得自行鹽鐵。是勢之相因而必至者。」曰：「漢文以長沙傅梁懷王，而以錯傅太子，可謂誤於擇師矣。」

三代而後，諸葛武侯、董江都、韓昌黎，若使得賢君而輔之，其功績皆當在漢、唐以上。觀魏徵之佐太宗，便到貞觀地位。魏之才學，視三子無處比得。武侯文章，字字着實，無意爲文，不過如今説帖、告示，語語有實用，實至文也。後來惟韓文公極頂文字，可以幾之，如淮西事宜，字字可行，他人不能也。董子三策、韓子四原，日星河嶽，不可磨滅。次之，便要數賈長沙、陸宣公、劉更生、班固等。陸敬輿當不得，他真真樣樣曉得民情土俗，軍國典制，無不精練。班固頗不尋常，一部漢書，何所不有，又議論皆是，多得要領。此人學識大，不可測，後人非其品行，此亦苛論。當日竇憲出征，朝廷命固從，固豈得不行？既與憲同行，憲有功而歸，要他作篇文字，豈能不作？何足爲累？劉更生峭直忠鯁，但恐略傷急躁。賈長沙不及董、韓處，就在不醇正，夾雜霸道。如治安策，開口立意便差，總是爲天子籌畫，刻刻怕人搶了天下去，急急剪除同姓封國，絕無公天下之意。若文帝妙在自行黄老，總不聽他，静以待之，加之恩禮，待他自絶，天下共忿，方行誅除。景帝再用此道，天下無從開釁，數年之後死去，一二桀驁者從容處之，自可無事，何至天下受此一番荼毒？景帝幸而成功，誅削同姓，馴至微賤卑弱，幽憂愁苦，不能自存。王莽一舉而奪之，無復有齟齬其間者。班生之論允矣。賈生之言安在？至當而不易乎？但盡其設施，整理振作，必大有可觀者。

定九先生云：「鮑叔牙之知管仲，蕭何之知韓信，皆是平日講究得透，故見之甚真，而信之甚篤。」

古人有事勢窮蹙而降人者，斷不可即殺其家屬，殺之便多受其禍。近今施烺之于海寇，可觀矣。李陵忠義，故不侵漢，不然渠若將一隊爲邊患，恐勝單于數倍也。然陵果如是，則漢書中豈復存一李陵傳乎？只可於衛律後附見一名耳。李陵、蘇武、霍光傳真是精神。陳梓言：「班固相去一百五六十年，何以能紀李陵事詳細如此？」何焯云：「或是司馬子長有此稿，亦未可知。」諸葛武侯待黄權、孟達可以爲法。

何焯言：「班固受禍，吕東萊言其爲習氣，甚當。蓋班、竇皆戚畹也。」師曰：「大凡君子立朝柄政者，苟非大賢，與之交好比附，未有不爲所累者。韓文公惟與裴晉公相與，所以無遺訾。朱子爲王淮所薦，到任即參劾其親黨唐仲友，六疏不發，七疏即劾王淮，甯爲所阻。而已與留忠宣原相好，居官即與之相争，義之所在，不得不如此。王介甫與周濂溪算相好，那時周子在外爲小官，固自無嫌。若並列於朝，須一斷以義，不得狥情。」

三代以後，崛起人君，多起於田夫，不讀書，惟漢光武、唐太宗皆是公子。光武爲南頓君子，太宗爲唐公之子。光武學問雖不深，然曾遊學京師。唐太宗雖擷六朝之精華，曉佛氏之糟粕，然到底知文義。故文章之盛，惟推二代，此其根本。若宋，雖有周、程、張、朱、歐、蘇、曾、王，却是天運，藝祖全無所以致之。又有偏安之君，可惜未成者，如漢昭烈、北魏文帝、周世宗，英才蓋世。朱子謂其生像便是不壽，信然。性太緊，度量窄狹。昭烈少好美衣服，田獵聲樂，後方知從鄭康成、王彦方輩講究。然亦無大功夫，獨其立志不肯偏安。孔明亦然。却不是苟得土地有以自奉，且及時行樂，以觀天下之變，利於鼎足，互相牽制，冀得苟延，如劉表、孫權之輩。心事無論，其有拯生民於塗炭意思，必欲光復舊物，其名號甚正，若劉表、孫權等心事，不過是做賊情態，孔明「王業亦亡」之説，甚確。不徒孔明不肯一日苟安，就是姜維不肯安静，亦是豪傑興亡命也，人道却宜爾。若孔明閉關休息，自食地利，益州雖小，儘可享用。孔明不爲也。獨是鄧艾、鍾會來時，後主不當便降，甯可走。最好是孫盛一段議論，謂劉禪不當聽竪儒譙周之説迎降。當時軍民，懷先主、孔明之德未休，後姜維軍受詔歸降，衆人皆拔刀砍石。與吴隣領兵將士不肯降晉，見詔方聽命。若使當時相率而逃，未必有他内亂。蜀中重山叠嶂，水折山深，只須隔一界，便不能過。吴聞晉兵至蜀，已發兵來救，只遲一二日。若使劉禪依隣吴數處兵以爲固，姜維之軍亦自來會，勤王之師續至，蜀民不與鄧、鍾爲一心，晉軍深入，欲歸不得，糧日就盡，鍾、鄧方且不能自保，何爲不可？若説逢危，國君必不可逃，則句踐不宜棲會稽，申包胥不宜請秦師。與其繫頸歸降，何如光復祖宗之舊。

漢時，如孔融、華歆、劉表、劉繇、王朗之輩，皆負重名。孔明所謂「論安言計，動引聖人者，却都無用處」，龐德公所云「俗儒鄙生，焉知時務，知時務者，呼爲俊傑。卧龍、鳳雛，得一足以安天下」，俗儒鄙生，即指此輩。曹操年紀還長，至於孔明、公瑾、伯符、仲謀、士元、元直，皆一班少年，出世便知機宜。孫伯符知華子魚非其匹敵，取之甚易，但渠負望，對敵不雅，須華君自降方佳。正在躊躇，及伯符方入其境，而華歆已迎款道左矣。伯符大喜過望，執手道故。此輩雖無實用，大英雄必不輕忽他。孔明見龐德公，拜於牀下，執子弟禮甚恭，所以成就更不同。

孔明王佐，其兵屯處，與渭民雜耕而不相擾，真仁義之師。恩信服人，身死尚能鎮安數十年。韓信輩便不能，只得用背水法，方能得人死力也。

孔明若永其年，自不可量。文中子信其能興禮樂，程子信其三年不死能滅魏。孔明平常不説誑話，其簡札云：「吾心如秤，不能爲人作輕重。」果能如此，已造聖賢地位。今觀習鑿齒贊其用刑之公，晉武帝聞其改過而無吝色，賞罰之信可感神明。知其語固非夸大。

經理世務人，設施固是不同。漢末司馬德操、龐德公諸人，負當世大名，諸葛忠武拜於牀下。然拜則拜矣，敢保其出來都無用。觀華歆輩可見。後出師表「劉繇、王朗，各據州郡，論安言計，動引聖人，羣疑滿腹，衆難塞胸」下云：「使孫策坐大，遂并江東。空言無實，何益之有？」

諸葛前出師表，倉卒之際，言有倫次。先要後主自己「開張聖聽，光先帝遺德」，

「不宜妄自菲薄，引喻失義」，是修身之意。次及「宫中府中，俱爲一體」，是齊家之意。宫中之事，交與攸之、禕、允等，營中之事，交與向寵，是亦尊賢，敬大臣事。「親賢臣，遠小人」數語，伊訓、説命無以加焉。次及自己出處，次及南方已定，欲北定中原。由内及外，由近及遠，然興復之本，總在人君。故反覆於攸之、禕、允等進納忠言。而又切矚後主「自謀，諮諏善道，察納雅言，深追先帝遺詔」。後主後來失國之道忠武，固已見之矣。若此等文字，韓昌黎亦未做得。昌黎後爲國子祭酒，亦未見有條奏可方天人策者；爲侍郎時，未見章疏有如出師表者。要之，亦少忠武一段誠意懇惻處。

蜀漢中，張嶷、趙雲，不獨有將略，而見事明決，持重老成，皆古大臣也。不識當日何以不以託孤寄命之事推之，武侯用爲大將而已。或我輩於書册中見之，未若親見之更的確。

本朝來，有許多剏前代所未有者，此之謂時務。漢末通經學古者甚多，如劉繇、王朗、華歆輩皆名士，聲震天壤。而做事業如曹操、孫權等，視之若無有者，以其不知時務也，任以事必敗。然通經學古，有德器人，終不可以其短於才而絶之。彼雖不適于用，却是事業根本。如昭烈之英雄，以與鄭康成談過，而記其語以爲治；以孔北海知其名爲榮幸。却不可無此本子。以孔明之智略，而拜龐德公於牀下，其所見卓矣。

有謂孔明前知休咎，好事者附會耳。孔明初上出師表，若逆知其敗，肯云「今南方已定，兵甲〔三〕已足，當獎率三軍，北定中原」，又立軍令狀一般云「不效，則治臣之罪，以告先帝之靈」乎？此理非獨孔明不知，雖孔子亦不知，但略曉得大略耳。若全曉得，便何用人事？如人子當父母八九十病，心豈不知壽命有盡，然心又竊計，世豈無百年人乎？苟可以求醫藥者，無不至，人事宜爾也。聖人何用此學哉。

陳壽三國志，比諸葛忠武爲管、蕭，則曹又不與焉。然畢竟工部改評爲善，曰「伯仲之間見伊呂，指揮若定失蕭曹」允矣。韓文公、杜子美，此二人不曾見用，若用時，皆有大過人處。其見解高卓，超出尋常萬萬。

考古論人，亦有氣類不相合者。邵康節獎許人物，如周亞夫、張子房、狄梁公諸人，無不及之，而獨不推服武侯。韓文公總不説及賈、董文章。送王秀才序，又知其祖王無功，而獨不見績兄文中子。盛推揚子雲，而不及班孟堅。口雖不言，蓋韓文公必惡文之累墜，謂自班開之。李翺所謂「麗華鬬葉」者。文中子擬論語，想亦韓文公之所惡。又李翺所謂「剽剥不讓」者，蓋述韓子之意也。于德業，又不及武侯，不知何故。

以術數前知，此非聖賢之所重。康節心既虛明，察于理，又精熟不過，豈有不知？却不以此挂口。「至誠之道，可以前知」者，不過因革損益，蓋見蓍龜動四體，禎祥妖孽寂然不動，感而遂通天下之故。武侯「成敗利鈍，非臣之明所能逆覩」，真有儒者氣象。康節與孔明，固是情好不同，皇極諸書，惟推留侯、梁公，想此老出世，亦近此等作用。至武侯，從不提起，惟至伯温，想因父之薄孔明，而至作論以排之，康節始呵斥之，以爲「豎子，烏知孔明之非王佐乎？」蓋聖人仁智兼隆，若智處太多，於道理上太占便宜，微與聖人隔。聖人略帶有些呆意方是。狄梁公有何可推，尊爲有數人物？其復唐也，在既没之後，而身爲武氏之宰相多年，似不若翻然遠去之爲潔也。程伊川便以周公、武侯並稱，不一而足矣。

諸葛忠武在蜀，人皆咎先主何不早任之治軍旅，不知忠武亦練習閲歷而後能之。先主與曹操爭雄，亦是老於行間者。忠武小心收斂，却又能看出英雄疎略處，日加精密。又英雄只是心中氣識能任事，儒者又能思見其理，故聖賢皆見得最上一層。

汾陽出兵，十敗七八，全才爲難。孔明治國，如彼條理，及出兵，雖宿將莫能當。區區一隅，天下震動，雖周公不知何以加此。其託孤寄命，與周公不異，而民不流言之語，方且推之在周公上。

孔明未嘗與孟德角敵，勝負未可知，出師表稱其用兵，「髣髴孫、吴」。然孫、吴之技擊，不足以當桓、文之節制；桓、文之節制，不足以當湯、武之仁義。孔明之師，節制而進於仁義者也。孫襄。

士未至達節地位，且當守節。孔明達節者也，管幼安守節者也。三國孔明第一，幼安次之，徐元直又次之。以元直之才，仕魏豈無所表見？彼固有所不屑焉耳。孫襄。

漢人尚風角、鳥占之學，而外孝經、論語。唐人貴制科進士，而賤明經學究科。又如不善歌者，使之習雅樂，可以觀世變也。孫襄。

魏氏之開國承家，無足言者，獨子建泥而不滓。當漢帝禪授，而數日臨哭，幾於自殺其身，亦可哀已。其後三四徙封，流播憂摧，終夭天年。延及懿親，並見疏斥。自記。

一帥敗，或譏其家本寒微，驟致通顯。先生曰：「今之負且乘多矣，顧所以守之者何如。讀幾句時文，以取科第，與此相去有幾？逆取順守，古人所貴。賈誼過秦論，到二世、子嬰時，尚爲之計。宋藝祖得天下，與劉知遠、郭威無二，然有渾厚處，武斷處，本身有氣力，享年長久，亦天佑之耳。隋文帝未可云不順守，其子不肖。柴世宗何嘗不順守，國不延，無可如何也。」孫襄。

退之以陶公未能平其心，蓋有託而逃焉者，且悲公之不遇聖人，無以自樂，而徒麴蘖之託，昏冥之逃也。其論正矣，然感激未能平其心。自古夷、齊之倡，何獨不然？謂其無得於聖人，而以酒自樂，則視陶公已淺矣。觀飲酒詩六首，每章中惓惓六籍，恐公之希聖不在韓文公下也。此與嵇、阮輩奈何同日而語？其不曰「樂聖」，而曰「樂酒」，則寓言固自有由。當晉、宋易代之間，士罕完節，況公乃宰輔子孫，無所逃名乎？稍以才華著，便恐不免。況以學行自豎乎？隱居放言，而聖人有取焉。惟其時也，觀謝靈運殺身於無名，則公之所處超然尚矣。自記。

論唐之天下，大局面不如明，而人才則過之。如郭汾陽、李西平之勳德，杜工部、李太白之詩，韓昌黎、柳子厚之文，宋璟之相業，歐、虞、顔、柳之書法，狄梁公之深心大力，皆非明所能及。兼之者其漢乎？雖末世，猶出昭烈、孔明其人，真是大體面，結局甚好。

某少時，先君命余讀宣公奏議，苦極，蓋以其排密，不疏爽，難背誦。韓文公出其門，平生無一字及其文，直至憲宗實録内，爲立一傳稱道之。陽道州在當時亦是人物，諍臣論也貶駁得盡情，亦於實録内立一傳。其孝友忠鯁固奇，而迂怪呆狀亦全載，俸禄被惡少誇羨，便予之，而兄弟幾人皆不娶，以無後。此何爲者？當時如李鄴侯，真覺有仙氣。而韓昌黎亦從口不道及，想亦以其好怪也。韓文公真狂者，其眼目大在那裡？

工部情多，使此人得志，當澤及民物也。自記。

宋待臣子至厚，罷官猶得祠禄，不特超越唐代，蓋於漢有光也。士大夫生當盛時，以不得嶺表一行爲恥。孫襄。

王之下便是公，公者，無私之謂也。人一當國，那裡還記得自己許多恩怨喜怒事，所以要大公無我。范文正與諸葛武侯便有此意。

范希文生平好奬成人材，孜孜汲汲，好尚在是。韓魏公便不能如此。所以朱子自三代後，眼中只有武侯及文正兩人。文正宅有風水，有人相此宅多顯達，文正云：「一家好，何如一郡好？即爲學宫，於理勢應然。」一家貴盛久，未有不大壞者，但人却不能。杜子美詩好亦在此，一飯亦不忘君及天下治亂。説他是假，如何醉夢中所作詩亦不外此？雖用世，未知其能爲與否。然此段心志，與日月争光可也。司馬文正由其言忠信，行篤敬，終身無失，學者翕然服之。只是聰明睿知處，少不足耳。

范文正學問亦有限，事業亦不較烜赫，而宋人重之，至與明道同稱。明道固宋人所稱服爲聖者，想見希文志氣大，做秀才便以天下爲任，言下便先天下而憂，後天下而樂，又心真誠懇切，人不得不推服之。

有一衣冠毁一正人，問：「或係其識闇，未必是邪人。」曰：「氣味與正人不相投，便是邪人。」問：「東坡與伊川不相投，東坡也謂之邪人？」曰：「觀他父子兄弟爲文，有一言近道否？以戰國縱横爲宗，治國則尚功利，處事則用機權，歸根則入佛教，立朝則黨同伐異。至今但見其議論風采，文章炬赫，而終不可與入堯舜之道。如孟子惡楊、墨，前賢闢佛、老，楊、墨、佛、老豈是弑君弑父，貪財好色人？然而聖人惡之，反在吴起、白起、蘇秦、張儀等之上者。蓋以此人之不是，灼然易見，其罪不足攻。而惟其有以自立，足以動人，扇惑人倫，陰銷正教，其罪大，其流毒遠，人中其毒，而不自知爲惡也。明儒如丘瓊山，何嘗不卓然欲自立，而立朝亦是黨同伐異，便不足爲正人矣。」

十一月壬午十六日，上以「宋高宗父母之恥終身未雪」爲論題，考熊中堂、陳太宰、韓宗伯，徐詹事、揆凱公、勵副憲、查昇、宋大業、陳壯履、張豫章、滿保、何焯、查慎行、汪灝、吴廷楨、盧軒、錢名世，因論此題大概。聞上意，以宋高宗因父母在彼，若急進兵，恐彼殺之，故遷延不忍，非忘仇也。此固是矣，情亦曾想過。但怕他殺父母，不可進兵，將不但不知金人若必要高宗全獻南土，但竊負而逃，遵海濱而處方休，不則便殺其父母，將不從乎？抑棄祖宗之全土與之乎？且急進兵不可，而内自强亦不可乎？如諸葛公閉關息民，治兵儲餉，用好人，擇大將，固疆圉，普仁恩。金人若見其强盛，彼留此兩老人何用？又殺此兩人何益？未必不送歸也。又不進兵，又不自强，何爲耶？

元朝不立法制，一切寬弛，官以賄行，蕩無廉恥。明太祖有天下許久，人民尚思元，如幼童憚嚴師而思寬惰者一般。明太祖立法太嚴，激厲廉恥，至三百年將亡，百姓尚富饒無比。

何焯言：「明太祖曾遣人向天竺國取經，現入三藏中。又各王分封，則以一僧傅之，姚廣孝則燕王傅也。」師曰：「洪武皇帝亦不信佛，但是人不能無所畏。當其分争時，匹夫匹婦皆吾敵也。至於天下一統，無外患可虞，而欲保社稷，長子孫，則懼鬼神而思以邀福而除禍，未有不爲僧道所騙者。自非聖人，斷不能免夾襍念頭。惟聖人胸中瞭亮，道理見得透，知道我即天，天即我，天下豈有外于天者？坦然做去，有何畏懼？」

古人成功，後人便喜以事傅會之。如劉伯温，何嘗明知太祖起而已之爲佐命？如知之，何苦爲元用，作兩截人？諸葛武侯皆不知，即聖人皆不知。聖人見理精熟，幾未動必不輕爲，人見其若前知耳。惟邵康節先生，説不得他不前知。如上古黄帝、廣成子，後世陳希夷輩，皆另有緣故，是聖賢中又别出一小支，所以二程甚不喜邵此處。然亦只見理之後，又以氣機象數知其端倪耳。如伯温問康節如何不仕，康節亦只言宋興已太平百年，恐不能久無事。此只言理。後於洛陽橋聞杜鵑，曰：「南方氣至，天下將亂。」臨死，伯温問避亂處，曰：「蜀中好。」伯温葬畢，即遷蜀。及陳希夷聞陳橋兵變，自己偕少年輩策蹇往，冀倖己之得爲也。聞太祖即位，乃笑而返，曰：「天下自此太平矣。」康節亦不能確然知亂天下爲誰，天下亂在幾時，陳圖南亦不能確然知趙太祖之必帝也。陳見太祖父道上，以籠担二子避亂，大笑，人問之，曰：「笑渠一担擔兩天子。」又見張益州在天上救火。大抵心静久，神遊九霄，不屑世間事久，自與天通。人之所爲，其幾動而事未形者，天已有象，蓋人世所爲，皆上帝使之也。上帝者，即天地之心之靈明也。問：「曰上帝既作主，何以使世亂而不治？」曰：「試問君有疾，豈君心之所欲乎？既有此心形體，即有陰陽五行之錯雜。只是當有病時，心之靈明尚在，或病甚時，語言顛到，手足狂亂，並心之靈明亦失之。然病去，而心依舊靈明。心未嘗不欲一刻病去，能調養保護之也。如『三后在天，王配于京』；『文王陟降，在帝左右』；武王『乃命于帝庭』。既有帝，即有帝庭。天之靈明何處不在，而必有栖聚之所。如人之心靈遍體皆是，拔一毛即知痛，何嘗心不在，倒底心有腔子在。人與天地一箇樣，善言天者，必有驗於人。」

天下全以人才爲主，開國初有正經人物，便成一代好風俗。明朝三百年，諸事廢弛，學術荒蕪，風俗却好。立朝士大夫，雖樹黨悞事，要不可謂其無清節。大凡易代受命，須有前朝遺逸，如派頭傳來一般，所謂碩果也。明初，雖洪武猜疑，不能任人，到底有宋金華、劉誠意諸人。接以方正學，靖難死義者甚多。漢之二生，所謂碩果也，雖不用，所謂「雖無老成人，尚有典型」。世疑文中子有無不可知，因其攀援唐初將相，更滋之疑。然今觀房、杜、魏諸人，似覺有些派頭，或講究於河、汾，亦未可知。惟宋却無派，五季之後，天地昏塞，生諸大儒，真天開文明也。趙普諸人，皆匹夫耳。

姚江機智却有，若姚江爲武穆，恐十二金牌召他不回。人有好處，便有附會歸美者。如姚江疏，何嘗一字傷劉瑾？而云「瑾欲殺之甘心」，過矣。

王姚江却未見他講得治天下大規模，經學是其所疎忽者，故亦未能詳備。永嘉議禮，姚江其時家居，未嘗不以爲是。姚江若得志作相，大概是李德裕一種人，其心胸比李少開廓，而才亦相亞。孔明可以興禮樂，雖未知孔明講求如何，但其幕府有許多人在。雖聖賢，亦不能獨成大業也。

正學迂腐無用，若以王姚江處其位，恐永樂未必成事。姚江滿腹機權，故是英物。其平甯王，皆教官、典史、知縣、知府驅市人而戰，真是大才。

象封于有庳，却在今貴州地方。而廣東、雲南、福建，皆漢武帝時始開，人皆咎漢武之窮兵，由今觀之，此等地方亦何可少？瓊州亦在海外，内有人物，如丘瓊山、海剛峰等，如何泯滅得？周禮有「七閩」，不知是福建否？而閩中出讀書人，始於歐陽詹，聞詹前尚有林藴也。將來臺灣亦自出人材。臺灣地方極大，今所得不過十分之一，天地日開，正未可量。

張浄峰爲兩廣總制歸，家惟一犂，躬自耕田。又蔡虚齋做學道，寄四兩銀子還家，細細剖分，幾錢作何事，幾錢作何事，極言此銀子不易得。又好風水地，甚愛一塊地，須八金，而苦不能得價。此二札，皆載集中。渠輩想官物官用，視之與己無與。明時尊宋儒學問，其風俗之好，不下東漢。宋朝人才盛於兩漢，真是天開文運。

安卿言，其鄉先輩黄公克纘致仕居家，爲其親家趙公謙光死，弔之。趙之子，黄壻也。黄因密詢之：「君家三世仕宦，家貲畢竟幾何？」其壻以實告：「吾曾祖仕歸，有二百金産。吾祖自卿回，復增如曾祖數。吾父自巡撫粤東回，更好，增二百石租矣。」黄俯首歸，閉户不飲食者累日，舉家惶駭，跪而請罪。黄乃呼其子侄告曰：「趙氏三世仕宦，所得如彼，吾一代耳，竟至有三千金，負媿多矣，非汝輩罪也。」黄公五十年顯宦，除吏部，遍歷五部尚書，巡撫山東十二年，而以三千金家産爲羞，前代風教之厚如此。黄爲巡撫山右，清素不緇，夜不閉户，幾致「刑措」云。

蔡虚齋先生，終身授徒於僧寺，有勸之講學者，笑而謝之。徒從中有異等者，升之於後堂，次者，則發文時次第其前後而已。昇後堂者，則林次崖、陳紫峰兩三人而已。其文常居前列者，虚齋死後，無一不登進士第。虚齋提學江西，考試時，次崖看卷于署内，取舒芬壓卷，人譁然怪之。其郡守郡佐皆言：「或内看卷人偶誤耳。」蔡曰：「不然。今日即將諸人覆試，令予署内看卷者及舒芬同考。」次崖及舒一揮而成，諸人作果不如，郡守等皆氣沮。蔡因謂曰：「舒生乃此地之羅一峰也，他日當爲忠孝狀元。」人疑而笑。後死十數年，林與舒同榜進士，而舒果殿元，其直辭貶黜，與一峰之行蹟相類。

又有一鄉先生趙諱瑶者，爲粤提學，盡放一郡之諸生三等。諸生惶而請爲文之法，某曰：「文非無佳者，只是中有惡氣不祥，不欲爾輩入闈耳。」諸生苦懇之，因許其入闈。是年赴省試者，多溺于江，十有七八也。當時人謂看文曰：「虚齋聖，趙瑶神。」王遵巖令其壻林某爲文。林止爲小講，苦不能成篇，其表兄來，爲之代作中比去，其師乃爲成後比。王看之，分三段批：「小講尚書，中讀書不成，後乃教官也。」後皆如其言。

地方果生一人能自立者，上天之所加意也。其精神定有發露時，氣運亦隨之而盛。如蔡虚齋在晉江，林次崖在同安，平日皆盡心朱子之學。而流風緒論，二公之後，甲科之盛，每榜下數人，乙科每榜數人。如此者，幾百餘年，號文物之地。

張瑞圖子名潛夫，號確庵，翰林，不仕本朝，極有品。其甥楊玄錫，十四、十五歲聯捷，亦高品不出，貧極。楊有姪亦進士，一日造之曰：「奈何連日米斷，旋買旋食，竟成楊維斗矣。」答曰：「叔還好，姪連日竟是楊升菴矣。」

鄭芝龍在明朝後，不過好獻與本朝，圖官大耳。黄石齋爲宰相，何元子爲總憲，芝龍加宫保，班在諸臣上，至其壻以都督，亦在東班諸臣上。何糾儀拉至西班，渠曰：「吾勳臣也。」何曰：「汝勳安在？」果拉之西班。芝龍大不平。何知不可爲，上章辭歸。帝留之，鄭曰：「何用此等人？」遂放歸。伏甲於路，何肩輿至，突出露刃，輿夫驚呼。何出謂賊曰：「知君所欲得者，吾頭耳，毋及他人。」伸頸命取之，衆愕眙許時，曰：「好一个都院，且取若耳可矣。」割耳而去，以已殺報芝龍。隆武聞元子被盗殺，哭幾日。當時人作一對曰：「都院無耳方得活；皇帝有口只是啼。」石齋曰：「吾死在明處，何用爲賊臣殺乎？」遂請命出關征勦。與兵一萬，七日而糧不至，諸軍餓散。黄曰：「我知之矣，汝等願去者速歸。」施爲小官，陳機宜大略言：「此等兵本無用，不如全散去，以公重望，藏身僻處，觀釁而動。義聲號召，尚可有爲，何徒取死？」黄呼之入，曰：「爾有異志乎？但不知吾心事。某此出，不過送一死，以盡吾事。汝等可爲此事，天下雖大，那有黄道周藏身處？明知兵散去，坐吾以失律之罪。然吾兼程進，一出關，便不復理渠矣。」至江西，諸生聞其名，争相號召起兵。本朝兵一遇而靡，本朝兵呼曰：「黄閣部在内，不許殺，必須生擒。」黄自出認，遂將去。

施靖海向余言，廿六歲從黄漳州領兵出，中途便上書與漳州，論兵機宜。漳州報書言：「君所言悉中窾要，但我受命而出，焉能中棄其軍？濟則社稷之靈，不濟但辦一死。」因言漳州只是一忠臣，却用不得，無經濟才。余因問施君所陳機宜如何，曰：「以余意，直行將所帶海兵棄去。内有鄭芝龍主持，糧餉掣肘，所帶海兵，習水戰而不習陸地，父母妻子悉在海上，烏合之衆，動輙離心。本朝兵初下，兵勢猛鋭，先聲已厲，如何能敵？不如散遣。漳州負天下重望，潛向江西、湖廣，聯絡豪傑，隨地起義兵團練，選擇而用之。黄公義聲遠播，兵若精强，四方必有應者，或尚可爲。如彼所爲，立見其敗。漳州書回，吾亦辭去不復與共事，至今漳州手書尚在余篋中。」

黄漳浦被擒時，詩極多，予曾記其一首，云：「諸子收吾骨，青天知我心。誰爲分板蕩，豈敢付浮沉。鶴怨空山淺，鷄鳴終南陰。南陽泣路遠，恨作卧龍吟。」一門生歸，索家報，黄裂衣襟，嚙指血書四語曰：「綱常萬古，節義千秋，天地知我，家人無憂。」黄石齋死難之詳，却是余會試時住浙溪客店中，一鄰寓人爲人言，且説且哭，直達四鼓。問其人，云：「皂隸也，不知何處人。」言金正希先生擒時，摇扇迴翔，步于洪承疇大堂前，指斥駡之。言金、黄皆稱老爺，而洪或稱名，或稱洪亨九，或稱洪老。

黄石齋先生被廷杖下獄時，諸刑俱備，身無完膚，已死仆于地。那時士大夫皆好，黄東崖時爲侍郎，微服入黑室中，無所見，摸地上得石齋，低呼石兄。石齋已昏暈不能復作聲，東崖以爲死矣，遂哭。移時，石齋復甦，問爲誰，東崖答曰，乃某也。石齋云：「多勞多勞，有心人。」長嘆云：「不仁而可與言，則何亡國敗家之有。」東崖云：「兄臂被杖，瘀血凝塞，當爲用磁碗片割破，去之方可生，勉當自愛。」石齋厲聲云：「世豈有割板的黄道周。」聽之而已，亦卒不死。石齋生平直言極諫，已可死三次，而再起再諫，以次加厲，卒殉大難，氣終不挫，真是鐵漢。石齋死年六十二，門人見他自己看的命册，每年下皆先定註語，人多不懂。至六十二歲，遂無註語。充湖廣軍時，上問通樂律人，舉石齋以對，奏云：「黄道周人雖偏，學問好，天文地理無所不精，不止通樂律。故負天下重望，如張溥亦然。」明日，遂有中旨，免黄充軍。得歸家，足已跛，兩手指皆拶斷上截，餘下截，作書竟是全把矣。

成其範辛未知貢舉，余見之，問其刻日平吴逆及吴逆死，皆驗果否，曰：「有。」問其所讀何書，曰：「生平惟黄石齋三易洞磯〔三〕，三代以後有兩聖人。」叩之，曰：「一貴鄉黄石齋，一邵康節。」頃入闈，所携三易洞磯又復熟，復數遍矣。吴琠銅川又向余推服李卓吾以爲聖人，曰：「人言藏書怪，吾求其一字之怪不可得，一片道理。」吾鄉此兩公者，後進率不服，而外面推尊爲聖者，却是山東一人，山西一人。石齋先生及門，吾猶及見之，問石齋先生教澤，曰：「渠自己讀書亦勤，清風介節自好，但從之學却不得其益。喜人諂諛而已，不問渠罵學而不問何益；問的深切些，又罵蠶等，多所不達。」

鄭芝龍在明朝號一官，泉州南安人。興販于日本，娶婦生鄭成功，永曆賜姓，故曰

「國姓」。鄭芝龍投誠本朝，成功獨念明朝恩禮，因帥數十人，去爲海寇，數招不降。康熙元年，乃殺芝龍於京師。成功始事，乃同安諸生陳永華爲之謀主。陳父名鼎，以天啓丁卯孝廉，爲同安博士，代知縣守城，與本朝兵戰，城陷，不降，死于明倫堂。永華招集訓練，盡心區畫。順治末年，自金陵敗歸，乃奪紅毛臺灣而居之，死者數萬人。既定臺灣，成功志不在小，乃使其子錦受業於陳永華，令統兵居厦門，欲潛圖漳泉。去臺灣尚隔兩重大洋，得臺灣，本朝降去總兵馬信功最多，兵最盛。成功偶傷寒，馬信薦一醫生，以爲中暑，投以涼劑，是晚而殂，年三十二〔四〕。馬信以爲成功死，則己得王其地矣。翌日，馬亦無病暴亡。成功第十弟自稱「護理延平王印」，永華與鄭錦聞信，即率兵歸。護理者即發兵拒之，各營兵將皆壁上觀，視勝者歸命焉。錦勝，遂立爲主。陳永華思護理係至戚，不便自相賊害，留伊亦無面目在朝班，可縱之降本朝。錦如劉後主，了不視事，國政一諉之陳。陳以永曆授官爲都察院，自稱「都院」。錦賦詩飲酒，聲色自娱，所著有東壁樓集。錦長子克宗，即陳壻。陳死，錦用事者，領内兵馮錫范也，擅作威福，大失人心。錦後自屯厦門，陳駐臺灣。錦繼陳亡，錦長子克宗英明，馮錫范忌之。劉國軒惑於馮言，按兵不動，馮紿克宗出，於道上夜繯死之，托爲自縊，其妻死節。兵圍陳氏第三日，錦母以陳氏無罪有功，太學生伏闕上書，乃釋之。立克塽，塽十四歲易制，又即馮錫范之壻。

三年大旱，斗米銀五錢。而本朝閩制姚啓聖，用帑金賄結其心腹大臣，來降者踵至。本朝兵至，劉國軒、馮錫范勒其主降，國乃滅。初，國軒爲護理將校，兵敗，已縛就戮，陳永華奇其狀貌，釋而用之。康熙三十九年六月初六日，予同年陳還君錫爲余言之。還即陳永華孫，鄭錦之弟聰壻也。

李安卿先生云：「陳在臺灣，開疆立國，訓農講武，招商興學，廉潔有幹局。開誠佈公，推賢讓能，蓋希孔明之風範者。自題其堂曰『媿胥』，故本朝招之不降。歿後枯旱三年，而鄭已國滅。後其子孫皆入正白旗。」馮錫范封伯，今現在。劉國軒爲總兵官，數年亦封伯，皆入旗。馮今亦貧苦甚。詞臣陳夢球，即永華之少子也。錦，舍名經。

漳浦一支龍，入海起銅山，水落時則石骨見。前朝死難者，皆銅山産也。吾泉以節義見者，惟晉江蔡道憲江門先生，外此則何變、郭承汾兩公，死節亦極烈。江門寒賤時，其父爲人家清客歌吹。江門自幼入學，後好修潔其容，簪花淨衣，終日在戲場觀劇，人輕賤之。後遂發鄉科。會試時，至德州，聞本朝兵渡海，直犯保定。同袍聞信者皆回，江門笑之曰：「諸公如此怖悸，將來居官，國家有事時，將如之何？無事時想人家爵禄，聞人家有事便抽身去，可乎？」獨策蹇入都，是年遂中甲科。還鄉後，謙下無比。遇其父所依託之家子弟，堅不對其子弟，苦辭曰：「吾父之恩上也，如何敢對？」居喪如禮，人即器之。爲長沙府推官，張獻忠兵圍長沙急，太守欲逃，江門持之，急勗以大義。守不允，曰：「事不可爲。」江門曰：「願付吾印，吾爲公守，聽公去，易以招集兵糧。」若成事，斷不敢自以爲功，仍待公還。」守感其誠，與之。卒潰。蔡朝服坐堂上，執而獻之獻忠，不跽。獻忠尚問其履歷，蔡看傍有兵器，遽搶而執之，欲手刃獻忠。獻忠怒，立剁成肉泥。

上言：「今口外四十八家達子，四十家俱元朝之後裔，八家是其國人。」又紀載言，擒正統事，本欲取北京，恐不能據。後屢欲送與中國，而景泰不要。後乃送入，不收，因置之而去。景泰乃迎入。彼國待之甚有恩禮，與之胡后，生一子。天順立，不取其后與子。其子孫，今亦爲八部落之一。上乃見其王而問之，渠亦自知爲天順子孫也。師問曰：「其人似中國人面貌，抑似騷達人面貌？」上曰：「騷達的狠。其母係彼國人，又數世相習，如何尚似中國人。」

黄石齋三易洞磯，原無可解之理。吾鄉有一友人，欲算其數，後遂得心病。山東成其範，自言無一字一句不解，其説余亦不請教他，蓋的知其爲欺人。使石齋復生，令他句句作解，恐亦不能。

北地郭蒯菴棻在朝房閒話，予問其見前輩多，風度自殊，曰：「何嘗與今異。一班諸名人，在予家者甚多，惟黄石齋、劉忠宣念臺兩人風度好，也不過是如今魏環溪一流人。至如倪鴻寶，成甚麽人，竟是女郎。」叩其何故，曰：「至予家，一日而數换鮮衣，可厭極矣。」曰：「何以死難？」曰：「吾亦不知其何以死難。予時幼童，持綾十二幅求石齋書，石齋喜曰：『吾爲書之。』即磨墨，書乾，予復云：『求老伯落一欵。』嘆曰：『吾書不落欵方貴重』，卒未落欵。」

崇禎臨朝，問樂律，廷臣俱不能對。有人奏：「惟黄道周知之。」蔣八公啓奏：「黄道周不獨知樂律，天文、地理，以至禮樂制度、醫卜、星相，無所不通。」帝曰：「朕亦知其學問好，但其人太偏。」已而默然。時爲周延儒所救，已充軍在道。次日，下詔赦還。此癸未年事，甲申即國變。在海上出師時，漳有一諸生輕毁之曰：「没相干，不過又一洪承疇耳。吾知黄某久矣。」其門人等恨之，而無以難也。後死難信確，乃衆擒其人，倒懸之於儒學中，欲撻死之。已而有人共勸解，僅免。黄算命果驗。其生平著書，絶不可曉，蓋必得異人傳授，而以詩書文之，以見其非術數之學耳。至以五經配合，推算而驗之，真可笑也。然其既死，後人見其推算自己命薄，至六十三歲止。

人物亦隨山川。江南風氣，似勝浙江。古來人物，江南如范文正、朱文公，誰敢有異論？浙中極烜赫人物，如宋之金華、永康，明之方正學、劉青田、于忠肅、王文成，皆未能醇。本朝人物醇正者，陸稼書外，如杜肇餘、彭羨門還樸實。浙中學問，大抵好詆訶先儒，黄梨洲其尤者，萬家兄弟，三禮亦少自得處。如顧亭林之音韻、梅定九之曆算，真能有考究，不涉一字虚浮者，無有也。陸宣公、宗汝霖、金仁山、王龜齡諸公，皆甚正，然而少矣。

安卿言：「平生見聞所及，有膽氣勇决者，鄭成功、施烺、姚啓聖、二家伯、三舍弟。藍理與劉國軒五戰而三勝之，亦勇將也。」

【校勘記】

〔一〕「田子泰」，原作「田子春」，據三國志魏志卷一一田疇傳改。

〔二〕「兵甲」，原作「甲兵」，據三國志卷三五諸葛亮傳乙正。

〔三〕「磯」，原作「機」，據明史卷九六藝文志改。

〔四〕「三十三」，當作「三十九」，考鄭成功生于一六二四年，卒于一六六二年，終年三十九。

榕村續語録卷九

本朝人物

生平見一好人，喜歡至不能寐，即一技之長亦然。與吾何與？生性如此。當日魏蔚州、湯睢州是如此人，近惟有楊賓實是如此。見人之善，如己之善；聞人之不善，如芒刺在背。湯當日聞某所稱道人，必亟亟覔晤，曰：「老先生必不妄。」如德子鶚者，湯問人物，以此對。湯曰：「聞此人無世俗氣。」吾曰：「直是黄農以上人。」湯汲汲見之，一見，得終日談而不相舍，遂成莫逆。

謂一滿大臣才極利，然滿面見才，又帶殺氣，終不能善終也。大才須韜斂，一毫不可見方好。前滿中堂阿蘭泰庶幾乎？將來漢人楊賓實未可量也。志氣强毅，臨事有擔當，外面卻如田夫野老，甚好。

楊賓實無魏環溪一段清明、開霽、和煖之氣，是天禀使然。魏之議論條暢，氣象開明，逢人説法，不擇高下。賓實則語言有格格之狀，嚴重之氣象多，便覺逼窄些。然楊之經制、文采，殆過于魏。賓實外冷而中熱，初入館，吉水薦之，至一滿洲齊色家教書。齊亦難相與者，賓實則視其子若己子，喜怒哀樂皆與相貫。未經年，而齊色夫婦及其子愛之如骨肉，不肯放，直至齊色往關東，始放。賓實爲人辦一事，便如自己的事，應承一句，盡心爲之。自己的事，要做那一件，窮日夜，盡心力，做一箇透。庶常將散館，余語之云：「散館高下，雖非要緊事，但翻得文字不成話，亦不好。」渠遂爲是晝夜不輟，眼幾爛腐，後來散館，故最高第。做學院時，其幕客笑其六月大暑，汗浹衫背，不暇浣濯，蒼蠅羣集，糞污萬點，而渠不省不輟。其時文、散文，生成筆氣，便似曾子固，氣甚厚，下語甚重。其讀五經，妙在不是好其文詞爲文章，卻有甘其滋味的意思，故能措之乎用。

本朝人物，以魏環溪、湯潛菴爲第一流，他兩箇實實有要天下好的意思。京江就少此意，澤州雖不與京江同，然亦少此意。

今日錢啓新所著易經象抄等六七種都有了，是其裔孫錢榮世所贈。略一掀，便令人笑倒。可見當時高、顧等都糊塗，將來常州地靈，要在楊賓實身上結一果。賓實較平穩多哩。錢公人品甚高，可惜其所學如此。

魏環溪見人便勸爲善，雖童稚下賤，皆與爲等視，現身説法，喋喋不休，不復覺己有年尊爵高之異。人感其誠，樂從之游。湯潛菴見人朴誠真率，告人必以實，蹙眉口畫手指，形狀憂苦。人亦感其誠，多從之游。衛老師見一人，輒與講書説理，汝不明，他不休，意思更好。只是後來頹廢急躁，舉措不時，亦不永年之兆。魏、湯到會議處，纔一語，雖不切，便有一段正經厚道意思。數公風度，於今總不見。陸稼書便孤清高峻，人難接近，然躬行實踐，立品不苟，故人尊之。

朱子便云：「有人聲色貨利都不好，耑好做官的。」可見世不乏賢。此等真斷，即以做聖賢不難，何爲看政事堂如仙宮瑶島，多坐一時也好？聞人要回，便吃一驚；聞人再任，一霎時便喜動顏色。却是何意？終日嘖嘖，至少有萬語磨來磨去，都是書辦所料理者。雖清苦勤勞，唯日孜孜，謂之自暴自棄也可。宰相之事，進賢爲大，觀今之君子所喜者張寄亭之屬，而所惡者趙松五之類，可以觀矣。其病根都在功利上。某生平於公卿内，推重魏環溪，雖亦有偏處，學問尚少，但他卻滿肚要朝廷清明，天下太平。而致此者，非人才不能，實欲激濁揚清。又厚道，見一人，隨其高下淺深，而爲之説法。又善言，娓娓可聽，一味熱腸，聞者亦感動。却又不是以前輩自居，教訓後生。其詞氣卻是大家勉勵做箇好人的意思。就是後來懼禍不敢言，而這一段意思隱隱于胸喉間，説不出，忘不了。若腹内冰冷，就是自己清介孤高，與世不相關，何益於人？湯潛菴便不能如此。陸稼書亦少此意。近來，楊賓實有此意，做學院，見一箇好秀才，抓住便欲成就之。不特此，就是當日窮時教書，有子弟相托者，他便視同己子，恨不得立刻倒出自己肚腸與他看。他外似孤冷，而内裏却滚熱，此是大人之根。若趙松五之清勤，外而督撫，内而户、刑尚書，都可做，少此一段意思。

賓實一日譚朝廷事，不當譏切當事。余云：「我輩如徒講，皆是無益耳。如今日，朝廷便全以天下事見託，一意委付，絶無疑貳，我輩自度可能承受否？設若如此，可能有頭緒不亂否？可能周知人情微曖處否？禮樂農桑，刑名錢穀，紛然而來，若何整頓？又不是可以暫時停緩，讓我學習再來理論之事，又非一年二年以學習而成之事。古人小學之後，入于大學廿五年，至四十，道明德立，始曰『强仕』，不過試之而已。又十年，『五十曰艾』，始服官政。我輩小學、大學何處得力，而遽當大任，欲以建功立業，爲法於天下，可傳於後世，能乎？不能乎？」賓實悚懼，動色而氣急，惶然自失，自是憔悴者半月有餘。自流俗觀之，最是迂腐可笑處，此便是大有根器處。

本朝宰輔，如現今京江張玉書之過于勤慎淡泊，真是大難。此人真是自成一家，其文其詩都是無氣概，你要説他不好，卻句句穩當。即如時文，雖無熊次侯、韓少宰之筆氣，然亦無甚敗闕也。作事專師法本朝洪經略，事事小心，三思不苟。雖細微，必躬親。中年妻死，遂不娶，無妾媵。不食家畜猪、羊、鷄、鵞、鴨等物，雖魚蝦野物，仍食死者。自朝至暮，無片刻暇。自公事至讀書應酬，每事必遲迴詳審，無大無小，百倍其思慮而後發。晚則合衣假寐，醒即起讀書。飲食男女，人之大欲存焉，卻説不到京江身上。以故生平少蹉跌，作官從來無降級罰俸之事。論其自十六歲發科，廿歲入仕途，宜其放肆疏縱，而乃如此，亦是賢人。但惜其讀書卻句句看過，如不看過一般，不識其大處要處。立意要讀盡天下書，便不是。其御事又太遲，有用心于不必用之憾。即澤州之慎守無過，後輩亦難到。大約澤州是錢塘黄機、漢陽吴正治一輩，但知趨避，自爲離事自全。余問：「京江可比益都馮溥否？」曰：「不能。以余所見，相國馮爲第一，寶坻次之，京江可比高陽。益都大節在進賢，相公動本薦人，自益都始。益都薦魏環溪諸人，有大好者。又會試主考，親近者亦不絶，門生有二三年不登其門者，他還指其名而贊之，以爲不奔競。又有鯁亮之氣，皇上怒高念東，有波及益都之意，向益都言：『若非汝薦乎？』益都直搶曰：『呀，此非臣所薦，如何坐在臣身上？』上曰：『非魏象樞所薦乎？』曰：『臣所薦者魏象樞，臣能保魏象樞而已，焉能復保魏象樞所薦之人？且皇上亦曾問高珩於臣，臣對以爲高珩若教他做詩、講修養好，做官恐非所長。皇上豈忘之耶？』上嘿然。寶坻糊塗已甚，只是卻有大圭不雕之意，一意天真爛熳，所以品格在諸公上。益都好在進賢。樂正子在孟子門中，不見他好，至今配享爲首座，以其好善也。益都此處又不及。魏環溪竟以此爲事，日日道人之善，真有願天常生好人，願人常行好事之心。湯潛菴尚不如。潛菴亦好，但看見不善之人，卻有他自不好可奈何之意。魏環溪尚有孜孜勸導，超度衆生之意，此爲第一。至陸稼書，一味孤高冰冷，不能成就人，雖自己做到聖人亦無用。」余曰：「京江比高陽清否？」曰：「高陽亦清。富雲老爲其本房門生，常言有人轉託書帕至百二十金者，即驚訝曰：『彼有事相求耶？有則明言，受之不能相爲，彼此俱有礙。』富曰：『實無。』曰：『何爲至百二十金耶？恐有他故。』宛轉懇切，言其無他，始受。又不許子弟進場，人問其故，曰：『吾主考三次，孰非門生？吾雖不請托保，子弟不鑽營乎？吾自有廕，但恐其不能做，豈患無官？』此等處，雖京江不能及也。但亦有他的弊病。」

北相惟馮益都有些意思，不以人之親疎爲賢否，不計利害之多寡爲恩怨，又留心人材。南相吳漢陽可比竇坻，而如益都者尚少。反復想來，惟徐立齋看不透他。他同做學士時，還讀書。爲總憲時，對上前時肯出言，今日無是也。上欲差滿洲三品大臣巡方，滿洲很願意。上臨軒説：「此事明朝有巡方舊例。」立齋便言：「明朝雖有巡方，不過御史，其秩卑，雖許他參劾督撫以下，而督撫官亦可參劾他。今三品官大，督撫不得彈摘，恐有貪婪者恣行無忌，便大是地方之害。」上曰：「難道差出去的都是壞人麽？」曰：「皇上自然是精簡出去的，但十百之中，間或有一二負恩者，亦不可定。倘如有一人，則一省受害矣。」上默然，後卒不行。其言大是。但健菴胆大，亦不能如此，所以人連立齋言也不信。健菴都是引經據古，聽之諤諤，而實有所私。魏環溪奏對時，倒常引喻，失錯處甚多，而其心非有所爲也，故人信而諒之。健菴已罷位，立齋一日進講義中，有「異端」二字，上曰：「甚麽是異端？我看起來，爲人臣而不忠，日日樹私人，爲門生、故吏、鄉親、同年營私作弊，尚口談道義，此即是大異端。有甚麽異端？」余時在起居注侍傍。若是健菴當此，便涕淚交流，巧佞百端，分辨不了。立齋不愧不怍，了無一言，並不免冠謝罪。又尚肯薦人，如修史薦姜宸英、黄俞邰之類，雖非大要緊人，亦還是有文名者。且歸去甚貧，雖日用，都仰給健菴。若久在相位，或可比北之益都，而惜乎受其兄之累也。

予所見文武大臣有風度者，魏環溪、施尊侯。而施雖驕，然生來骨驕，非造作也。僧人鋭峰、家伯葆甫皆好。鋭峰雖下棋言笑終日，而體貌不失。家伯善文章，寡言笑，卻終日有笑容，不疾言遽色，臨事有主意。至枯禪强厲自守，則陸稼書也。數人皆本色，不作態，風度可觀。

施琢公及見黄石齋，猶有明季名士風流。嘗言：「鄭氏竊踞島外，未遵正朔，殺之適成豎子之名。窮蹙來歸，大者公，小者伯，一門忠義何在？不報父弟之仇，乃以深報之也。」斯言也，誰謂琢公不學？

浙中三君子：杜肇餘、彭羨門、陸稼書。稼書雖然講學讀書，杜、彭二君亦真君子。當于振甲議開捐納時，獨羨門與余不畫題。于振甲賜第即在順城門裏，上朝下朝皆過其門，公卿無不奉觴上壽。不至其門投一刺者，惟余與彭羨門、杜肇餘三人。在九卿班，杜于不可行事，亦不争。事畢，獨向余曰：「這事是使不得，我們不畫題罷。」一日，余同羨門在翰林衙門出，是熱天，家人見一蝎子在地，欲死之。羨門狂奔盡氣而救之，已而余問曰：「蝎子害人之物，公何愛之深耶？」曰：「蝎子之在天下甚多，焉能盡殺之。他若螫了人，是有罪的，殺之可也。今在地上行，與人何涉？而殺之，他無罪。」其仁愛如此。又一日，背人語予：「于振甲等不能害我輩，公曾見有老虎咬死麒麟没有？」亦甚風趣。

浙東人又是一種學問，如黄黎洲、萬充宗、季野，淮人閻百詩輩，古文尚書、周禮兩部書，便是他們讐敵。人做人、做文章，誰能盡好？看是甚麽事，甚麽話。朱子文字也有平常的，只是膚淺，没甚緊要精采便了，決無悖理傷道。如人，他事有出入，不傷。此人曾不孝其父母，殘賊其兄弟，縱他後來勳業彌天地，也難着推獎。黄黎洲乙卯〔一〕年爲典試徐果亭、錢塘〔二〕令許有三延請講學，便講泰卦。謂此卦是指祭祀，牽强没道理，還是小兒戲語。至論「人心惟危」四句，爲魏、晉人假造，但觀堯曰章，只有「允執其中」一語可見。魏、晉人因荀子説性惡，故曰「人心惟危」；荀子説禮僞，故曰「道心惟微」；荀子説攷索數語，故曰「惟精惟一」。荒唐至此。心與性何涉？又况有「人」字在。心、危又與惡何涉？道與禮何涉？荀子説「禮儀三百，威儀三千」此爲僞，不是説「道心微」，又與僞何涉？况孔子明説：「操則存，舍則亡」，豈非危乎？人着此等議論，誰復論其他？季野晚年，識見頗勝其兄，張長史爲細説朱子不可駡，季野頗納其言，稍止。浙東人大概主自立説，不論是非，但立異同。陳介眉在朝堂與張京江辨論，云：「孔子後，孟子又自説出一段話，何嘗與孔子一般。周、程又説出一段話，何嘗與孟子一般。若前人説過了，何須後人重説；前人説的是了，後人便不須異同。則孔子而後，便當閉口，並書可不讀矣。是非有何一定，憑人説就是了。」不知道理是一定的，卻不是一定的。若以爲不是一定的，古是此天地日月，今亦是此天地日月；古是此人物，今亦此人物。若説是一定的，唐、虞是一樣，三代亦是一樣；五霸是一樣，漢、唐、宋、元、明又是一樣。男女飲食何嘗有二，只是各人故是不同。道理只是這箇道理，一番講求一番新。烏能辨去定理定主，翻案方爲新異乎？湯潛菴亦向姚江，張武承〔三〕烈全主紫陽。張每於朝堂與湯辨，湯不甚與人争，但冷笑不然而已。一日，張在朝班向湯殷勤云：「何許時不見。」湯曰：「頃數日閉門格物。」鬨然作笑，湯黨大喜，以爲妙語，至今筆之於書。其意蓋謂朱子説格過物，纔好誠正修齊治平，必須閉門格物了，始可開門應事也。其實此語亦無甚妙處。若部院有事，便當即事件上格；如做翰林無事，便當閉門格物，有何不可？朱子云：「或驗之事爲之著，或察之念慮之微，或求之文字之中，或索之講論之際。」事爲之著，開口便及，何嘗是教人閉門格物過，方纔應事。但此四句，次第卻與「博學」節不同。「文字」似是「博學」，「講論」似是「審問」，「念慮」似是「慎思」，「事爲」似是「明辨」，不知何故。想是朱子便恐人疑惑空説格物，當下事反似遺了，故云：「只説物字，便由性命，及倫常，及天地，及細微，欲確當易曉。」説書理惟張長史聰明，最善一翻轉，便是道理，真是俊物。如説「天地之道，可一言而書也」，他説：「其爲物也者，即其生物也者。其爲生物之心也不貳，故其生物之功也不測。」又説：「『無欲故静』，若禪家，便説『静故無欲』。」真是妙。講西銘極好，説是當畫一直線，從直線分掛下傍線，直上是父母，兩傍便是兄弟；直上是祖宗，兩傍便是族姓；直上是天地，兩傍便是民物。未有人真能重父母而薄于兄弟者，未有能真能孝敬祖考而不恤及宗族者，未有真能心同天地而不民胞物與者。妙極之論。聖人説：「其如示諸斯乎。」指其掌，便是此理。賓實也算細心，讀書能思，有見解到得長史前，便覺得笨不可言。除了長史，便是賓實。長史小古文四六，亦天然華藻，若不死，翰林中誰是敵手？可惜三十一歲便死。松江風土薄，令他受氣如此不厚，遂至凶折。

安卿言：「邵子昆在臺中，予公車於輦下見之，冬内着老羊皮短襖，外新青布皮袍及外套。袍短而布新，行坐索索有聲，坐定則以一足加股上。至家兄寓，多言而粗率，動輒罵朱子，令人厭苦。陸稼書與家兄比鄰而居，内外只四家人相隨，閉户清寂，日讀四書註而已。四家人亦皆相安，真君子也。邵三任縣令，皆被參處。用刑雖酷，然所至則錢糧案牘無不清晰，百務皆舉，一錢不染。罷官則跨一蹇驢而歸，無復拖累。屢蹶屢起，卒不能擠之不顯也。」

陳紫凝骨氣太寒，秦龍光更覺枯槁。大凡有意思的人，都禀得此種氣，是天不欲開太平。若有意思的人，凑得着天地富貴福澤之氣，必有百餘年太平。

孟子説氣真妙。如今且如梅桐厓爲閩撫，梅公真是好人，但柔懦，恐爲勢所伏耳。彭無山、郭華野本體豈能好是桐厓，但多一粗氣魄耳。義理血氣雖不同，只是這一氣。天之報施必不爽，若是假人品，必定巧爲表暴，到盡才歇。如孝感嚼簽子事，當時人信之者少，就是鐫職以去，而人卒謂由椒房之害也。倒是椒房成就他名聲。若孝感彼時便死，豈不一完人？到得再起，被徐健菴驅使。初，健菴結高淡人以譽孝感，孝感進，健菴又即囑孝感毁淡人，又聽徐健菴與椒房相結，以害北門。至典會試五科，把天下文風壞到不可收拾，底裏盡露，始教他退位以卒，豈不可畏。至湯潛菴，本來該死，適爲小人所弄，轉成就他一箇好名聲。當時潛菴原也氣運不好，即不遇風波，也未必不死。若云禍患能死人，則余當先潛菴而死久矣，都不相干。陸稼書命是外格倒飛天禄馬，已行必死之運。余謂被于振甲問箇死罪，皇上饒了他，又革職放回，可以算過。而實不然，卻到家就死，是命本該死。亦以上疏與小人作難，被人陷害，幫他成一箇好名聲。觀此等，君子、小人可以自立矣。

郭華野立朝，始終爲徐東海所用。卻不能如張運青無依傍，雖與索公相與，卻未嘗通饋問，受其指使。運青撫浙時，欲參督學周清源，鄭開極以索公之言而止，雖委曲，無大害也。大約論人，除以道統、王佐歸之，便須斟酌，不然其人到四五分好處，便當推贊。若刻論到十分，豈惟今人，雖古人完全者亦少。

張運青一窮秀才，做得名滿天下九重。稱其「清四海」，重其廉，只是一箇不要錢。甚矣，人貴自立。馬齊對上言「其成都甲第連雲」，皆妄相訾毁也。張蘧若與之連譜，典試蜀中，其太翁欽之。至其家，甚湫隘，飲食器飾俱尋常，細訪之鄉人，果無他田產。祭嶽時，一司官隨之行，回言其絶無貲產，如蘧若言。人好敗人之名也，如此人，因其生平美，官知東昌府、鹽法道、浙撫、江南督學，遂謂其有所蓄。不知他人處此，百萬易易耳，今以運青，若有一二萬金，亦不害其爲清，然並此無有也。其去浙也，聞命即行，擔簦數肩而已，資槖安置耶？人有萬金，必不能掩，斷然敗露。如王人岳出閩，自己行李蕭然，而以萬金付一僕，遂爲僕人盡乾没之而去。運青所至，未有是也。

彭無山做官，無論真假，要亦是自己硬做去，未嘗尋墻靠壁。其子弟居鄉不法，非其罪也。人亦嘖嘖言其自己居鄉有可議處。如今人好毁敗人，非親見，未敢信以爲真也。

關中李天生、晉中傅青主，皆高品，雖學問粗淺駁雜，將來與顧寧人皆有名于後世，實能外利禄，矯矯自異。李天生辭徵聘不得，到京。李襄白是其薦主，天生不與修弟子禮。襄白好聲氣，云：「以君之學，余何敢以常禮相求，同姓爲兄弟可耳。」天生長於襄白，見其往來之刺，天生爲「愚兄」。天生到館後，即上疏辭歸。傅青主見其所講易，全以歸之爐火，可惡甚矣。倒是魏伯陽講爐火附會易經，無所不可，從易經分出一股道理，爲彼之説，何所不可。但説爐火而以易附之，可也；説易而以爐火附之，萬萬不可。此固有辨。李中孚全然不通，非儒、非佛、非老，其論之淺陋悖妄，令人發笑。其人乃真高品，有孝行，而妄以聖人自命，其罪大矣。文中子何等學問，只以擬聖人，至今詬厲，罪案尚未定。此等事，玉皇大帝當爲提問者。

張武承烈，予同年友。其所著易，本之本義，再引不攘人，只是無大發明，與陸稼書差不多。人亦相似，二人亦相好，但自己主意一定，偏執到底，急切説不轉，難與相商量。但他們卻是在道理上講，卻不是在利上講，到底講到道理上，去不得也只得從人。武承以鴻博舉，當時鴻博如陳維崧、嚴蓀友、朱彝尊、潘耒等，于詩上原有幾年工夫，襍事記得些，便眼中輕科甲，科甲又嫉其以布衣而同館。到底不久都趕去，其存者還是科甲。如周清源，又是他各人謀爲，不關大局也。然近時人物，如陸稼書、湯潛庵、魏環溪、衛猗氏既齊，皆真君子也。陸稼書讀朱子書，外此皆不讀，覺得枯槁窄隘。然其立品卓然，人有騙之者，輒詣其處痛罵姚江、子静一頓，便敬爲上客。潛庵人樸誠，其樂善亞於環溪。衛猗氏師亦好善若渴，表裏洞然，勇於有爲，只是輕欲自見，意氣風生壞事耳。信幕客淮安人顧諟，酒後耳熱，掀須大言。撫黔時，今日一本，明日一本，上已厭之。復輕出兵挑洞蠻之釁，卒致大禍。今時如張運青之清，一文不染，可謂廉介。其次如杜秀水之淳厚，彭羨門之高雅。次之如韓元少之善全其身名，吴匪菴之向善類，皆君子也。

黄機爲冢宰時，人皆惡之，予獨喜與之談。雖不是儒理，其所説卻是老子慎默之學，説得精采，令人汗下。其他李高陽霨，閲歴世故久，語有竦動處，竊亦喜聽其論。

藍理戰將也，施琅名將也。予薦施平海時，上問：「汝能保其無他乎？」予奏：「若論才略，寔無其比。至成功之後，在皇上善於處置耳。」上曰：「若何？」予曰：「其爲人驕傲。若要成功之後，能自斂約，兵民相安，端在皇上自有善處之法。」予薦藍理之時，上曰：「姚啓聖如何參之？」予曰：「伊參其貪，臣所言者武勇耳。」上曰：「果貪否？」予曰：「爲將者能清廉自愛，雖自古以來所少。如今，文職能皎然不滓者尚少，何況武臣。」後東海即乘此讒搆，謂余在上前特參此兩人。施已半信，藍終不信。世得云：「藍理與海賊戰，受五鎗腸出。藍自以爲必死，遂入裹之，欲復戰。施琅泣止之，卒不死。」

問施尊侯，其生平所見人物有奇士否。曰：「滿洲開國老將，或有能者，不及見矣。今日殊少，漢人亦少也。黄石齋先生自是忠烈，自幼鐵骨，肢體俱殘，百折不回，卒亦就義，雖文文山讓之。只是無用人，做不成甚麼事。」固問之，曰：「甯鄭國姓即成功也。剛果有治辦，次之得吾糟粕者，其劉國軒乎。吾爲總兵時，彼爲千總，吾即識其爲佳士。」後平海上，施爲余言曰：「劉國軒若自守險要，命將守澎湖，吾此行尚須兩番工夫。澎湖破，劉尚據守相拒。如自守澎湖，一舉成功矣。蓋一敗，則吾勝勢直前，彼不能敵矣。

彼劉國軒果自守澎湖，全軍覆没，僅以身免。逃歸，其國人尚欲戰守，劉國軒曰：『無用』，遂欵降。」見施下拜，施與同拜，劉曰：「今日國軒俘虜耳，提督胡謙抑至此？」施曰：「敬君好漢。」曰：「好漢尚至此乎？」曰：「此君所以爲好漢也。他人不明白，斷欲送一方人性命。惟君明智，知吾勢不可敵，天命有歸，保身全國，所以爲好漢也。」

論朝分司琦，才分儘好，醫道頗通，與他論五經、古人詩，你念起頭，他便會接一句，只不能聯片接下。蓋他記姿好，一涉獵便記得。如隨皇上行水淀中荒湖之内，一走過便記得。若此人再知些道理，養之以厚重之氣，便不可限量。蓋人材之難，只是難在不識這通盤打算的大主意。若只在目前利害上算計，久後便只見得這些，落在小有才一邊去。其寔有利便有害，有得便有失也，必不能到頭完好。

滄洲劉果實師退，于癸未十一月二十三日，應撫聘請至保定，安溪師出晤之。言其自云：「乙卯鄉榜十八歲，二十二歲己未成進士，二十八歲乙丑爲徐健菴掌院試黜，對品調部屬，遂棄之歸。自度文藻治才俱不如人，決計不出。三十五歲喪妻，遂不娶。有一子，足繼先嗣，盡遣童婢。父子居一室，親自炊爨。爲親戚子侄看文字，受其供餽米薪以自給，取其無累而已。一歲所需無多，雖荒年也荒不到我。今行年四十六，自分以此沒世。」

【校勘記】

〔一〕「乙卯」，原作「乙科」，據清秘述聞，徐秉義任浙江鄉試主考，事在康熙十四年乙卯，但據黄炳垕梨洲公年譜，則講學事在康熙十五年丙辰。

〔二〕據清史稿卷二六六許三禮傳，許所任爲海寧知縣，非「錢塘令」。

〔三〕「張武承」，原作「張成武」，據清史列傳卷六六張烈傳改。下同。

榕村續語録卷十

本朝時事

甲寅，耿精忠亂，泉州府、安溪縣皆爲僞官將。閩紳進士以上者，無不驅而爲僞官。其時不獨官迫之而出，即鄉里奸猾亦皆以此挾制作威，諸父老親戚，憂懼不知所以。惟先君立志不移，尚恐予有改心，皇上今日教忠之扁，先大人真當之有餘也。乙卯夏，〔一〕予亦不能家居，爲僞官羣小所逼迫，將有宗族之禍。遷延至福州鼓山，以信通陳則震，陳紿以有心腹語相告，微行不妨。五月，予從二僕人，與家伯約，三日不至，便以先君病劇遞信，以便脱身；萬不能脱，若必强授職，則惟有餓死一着。一到陳所，耿已知矣，必欲留之以官。隨後果有父病劇信至，予遂自造耿。恰好遇其傳宣官甚好，是日爲端午日，乃耿太妃喪期年，不接賓客，傳宣見予詞迫切，即入爲言。竟許予歸，約以父病愈速來。則震以節日强留，予不敢過急。至次日，則震仍以王提督兵塞路爲辭。予徑回，臨行，則震有「予輩曾爲本朝官，終當黄冠野服以相從」語。予亦以百口托之，「果能相保全者，本朝恢復日，君之事予任之」。後二十餘日，耿逆遣四騎持令箭來拏，半途爲海賊所阻而返，未見其能保我百口也。徒以當日既有此語，予家既無恙，故後亦營救之甚力。甲寅春，家叔到省，托以祝壽致詞，耿氛甚惡，宜來予鄉共守。渠笑予言爲過，所慮者西南（謂吴逆。）耳，此處皆庸奴，何足介意。未幾，耿舉兵反，而渠身遭迫脅矣。乙卯年，遣家人來告〔二〕，爲畫三策，有手書與之：「一、時正海澄爲海寇所圍甚急，余已遣人往廣東取救，恐不能卒至。海寇敢于圍海澄者，與耿和，故不慮掣其後也。若年兄能鼓煽一言，有躡其後之語，則海寇必顧後而不敢前。廣援至，則大事定矣。果能此事，因敗爲功之大機也。一、賊勢不能久，年兄有爲本朝畫策明心語，或達弟處，或遣人從福甯州達李武定，爲將來湔洗之一據。一、則殘毁肢體，五官不復能具，以脱其軒冕，以表其誠。」則震盡闢其説，一字不見答。予五月密本就，與家叔謀之。家叔托以賣紙于汀州，送奴出汀州關，從江西至江南，輾轉至京。家叔問：「必欲上密本何意？一泄大禍立至。」予曰：「吾以一編修小官，上親考第一。京察時，官員畢集，無數大臣階下一過，獨呼二人至殿上，顧問慰諭，首爲余，次葉方藹也。今日本朝有事，以此請起居，致誠款，亦君臣之義當爾。且昔聞海兵至南京，後兵敗，鎮江鄉紳殺數百人。今日看羣盗舉動，亦不似能成大事者，倘異日如南京之敗，亦可免覆宗之禍。不爾，何以自明也。」家叔乃行。寇盜滿路，忍死而前，奴九月乃達京。丁巳年，大兵入，耿王降，則震苦甚。予至省，已陞侍讀學士。予爲則震計曰：「以予觀，閩中必再亂，蓋自親王、將軍、督撫之行事卜之，不能安民故也。年兄且緩，以余意，欲將年兄隸喇將軍下，立功爲昭雪地爲便。不爾，從予湖頭相與共事圖取，以禦再亂之賊，亦是一機會。」未幾，果賊大起，則震與予回湖頭。方至泉州夜，白頭賊已破城入一半，官兵盡力拒之，幸而賊退。則震膽落，及到予家，見予四壁蕭然，一二僕婢饔飧尚不給，謂余曰：「似此光景，君能舉何事？」予曰：「時候到，自有處。」則震堅欲自到京明心，索予書托魏環溪諸公，予與之。渠剛於戊午春潛至京，而予迎大兵，保全泉州。喇將軍本至，上于本批旨意有四五百字，褒奬予忠，舉朝驚嘆。魏環溪等命渠急回，曰：「如此，耑靠貴同年必能無事，無須余輩矣。」則震遄返。喇將軍上本時，乃康親王有諭言：「汝已失城，汝命當死，汝祖父墳皆當刨。今李學士讓功與汝，汝及汝祖宗如再生，再得骸骨，汝尚不上本乎？」喇將軍上本時，謂余曰：「陳君，先生好友，惜其不在，如在，君不難以功推之。」予曰：「予須此何爲？已陞侍讀學士，尚何他望？若能推與渠，有何吝惜。恨其在京，無緣相及。」共爲惋嘆。未幾，則震回到喇將軍處，召余。余時居憂，不得已往。渠便欲予上本，其時如何上本？絶無因由，余不從。則震不喜，予既不肯上本，則震便云：「此時上已有命，悉赦脅從，予無罪矣，當赴補。」余勸之云：「年兄不比常人，曾爲翰林官，即聖恩寬大，且俟人有補者，君次之何如？不可以首試。」渠大怒，必欲行，迫予作書與吳撫臺興祚及京官諸友。不得已作書付之。至省，余又遣信勸若能不去補官，目下制撫皆重余言語，當以年兄托姚熙之。目今有事厦門，厦門平，叙年兄功當大佳也。則震回言：「余心事不明，有何心緒治事耶？且以予觀，厦門何時平，諸公如此調度，望平厦門乎？至早亦是三五年間事。予明心後，再來圖功未晚耳。」吳重予言，與洛至都，上發部議，旨云「陳夢雷身爲侍從，率先倡亂」云云。吳撫落五級，則震駭懼，踉蹌復歸。則震甫去一月，而厦門平，凡其所爲，皆昏悖而躁。歸又執予仇仇矣。予服闋，庚申還朝，則震必欲跟予入，日來尋鬧。又爲東海所揶揄，始以呼號，既成仇怨。被纏不已，余上本保救，上不懌，留中。及予丁内艱，上正磨折時，渠來京，欲於此時乘隙中之。一日，語王藻儒云：「今日夢甚妖異，豈不宜與厚菴作難耶？夜夢與厚菴隔水而立，余見之欲過橋，與鬧。至橋中，忽風雨驟至，晦冥不見，橋下波濤，聲吼如雷，伏地惶懼。頃轉一念，曰：『罷，不須與厚菴作難。』開目已天氣清明，橋現五色，厚菴亦不見而寤，是何祥耶？」凡其所爲絶交論者，上親見之，而其語蚤達天聽。上曾命明公問予曰：「比上頗聞外論，於君有遺議，何耶？」予曰：「惟有一事似苟免者，餘無不可以信心。」明公究所以，余具述至陳則震家事，曰：「耿逆時，呼予至其衙前，予不能罵賊而死，巽詞托父病而歸，近于忍辱苟免，竊有不安。」明公曰：「君無職事守城，何爲求死？文天祥兵敗尚未死，況君無兵柄耶？」予曰：「雖然，公試爲奏之。」明公還奏，上曰：「這何妨？渠無職掌，又不守城，求死何爲？」向年，明公在永定河語予曰：「上前關東謁陵時，陳夢雷進詩，召見曰：『汝有與李某相怨語，盡奏聞不妨。汝錯過，尚能見朕耶？』陳將前語盡奏之，上問曰：『止此乎？』又推演前語再奏，上又曰：『還有再奏。』陳辭窮，乃曰：『李某事事負臣，實無負本朝處。』蓋謂無贓私受僞命事。上至此，乃仰視，口中咋咋作聲，命陳出。」

陳則震，同年中最相善。予請告于十月回，陳臘月歸。予與相訂云：「福州荔枝不足吃，明年五月可至吾泉吃荔枝。」陳允諾。及滇將亂，耿王日日練兵，聲息甚惡。予遣人至省，寫一札與之，言：「耿精忠甚可慮，省城逼近，恐不可保，君可託詣荔枝之約，至予邑同商保全之道。」陳大言云：「此豎子焉敢有此？」蓋輕耿也。不數日，遂變起，而陳已戴紗帽〔三〕矣。陳後以書招予云：「耿大不能置君于度外，恐不測，柰何？君可來同商。」予密札云：「一至不能還，柰何？」陳云：「君騎一驢子，似行客至予家，語畢即去，誰知君者？」予如其言，至其家，無他語。予次日辭欲去，陳曰：「君安得去？一入城門，門卒即有報某某進城矣。」予曰：「柰何？」陳曰：「且見耿王再商。」不多時，耿精忠即諭其大臣，傳予至衙前，問予何故反。予立答云：「以予爲反，兵馬何在？反迹何據？且予信反，何故在此？」其大臣回復，耿言：「既不反，當留用。」予急甚，回至陳處，知其意頗不善。後有家書至，言父病危在旦夕，予即詣耿。見其少年傳宣，哀懇以父病告，求暫省視即還。傳宣入言，耿言：「此自大事，命伊暫歸速來。」予即出城，行兵間幾危。後予復進計於陳曰：「君陷于賊非得已，但既如此，須求自脱。如今耿雖與海賊暫和，然耿之不能遠出者，畏海上之乘其後也。如今本朝所恃者，海澄公耳，海澄公與海賊有父兄之仇，雖屈于兵力與海通，然一心歸向本朝。今海兵五萬攻之，此局壞，本朝無望全閩矣。君何不勸耿逆救海澄，與之協力敗滅海賊？耿無後患，可以進前，即大勝海賊。賊勢阻，亦無能爲。海澄公必歸心于耿，耿亦可由此恃海澄公而前進。君慫恿耿出征遠處，乃可思自脱。」陳不聽，且對予使張來〔四〕言吴逆之强，本朝天下四分五裂，京師多變，無復可望。張僕信其言，回即辭予他往。先是隨予僕役者皆去盡，惟張僕隨，至是亦去矣。後蠟丸進表自通，蒙有優旨。耿逆平，予至福州，陳反責予表上何不掛其名，予唯唯而已。予勸其攜家至予處居住，予尚能供饋之，且言閩亂正未已，可伺便爲君計。陳言：「本朝用兵如兒戲，焉能有機可乘？」後亦隨予至安溪，適值泉州山賊起，陳即歸，以爲安溪不可居也。後甯海將軍及予平山賊，將軍曰：「若陳翰林在此，于敍功内開列，可以除罪。」而陳一時孟浪到京師。將軍爲予上疏，言供饋接應大兵，又蒙優旨。陳踉蹌歸，求予，予言：「且緩圖之。」後庚申，予同先慈入京，陳言必欲隨至京。予曰：「近姚總制重予言，有同年張雄者，亦曾事僞，予托之於姚，姚即特疏敍其功，竟以部屬用。君來，吾命舍弟逆君，至姚處，懇切耑託必得。當吾見上，再乘機言之于内，君事必濟。」陳回書不以爲然。予後行，至衢州，見李武定，詢予云：「君知貴鄉已平乎？」予曰：「有報乎？」曰：「有。姚總督已于某日破海賊，走歸臺灣矣。」陳若在此，大有機會也。陳屢不聽予言，堅欲上京，爲東海所搆，遂與予爲仇。言予不肯上章奏，所云面奏皆詐耳。東海又復至予處，爲陳言，予曰：「予非憚章奏，恐無濟于事耳。」東海云：「君不必求其有濟，但上章奏，爲朋友之事畢矣。」予曰：「信若此乎？」東海曰：「然。」予云：「予作疏稿，恐有不盡心，君可爲我代作一稿。」徐即成，予一字不移寫上。上對北門云：「李某何爲饒舌。」不喜者久之。

耿精忠甲寅三月反。于乙卯五月，[五]使人進蠟丸。丙辰冬，大兵入關，耿精忠降。丁巳三月，師始見康親王，陞侍讀學士。五月，進蠟丸人始還鄉。九月，丁封翁憂。戊午十一月，陞平頭學士。庚申，還朝。壬戌，告假回。丙寅，到京，七个月。丁卯，又告假回。

七月十六日，到家。戊辰二月十六，自家起身進京。

予將回朝頭年冬，特遣人往陳則震家，説且莫要進京，與之書言：「汝欲白心迹，心不可見，且有一點形迹，據此而表心，方好立言。如今姚制臺等，早晚進兵〔六〕平海、打厦門，汝當即刻至，我着人送到姚處。俟厦門平，君有一點功，有迹可憑，則心亦不難白矣。」他回書大模大樣，極可厭。大約説：「我心迹能白于君父，雖肝腦塗地不惜也。心迹不明，我何心隨此等俯仰，低首下氣，與之周旋乎？」「此等」，指姚也。「且平厦門之説，有如夢語，等我心迹白後歸來，恐厦門尚如故。」及予還朝，繞出關，李武定向予曰：「恭喜。」予問曰：「何事？」曰：「老先生尚不聞乎？厦門已平，海賊走回臺灣矣。」即此一事，他若從予，何至有今日？當時，予同年張雄、宋祖墀皆從賊，予送與姚熙之，後列在臺灣戰功簿中。張雄竟得補部屬，官至郎中，宋亦無事。我平生不存人書札，若是他原書存，不知他今日如何開口。康親王與予令諭曰：「漳、泉被圍，八閩危在旦夕，若非該學士中流一砥，幾乎事不可問。本親王本應奏聞，但近奉旨，該將軍徑自題報，不必經由本親王。已令喇將軍奏聞。」此令諭亦不存矣。熙之見喇將軍本，語予曰：「海賊圍漳、泉，四路斷絶，漳、泉一破，親王、將軍無路可歸，勢必俱盡。惟有老先生一綫可通，尊札一到，小弟本欲自往，而議者皆云，大兵糧餉皆弟料理，不可遠離，故爾不行。大兵之入，由老先生之請，而又導引開路，老先生乃全功也。而喇將軍倒似他們領兵直入，老先生不過是嚮導人，費幾箇牛、幾石米犒師耳。豈有此理？我必上本聲明。」予止之曰：「老公祖不要如此。知我者謂我心憂，不知我者謂我何求。且漳、泉破，我之宗族、父母、妻子將何所安置？況恩命逾分，超陞學士，若老公祖爲之言，反似弟意有所干請覬覦也。事既濟，何足論。」姚自是大服，凡予所言，無不立行者。

陳則震至今閙不已。他臨發遣時，魏環溪爲大司寇，杜肇餘爲少司寇，則震懷中出一紙告予説，蠟丸本是他做的，我删去他名字。杜最長厚，亦能窮詰他，云：「那時老先生在福州，他在安溪，中間關津頗多，老先生有此蠟丸稿，如何得達與李老先生？或是他差某人來，老先生差人去，將此人指出姓名來，就可質審。」他説：「他差人來，偶然不曾問其姓名。」杜曰：「老先生既有此稿，胡不自上？」曰：「此處難達。他那裏是海賊地方，關津尚疏。此處仙霞關，插翅也難度。」曰：「那耿、鄭相和，路途無礙，老先生何不遣人由李老先生處走呢？」曰：「那時我家大小人皆上簿，幾日一點名，如一名不見，便有不測之禍，如何敢遣人呢？」他如此皆是賴的話。那時他假歸，還有此地長班名郭同隨他去，耿王反，遂隔斷在他家。郭同倒勸他説：「小人可以往京中通一信，老爺若有疏稿與皇上，或有書信與各位大人，萬一本朝恢復，老爺尚可以自明心迹。」他不敢。郭同隔幾時，又請命到李武定處通一信，他疑他要回家，曰：「汝是要回去，我也少不得打發你去，且不必急。」何嘗家人皆上簿子。魏環溪云：「李老先生已爲君上本矣。」曰：「他本上何不將我進蠟丸稿説上？」魏曰：「朝廷將此案淩遲七人，殺十餘人，而老先生得生全出關，誰之力也？朋友上本，至以百口相保，亦云厚矣。如果有冤，頭上青天必有昭雪之日。況蠟丸事，老先生自言，亦無憑證，誰敢以無憑證事爲君啓奏？人品蓋棺論定，今日且登車。」陳始去。其實他説本上何不説蠟丸事，本即徐健菴與他自己做的，我何嘗改他一字？他自己説不上的話，却教我説，可笑。這都是上本後，徐健菴教他如此説，先前亦無此説。當決叛案時，明公問予曰：「徐學詩、陳起蛟、金鏡三人，皆老先生全活之。」予遜謝無此事，曰：「皇上看你情面，寬陳夢雷，若止寬他一个，像个看情面的意思，故此將這三箇陪他不殺。」已寬釋，耿案已定，次日，行本已下閣。上出海子，夜，四川賊報到，傳明公至，曰：「有此，不便殺降。」明曰：「現有張弘弼告首一案，藉此云俟此案歸結。」上曰：「好。」及賊平，張案審内有陳擬重罪，上曰：「吾前已許矣。」乃發關外。後來陳則震自關東回，〔七〕楊道聲勸他不要鬧，他説：「我在鐵嶺，皇上教進帳房，屏左右，曰：『你屢次告李某，你今日在我前，有甚麽話一總奏來』。我因説他欺君〔八〕賣友事，上曰：『還有甚麽話？』我又説他如何害我。如此兩三番，上作色曰：『你是箇罪人，如何見得我？你今日有話不説，自此後終無見我之日矣。』我因説：『皇上要奴才説甚麽話？』上曰：『就是李某的話。』我説：『李某負奴才千般萬般，要説他負皇上，却没有。奴才怎敢妄説？』上色即和，仰屋，以舌抵齒，作嘖嘖聲，已曰：『汝出去罷，我亦未嘗不爲他。』」楊道聲又云：「他要迫得老先生自認一个欺君負友之罪，向皇上説開釋他。」我云：「這却使不得，倒是欺君了。」其可笑如此。如今，王藻儒、張京江都還信他的話，京江偶談及陳則震事，尚曰：「想老先生爲他事僞，不便併名，故此删去。」我曰：「這却不妨。皇上那時，聽得賊有一个向本朝者，無不喜，我即不肯與並名，而本後聲説他一句，有何妨也？奪不了我的功。我如何删净了他？大兵一入關，有筆帖式名博濟，原在翰林院做筆帖式，認得我與陳則震。見則震，錯認作我，與之恭喜曰：『老先生本已達皇上，皇上喜不可言，早晚即有恩命矣。』他茫然不知所謂，歸而言之於陳年伯，一家狂喜，不解所謂。因想到此必李年兄有本去，帶我們名字耳。不安于心，次早即至營，復問博濟，博濟曰：『我昨錯認君作李老先生也。』則震爽然自失。後又復尋我底稿看，却無他姓名，乃大恨。那時他無一字及此，且我差張詰〔九〕與他進三策，一教他關説耿精忠，使一枝兵牽扯海兵，以解海澄公之圍；一教他務通一信與李武定，以爲昭雪之地；一自己毁形，以求退。三説皆被他大笑駁倒。今日張誥現在此，子等可背我問之，便知其詳。〔一〇〕我若强入其名，事不可知，萬一被人搜着發覺，豈不是我倒害他身家性命。如何敢着他名字？」

予亂後還朝，皇上隆重予。告歸後，徐健菴即狠下手結陳則震，云予本觀望也，使人到本朝也，自己到耿王處也，通鄭家，幸而本朝成事，他如今就算全節。至丙寅年再入，徐健菴即以陳則震絶交書送進。上疑團百出，一日，使北門問予云：「皇上也不信，但是人如此説，你也曾求仕于耿精忠，有否？」予云：「予于君父前，從不敢欺一語。到福州省城，是耿精忠泉州知府王者都薦去的，逼着不許還家，只得去。予見耿精忠事也多，無暇照管得此事，就托言父親病危，脱身而歸。如責備我既到耿處，即當駡賊而死，予則受罪。如説受耿精忠之僞命，實在無此。」北門入回奏，上云：「不過是鄉紳，又無城守之責，何必死？所争者受僞命不受僞命耳。」上意亦解。徐健菴又變出一段話，云予族衆萬餘，有事時，予本有霸王之志，坐觀成敗。其爲人臣，非其本志，故來朝輸去。予以即在朝，日與二三同心譏切時政。上遂各處偵探採訪，而不得其踪迹，至今方歇。予以百口保則震本，後來亦曾發部議，部中以無庸議覆。陳則震那時即不喜，云：「皇上就教我如此而歸，有何面目還鄉里？」他還要做官，所以可笑。已經結斷，本發閣，皇上往海子。夜間，四川亂報至。彼時但有變將反而降者，皆停決，至是，上又傳明公問：「本案處決本已批出，柰何？」明回奏云：「現有張弘弼出首各人一案，尚未明白，只説候此案一齊發落。」上然之。張弘弼所首，陳則震就是頭一个，説他倡亂，爲樞密院學士，又做他户部侍郎。後來所首之人皆殺，而則震以予保他，皇上特做一人情，饒他。又單饒他不好看，又饒兩人陪他。他發關東，在刑部起解時，大鬧，駡予無所不至。魏環溪諭之云：「老先生且去，自有還時，何必急？今日還該感君父之恩，朋友之情。」他厲聲云：「君父之恩，我怎麽不感？有何朋友之情？」曰：「李老先生至出疏以百口相保，非情耶？」杜秀水又詰難他幾句，他不能答，才歇。他以爲抓住我，便不得不救他，不知算計左了。惟其如此，我更難開口。不然，丙寅還朝，正值海上平，皇上喜不可言，那時閩中形勢，細及民情，何一不問？若爲之言，有何不可復還之處？渠自斷生路耳。前四五年，皇上在永定河舟中，又提起這話，云：「他要你一救，救他个完全纔快活。」予略奏云：「他説臣别的都可不辨，惟有兩端：説臣要做耿精忠教官，爲何不做他的大官？就當一名兵，也是從逆，何苦既從逆，又要做个教官？他又説臣上蠟丸書，是他定的稿，實無此事。果然如此，臣亦負心，實無此事。臣即爲朋友，也不敢揑造無影的事欺君父。」上往關東謁陵，又厲其辭色以問之，屢問而則震不過還是將那絶交書上的話回奏。

【校勘記】

〔一〕據李清馥榕村譜録合考卷上四十五歲條，「乙卯夏」當作「甲寅夏」。

〔二〕據榕村譜録合考卷上四十五歲條，「來告」當作「張誥」。

〔三〕「戴紗帽」，榕村譜録合考作「遭脅從」，此處疑爲李氏後人改竄。

〔四〕據榕村譜録合考，「張來」當爲「張誥」。陳夢雷松鶴山房詩文集亦作「張誥」。

〔五〕「五月」，原作「三月」，據榕村譜録合考並參照本卷「予五月密本就」語改。

〔六〕「兵」，原作「京」，據石印本改。

〔七〕「回」，原作「曰」，據榕村譜録合考卷上四十五歲條改。

〔八〕據榕村譜録合考，楊道聲所述陳則震語，並無「欺君」二字，且就上下文意看，亦不涉「欺君」。此二字當爲他人改竄。

〔九〕「張誥」，原作「來誥」，據榕村譜録合考改，下同。

〔一〇〕榕村譜録合考無「今日張誥現在此」至「便知其詳」句。此十八字疑爲李氏後人所增。

榕村續語録卷十一

本朝時事

鄭芝龍雖是賊，也有五六十年稱孤道寡，即讖兆都有。某自十五六歲赴試，在親友間熟聞其語。鄭芝龍在崇禎時投誠，不過一遊擊，加副將銜耳。其過江西見張天師，求判將來成事。那時，老天師想還有些須相傳道術，爲之批判，有許多話今不能全記，但「王霸之業，南面稱孤」，直到末有「木子乘舟，金鷄一叫，龍種全收」之語，其説家傳户誦，人人皆知。後吾鄉有金鷄橋已殘斷，大家都説想是海賊平，必須此橋復成。庚申年，予請給假歸。己未科敝鄉有一翰林莊廷裕者來相見，諄諄道吴逆、耿逆既平，何不勸上就此將海賊殲却？不爾，到底我們地方遭他屠害，不得安寧。余曰：「他已去隔大洋，料難卒至。且驅人于大海中，事之成否不可知。而人命大事，吾不敢啓其端也。」過幾時，渠又來理前説，曰：「賊可平。」予扣之，渠曰：「『金鷄一叫，龍種全收。』明年辛酉，正合金鷄，非賊亡之歲耶？」予亦不應。

後渠又促之云：「不特明年是金鷄，且君姓亦掛其内，所謂『木子乘舟』者，焉知非君耶？願君毋忽。」其時絶不以爲意。後回京，施將軍時來説他的本事，海上可平。予亦不在意，以爲此人驕狂，未必能成事，亦未知其實際若何。後一日，在富侍郎鴻基家，談及丁酉〔一〕海上寇南京事，大服其智略，然亦不敢語及此也。辛酉二月，爲施將軍求敍其長子施齊功，言施齊在海中，欲爲内應降我朝，爲賊所殺。上問曰：「施齊果以内附爲海上殺耶？」予對曰：「施琅既來，琅海上所畏也，恐我朝用之，故彼用其子，以生我疑，不用其父耳。施齊後得便來降，復爲海上所得，知其必不能一心，故殺之。」上又問曰：「施琅果有甚麽本事？」予對曰：「琅自幼在行間，經歷得多，又海上路熟，海上事他亦知得詳細，海賊甚畏之。」上點首而已。後恰值總督姚啓聖、提督萬正色及喇將軍皆争言海賊可平。至五月，而盡來上本，言海寇不可平，大都是畏難有六分，而養寇以自重亦有四分。萬正色更有三難六不可之疏，中一條係言渠將劉國軒智勇不可當。皇上未免怒云：「我仗他有本事，委之以重任，而他却畏服賊將，不成説話。」至七月，忽一日啓奏完，上獨留予及北門在殿上，問曰：「海賊可招安否？」予曰：「不能。」上問：「何故？」曰：「彼恃海上風濤之險，一聞招安，他便説不削髮，不登岸，不稱臣，不納貢，約爲兄弟之國。豈有國家如此盛大，肯與爲兄弟之理？」明珠當日現住在那裏一年，便知其至呆至狡之狀。明亦奏云：「果然是如此。」上問曰：「然則此時可用兵否？」予曰：「聞鄭經死，其軍師陳永華亦死，此其時已。三世爲將，道家所忌，渠已三世爲賊矣。但向日滿洲兵不習水戰，上舡便暈，却去不得。必須南兵，習于舟楫，知其形勢，乃可用。」上曰：「陳永華亦死乎？」曰：「聞已死矣。」上曰：「聞澎湖渠有重兵守之，其地又無井水可以駐軍。且臺灣去澎湖甚遠，即得之，亦無可奈何也。」予對曰：「是在得其人耳。井少不能久駐兵，至幾日尚可有水用。澎湖他之門户，一失，必内亂來降。」上問：「汝胸中有相識人可任爲將者否？」予對曰：「命將大事，皇上聖明神武，臣何敢與？」上曰：「就汝所見，有可信任者，何妨説來。」敦問再三，予對曰：「此非小事，容臣思想數日後，斟酌妥即覆旨。」上曰：「很是。汝去想。」後數日，上使明中堂來問，余曰：「都難信及，但計量起來，還是施琅。他全家被海上殺，是世仇，其心可保也。又熟悉海上情形，亦無有過之者。又其人還有些謀略，不是一勇之夫。又海上所畏，惟此一人，用之，則其氣先奪矣。」上遂用之。既用之後，乃想施將軍却是辛酉生，海上是辛酉起事，那一年便生一施琅，又與金鷄合。而施出京，又即是是年八月。壬戌一年，駐兵未動，因與姚總督議論不合，相持也。至癸亥年，予又給假在家。六月，因赴省城送巡撫教習老師董名國興起身，回避雨飯鋪中，與遇。其時，將佐及省中諸文武官，俱怨施不于十月乘北風，而執意于此月起行，蒸熱不堪，用南風，違背天時，眊亂不經。予扣之，且促之立功。余曾于上前有言，不敢以局外自視。施具言必當六月，襯南風之故鑿鑿，予大贊曰：「海賊平矣。」施曰：「何見許之易？」曰：「觀君如此了了，大功必成矣。」施曰：「不是總督掣我肘，去年已出兵矣。予適言九分可以成功者，其實可以十分把得定，那一分聽之天，萬一颶風作，則無可爲力矣。又予得一夢，夢關公手持一勅書與琅，口中分付語甚長，醒後都不記憶。記得『上帝有旨』一語。移時，只關公就浴一大桶中，予爲之擦背，而關公搦余足曰：『何小也？』此非惡夢，想是好兆。」予曰：「浴桶中者，大一桶也。予鄉音『足』與『爵』同音，嫌君足小，欲進爵也。」施大喜，相期曰：「七日可爲君取澎湖。」別後，果于十四日連兵。十六日，與劉國軒大戰，我兵不利，藍理被鎗，腸出日也。廿二日，即得澎湖，劉國軒全軍覆没。走回去果七天，鄭、劉俱降。中秋日，上衣錦袍，看月宮景物，登樓宴賞。適捷報到，上喜甚，即脱此袍賜施。自作一詩，寫一手卷，有序，俱述中秋賞月，捷到賜衣，將之以詩之故。詩云：「島嶼全軍入，滄溟一戰收。降帆來蜃市，露布徹龍樓。上將能宣力，奇功本伐謀。伏波名共美，南紀盡安流。」上手書所作詩裱褙成以賜人者，施外惟山西老于成龍爲直隸巡撫時有此，詩云：「自昔崇廉治，勤思吏道澄。郊圻王化始，鎖鑰重臣膺。

政績開留犢，風期素飲冰。勗哉貞晚節，寵命日欽承。」乃知「金鷄一叫，龍種全收」恰好驗，或六十年之賊亦關氣數也。丙戌年十月廿三日記。

鄭國姓用施琅如手足，其致釁也，亦由施琅。施有一卒，得罪逃，補鄭伍。施知之，不請命突入，在鄭前捉獲此人，即殺之。鄭怒，于是令人押之入水倉，欲殺之。彼時不即殺者，蓋施尚有一弟爲將官，守一關隘也。施行至橋邊，將押解八人皆用脚打入水而逃。鄭既失施，遂拘其弟與父入水倉。琅尚不忍遽去，秘以信問其父，父曰：「渠來無益也。不見伍子胥之事乎，俱死何補耶？」琅遂北歸。彼時，本朝帥亦英雄，一聞施琅來，便授之副將，予以三千人拒海上，海上便以爲苦。

李安卿先生言，曾面問施靖海琅平海寇事。曰：「朝廷威力，福命居多。」曰：「然則公之將略安在？」曰：「吾當初受命時，便爲君家學士言之。彼此相校，譬之下棋，賊知動着者，惟劉國軒一人。吾可勝彼三着，非誇吾之勇略也。即劉與予之智力相若，已有三勝之道。我朝廷新平三藩之福氣，一也；吾以天下之財賦，彼以區區之一隅，二也；以我之衆，百倍於彼，三也。且予非坐待天之成命也。人往海上，多用北風，避暑熱，吾反由廣東繞澎湖南，而用南風。六月十四日，自銅山發兵行。十六日，至澎湖。廿二日，告捷。俱極熱時候。以南風緩，夜更静，海中無泊舡處，夜間以舡旋轉於波上，謂之抛洋。不敢直進，停五六日，用間諜偵探，知其的實，便可進兵。若出夏至前後二十日外，北風便起。北風日夜俱大，而夜更猛，不能抛洋，不能偵探，冒進即是行險。臨戰小挫，吾非不能救也。蓋欲藉以張施號令，軍將賞罰，誅殺幾人，然後士氣肅而軍心固，致其決而鼓其勇。計劉國軒精兵不過萬人，而吾兵五萬餘。劉國軒遣副將吴山，領兵三千守砲臺，吾以一文官率老弱數百，日日擂鼓摇旗作登岸狀，吴山果不敢下岸助水戰。萬人去三千，置之無用之地，軍勢所以益孤。又計吾戰艦五倍於賊，遂下令軍將，能據上風，用甲乙兩船鈎住一賊船，先從吾乙舡順風放火燒之，俟兩舡火熾，士卒併來甲船中。如此不須俘獲，不須首級，便受上賞。若不能燒其船，有俘獲首級，吾斬之。二三日之間，吾船如雲，而賊艦幾盡。劉國軒遂遁歸。于是命人撈救賊之落水半死者，共得數百人，醫療亟遣之回。」曰：「何爲用此？」曰：「吾料劉國軒計無復之，惟有揚言于衆，語吾將報殺父之讐，到臺灣鷄犬不留，悚恐衆人，盡力死守。吾撈起之人，問知誰爲藩下人，誰爲馮侍衛人，誰爲劉將軍人。云：『斷不報讐，當日殺吾父者已死，與他人不相干，不特臺灣人不殺，即鄭家肯降，吾亦不殺。今日之事，君事也，吾敢報私怨乎？』因折箭爲誓，厚賞之銀錢而去。又訪得劉國軒親信之人，厚結之，令與劉説，我決不與爲仇。他肯降，吾必保奏，而封之公侯。前此各爲其主，忠臣也。彼固無罪，吾必與之結姻親，以其爲好漢也。亦折箭立誓。劉歸，果以此恐動其國人。方爲固守計，而此輩歸，衆人聞之，遂無固志，關隘不閉，傾國款降矣。凡吾不傷鄭氏一人者，亦有意。吾欲報怨，彼知必不能全首領，即不能守，亦必自盡。鄭賊雖不成氣候，將來史傳上也要存幾張紀傳，至此定書某某死之，倒使他家有忠臣孝子之名。不如使他家全皆爲奴囚、妾婦於千秋，其報之也不大於誅殺乎？」因大笑。「且成功亦得防禍，若鄭氏滅盡，萬一有嫉忌騰謗之口，謂施琅得鄭家珠寶若干、美女若干，鄭氏無人，將誰與辨？今鄭氏全在，可以質問，爲自己禍患計，亦當如是。」

人論本朝之將，以趙良棟、施琅並稱。今觀之，趙雖御下亦有恩威，臨事亦有機智，若論能攬天下之大事，刻期成功，未必如施。予曾多與議，雖鄧禹之初見光武，孔明之初見昭烈，所言相似，而岳武穆之破楊么，不是過也。予初補官，渠時在京，名爲内大臣而困苦不堪，使人致意云，君來，上問，將千萬爲渠留意。彼時素聞其驕傲，不在意。後時常在鄉先達富君鴻基[二]家會席時相見。一日，又在富家，適他客及主人俱不在前，主人往吊内城，託予陪施，因縱談及海上順治十六年破南京事。予云：「當時，若海寇不圍城池，揚帆直上，天下岌岌乎殆哉。」渠笑云：「直前是矣，請問君何往？從何處而前？」予無以應。移時，又促之云：「從何處往前？」予曰：「或從江、淮，或趨山東，奈何？」施曰：「此便大壞。何言之直前？縱一路無阻，即抵京師，本朝勢能乘强兵決一死鬬，彼時打天下之大將尚有。兵家用所長，不用所短，海寇之陸戰，其所短者。計所有不過萬人，能以不習陸戰之萬人，而敵精于陸戰之數十萬乎？不過一霎時便可無噍類矣。試看，想當年唐太宗、明太祖那樣謀臣猛將，亦無不顧形勢而徑前者也。須有一定打算，定有安身處，漸漸而去。」予爽然自失曰：「然則奈何？」曰：「不顧南京，直取荆、襄，以其聲威揚帆直過，決無與敵者。彼閉城不出，吾置之不論，彼若通款，與一空劄羈縻之。遇小舡而燬之，遇大舡則帶之。有領兵降者，則以我兵分配彼兵，散與各將而用之。得了荆、襄，呼召滇、粤三逆藩，與之連結，摇動江以南，以撓官軍，則禍甚于今日矣。」予聞之大驚，老賊如此着數，真梟雄也。蓋言言着實，如先輩作文字，侃侃鑿鑿，結結實實，説出幾句話，果然有精彩，必非尋常。施素不多言，言必有中，口亦不大利，辛辛苦苦説出一句，便有一句用處。後余力保其平海。至平海之歲，予家居，赴省歸，適避雨入謁舍，恰相值。渠時欲於六月十四日起兵，而羣然以爲不可，渠決意不回。相見時，渠先問云：「老先生還有下教之處否？」予曰：「予何敢益老先生之所不逮，但予曾見姚制臺啓聖、林七兄總兵，名賢俱力言六月不宜進兵。姚公所言，皆無影響，不中兵機，予已忘之矣，不足論。獨林七兄所言，略有疑焉。」施曰：「老先生請出所疑，小弟能爲老先生一言解之。」予述：「林云：『澎湖乃臺灣門户，勢在必取，不取則舡無所栖泊。而澎湖溝通海之處甚窄，秋間北風多，此時南風多。進溝自南而北，北風則水順風逆，若利則順水而進，不利則乘風而退。南風則順水順風，有進無退，倘有不利，何處着脚？』此語不知如何？」施云：「天下有言語似是而非者，此其是也。十四日起兵，就是小弟秘訣。那時起兵，十分中有一二分勝，此時往，十分中有九分勝。海上風信，至秋則北風作，北風夜間大，白日小，南風則白日有，夜間無。澎湖溝未可輕進，若不能遽進，白日北風小，在水上依泊，至夜，萬一大風作，則雖舡百萬，可保得一隻不相見，四散漂流？縱聚得來，非一月之久不可，豈非僥倖萬一？一到直入，勝敗由天，此故謂十分中只一二分勝。此時風向，午時南風微微，至晚及夜，絲毫也無。計予十四日領兵，十六日可到。不知裏邊虛實，且在外邊游衍嘗試之。夜晚無風，則舡舡相銜，與舡旋轉不休，謂之拋洋。一日不可進，則拋洋一日，兩日不可進，則拋洋兩日，雖五六日無不可者。至五六日，則敵情斷無不得者。一入溝，則有進無退。古人尚沉船破釜，如今方順水而進，便想到乘風而退，豈不可笑。用南風，正是要審敵。若用北風，則無可審矣。如此，則十分勝可必。而予適言九分者，那一分便要留與天，到底人算只是人，天意不爾，無可奈何。倘風起不時，頃刻漂散，人力何施？小弟以人謀決之，七日可得澎湖。但恐劉國軒老賊不守澎湖，而別遣將，雖得澎湖，尚須幾日工夫。若國軒氣運不好，海賊該滅，劉國軒自守澎湖，一戰而勝，乘流直入，兵不再舉，臺灣即平矣。」予聞之大喜，云：「臺灣已平了。」施云：「何以相信？」曰：「着着勝算，語語中機，業已成功，可賀可賀。」後果於十六日到，十七日與劉國軒打一仗，互有損傷，藍儀甫腹受七鎗，腸皆流出。衆兵不力，施欲斬副將以狥總兵，叩求方止。施申明約束，每日挑探。至廿一晚進兵，劉國軒方整兵禦敵，望見一點黑雲從天末起，劉云「不用排兵，但排酒來作戲」，曰：「立見來船漂没矣。」蓋黑雲乃起風之徵也。酒筵方設，而有殷殷之聲，劉愕眙，顧衆將，曰：「何聲遽鳴遽息？」飲酒自若。移時，聲復作，劉云：「豈雷聲耶？」語未畢，而轟然一聲大振，蓋雲作必颶風起，雷作則風雲立散。劉用是將筵席踢翻，長歎曰：「此天也，非人也。罷罷，速具舟楫。」乃自乘小船，而常所坐大船有槖者，以別人乘之。其全軍覆敗，惟國軒遁逸。廿二日得澎湖，計其日果七日也。

施靖海六月十七日頭一戰，惟藍理死戰大敗，身被七鎗，大腸已流出，裹之復欲往。施痛哭止之云：「汝乃我長子也，此時惟汝與我共性命。」他將領皆觀望不前，施乃申軍令，欲斬他將，諸將皆叩首決戰以贖。次日戰，乃勝。及敍功時，施遂將藍理名字删去，蓋藍理剛猛，不肯屈意事施弄兒輩，遂落其名。後仍安溪師爲上言之，上呼至前，驗傷始官之。

安溪陛見，坐語甚久，因及施琅取臺灣事。至澎湖島，師遣許師賀施。澎湖十七峙，皆海水，苦鹹，惟一處甜水，僅可飲三千人。而施領兵三萬屯其中，時正六月，又不雨，皆以爲憂。忽遍地皆生甜水，許不信，試以手刨沙，皆甜水。又施兵入，劉國軒望海天有黑雲起，大喜曰：「不須布陣，試開筵酒，坐見敵兵覆没也。」蓋平時，雲起即作颶風，風作，雖萬船可頃刻盡，惟遇雷則解。劉飲酒聽有聲，曰：「此何聲也？」審知爲雷，因推翻酒筵而起，曰：「天意如此，誰能違之。」遂敗。上曰：「果有此事。朕前年征厄魯得，瀚海從來不雨，而是年雨不啻數四。及大兵至，草茂水甘。又其國妖孽，田禾穗中，每粒皆生一蚊蟲，其莖斷之，皆流鮮血。從臣以爲言，朕不信，親視之，乃知果爾也。」師曰：「聖人明知此等事，只口不言。」上曰：「非故意不言，不可恃耳。」

海上初平時，予赴官進京，上即問云：「如今臺灣已平，姚啓聖、施琅欲郡縣其地，如何？汝來時曾見之否？」奏云：「來時曾見之，臣議論與之不合。」上問云：「如何不合？」曰：「臺灣隔在大洋之外，聲息皆不通，小有事則不相救。使人冒不測之險，爲其地之官，亦殊不情。」上云：「然則棄之乎？」曰：「應棄。」上曰：「如何棄法？」曰：「空其地，任夷人居之，而納款通貢。即爲賀蘭有，亦聽之。賀蘭豈有大志耶？彼安其國久矣，事久生變，到彼時置之不顧，便失疆土。與之争利，或將不得人，風濤不測，便爲損威，終非善策。」上云：「目下如何？」曰：「目下何妨以皇上之聲靈，幾十年可保無事。」上曰：「如此，且置郡縣。若計到久遠，十三省豈能長保爲我有耶？」後又姚總督、施將軍請以萬人永戍臺灣，上面問曰：「此事如何？」予奏云：「以臣之見，不可。何也？試問，萬人如何永戍法？如令其孤身永戍耶，以萬人之衆，令其去祖宗之墳墓，離父母棄妻子，孤孑終身，是萬人皆流犯，彼能安之若素耶？若説遷其父母家室而往，是萬人即有十萬之衆不止。無論一臺灣之地，即屯種不足以供其食用，即可足用，而萬兵一無所繫戀于内地矣，何所顧忌？兵不换而换將，是爲將者如傳舍，而兵皆室家相保，婚姻相結，兵爲主而將爲客，勢必至弁髦其將，而加之以不堪，且繼之以叛據矣。如何行得？」上連點頭云：「是，是。」又云：「然則汝意云何？」曰：「不得已，寧不辭勞費。已萬人戍，而三年一更番歸省，一番三千人。」上諭中堂云：「李某所奏狠是，你們可出與細商，即依此票簽可也。」今其端漸見矣。

【校勘記】

〔一〕鄭成功軍北伐，直抵南京城下，事在順治十六年己亥。此處誤記爲「丁酉」，即順治十四年。本卷「人論本朝之將」條，即作「順治十六年破南京事」。

〔二〕「基」，原作「業」，據清史稿卷二六二李光地傳改。鴻基初名鴻業，通籍後更名。本書先前已作「富侍郎鴻基」，此處就不當再稱鴻業，故改。

榕村續語録卷十二

本朝時事

乙卯年，海上圍海澄公，予使人進蠟丸疏請救，上甚喜，陞予侍讀學士，遂丁憂。至戊午年，劉國軒攻泉州，安溪已破，州城危在旦夕。劉國軒斷洛陽橋，則康親王兵雖欲救而不能，是福州救不能至。斷江東橋，則喇將軍兵雖欲救而不能，是漳州救不能至。予使六家叔請師，又使弟光垤從山路引康親王大兵自永春來。遣二吳表弟並從兄光斗，往漳州請寧海將軍從漳平縣來。予令人開山路以迎之。一得回信，予募二人從水底通信泉州府張仲舉，武官楊鳳起見有予書，及親王令諭、寧海將軍書皆有印在上而滿洲字，城中始有固志。再守十日，而大兵至。相去數十里，劉國軒遁去。蓋我兵已入死地，有進無退也。

工部行次昭陵詩曰：「鐵馬汗常〔一〕趨。」錢牧齋以爲是用太宗。安禄山亂，華陰兵與崔乾佑戰，石馬皆汗。世間果有此事。予鄉白頭賊舉事，稱爲「崇禎太子」，皆稱爲「太子爺」。初，止有衆三千，爲安溪縣官李鈺所敗，恨之。後遂至萬餘，其勢甚大。戊午正月朔，先君喪中，安卿舍弟即早夢祠堂中，遠代祖有木像數尊，皆鐵甲流汗。先祖侍旁，示舍弟曰：「汝視各祖宗卸甲時，汝等即宜挈家走矣。」因舍弟平素夢俱不靈，亦不爲意。白頭賊春間竟圍安溪城，予時家僕不過二三人，何能爲？李令未被圍時，曾遣其家人持銀二百四十兩及盤費約三百金，往賀新總督到任。爲賊兵所阻，不能達。回安溪，又爲白頭賊所阻，因繞道至予家求救。予告之以不能，渠曰：「大相公能辦此。」蓋指葆甫家伯，尚能號召向日所用鄉兵也。予曰：「亦曾謀之，彼殊不以爲意。」蓋有爲賊游説者，言君莫動，賊必不來相害，即保護鄉里，亦是好事。何苦發此難端，自焚其巢。蓋賊衆萬餘，曾用人挾柴一束以擲堡中，頃刻與堡平，順風縱火焚之，立時焦爛。故人懼之，無不擔負米粮以餉之。家伯亦惑其説。予無意中，對李僕發嘆曰：「如某有餉資，即自爲之，無煩央他人也。」李僕問曰：「所需幾何？」予曰：「二三百金足矣。」僕即應聲曰：「小人有。」因言其故，予曰：「好，可將百金來。」即刻散募，得百人。一族人與賊通，去對所募人曰：「何癡耶？賊數萬，而以百人爲之點心，何足以飽賊？彼書獃無所知，汝輩何速送死乎？」期次日早募兵至，正午不見一人。初不解其故，後聞此言，予即使人縛至，數其罪，欲殺之。有爲之解者，請立刻使募人皆至，以緩其死。予許而因之，以待募兵之至。移時，果俱來，即令一舊爲賊投誠李老名治者，率之而往。半路又潰歸，予因呼李老至，曰：「汝試揀其中有膽者數人，不須與賊交鋒。」賊萬餘人所恃，皆四方村堡送給者。予自寫告示數百張，遠近散。張言：「賊何能爲害，不過烏合之衆。大兵旦夕即到，予已練鄉兵剿賊。汝若送粮，亦是賊，大兵豈汝貸耶？自今已後，各保己寨，若賊徵粮，汝但云我不許汝。不與粮，害不在汝。倘賊平了我堡，汝再送粮不遲。目下若仍送粮，義旗即指其堡矣。」又分兵守其送粮要路，有即截斷。不數日，賊無從得食，大窘。向有家人投賊作鎮將者，至是領所部數百人來降，賊大懼，恐其鎮將有泉州人，皆生心圖之，遂惶顧欲走。又饑乏，不數日遂潰散，止二三千人，皆其親密者。至四日，家伯壽日，往拜之。忽有人報白頭賊至，彌望皆白，不知其數，已將下嶺。予即回，聚衆父老謀之，皆曰：「聚兵守堡。」予曰：「非計也。但守己堡，他堡必爲賊所破，賊即驅他堡人以攻吾堡，仍用火焚，無噍類矣。不若出兵逆之。」他堡而來助者，予遣之歸曰：「汝但傾堡内大小男女，皆聚立堡外，有鉄器者執鉄器，無則竹竿亦好，有賽神旗揚之，無則裙襦亦好。不如令，即以賊論。」諸堡果依令行，而以鄉兵迎賊。賊見各堡旗幟人多，亦惶恐，復見鄉兵迎敵，竟止於山腰，隔水相駡。予聞之，曰：「事定矣。到駡時，其技窮矣。」是日，避賊將祠堂中，祖木像移至土堡樓上。是夜，風雨大作，屋瓦皆飛，風將樓上窗檻盡折，並將祖像座後木屏亦吹倒。舍弟、小兒急奔上樓護像，像俱端坐不動。像纔尺許，而下木座輕，甚可怪也。鐵甲流汗之夢驗矣。賊遂退，予令三舍弟領兵尾之，莫與交鋒，不逼不脱。賊果窘，數日後，俱饑餒而散。白頭賊既平，予無餉養兵，遂欲散遣。張仲舉時爲泉州守，曰：「勿散，他賊正多，仰老先生爲干城。」發餉接濟，且得遷延。秋間，海寇大盛，劉國軒破漳州，滿洲兵全軍覆没，全漳州縣皆降，泉州州縣亦望風降。安溪父老白李令曰：「如山賊來，雖數萬，敢爲公保守。倘海兵三人至，予輩亦不敢與抗。」李令大懼，即率千總一人，收拾庫銀二三千，乘夜逃至予家，勸予走。予曰：「諸君可走，予不能也。有老母、兄弟、妻子在，將安之？且予在此，尚有依賴，纔出堡，即數轎夫舟子可以縛送海上矣。」予問令將何之，曰：「予往走京師，但見老母一面，任皇上立斬所甘心也。」予曰：「此真匹夫之見，所謂『忘其身以及其親』者也。」令問策，曰：「棄城固不好，與其到京取死，不若奔到康親王處求救。」渠曰「王爺以予爲棄城，有何好處，不如歸死於朝廷耳。」予曰：「君肯去王爺處，予當付以啓，白各郡邑盡降，不當獨罪君也。」渠與千總曰：「待吾輩再商之。」因去就寢。半夜，來叩予門，予起問之，曰：「予輩思大老爺係鄉紳，尚爲守計，予輩乃守土官，竟逃不美，即死無以見先人也。願助公守。」予曰：「予亦無策，君何以助？」曰：「予現將庫銀攜出有二三千金，幫餉亦是急着。」予曰：「如此則佳。」即取千金至團練鄉兵。海上竟以劉國軒弟國昌爲安溪令，國軒用侍生帖來，字大如碗，招降。國昌亦娓娓千言，引劉誠意勸爲興王佐。予復書言：「汝等數十年耑以擄掠爲事，未必能成大事。但將數縣，何遽及天下？天下亦頗大，何言之易？汝等莫來鬧我，我亦不能爲君害。末用所以軍灞上者，不過備他盜與非常耳。倘天命有歸，予尚能使貴君臣服其黼冔，賓於王家」云云。其書，海上人皆能熟誦之。予令六家叔至康親王處請救，王有令諭來，助餉銀一千，文武官劄付廿張。文官自同知以下，武自副將以下，皆許填給。有功即題授，餉與劄付再用再來取。又兩月，大兵來，予令鄉兵逆大兵，而以李令、千總與其事，而爲之言於親王，解其棄城之故，攜庫項以餉軍，團兵拒寇爲有功。王亦復其官。李令輩與鄉人及和尚鋭峰，皆言夜夜見有神火無數，如隊伍成行，坐作進退之狀。予曰：「焉知非鬼燐耶？」李老乃宿賊，曰：「鬼青神紅，予輩爲賊，視此爲進退。今者紅也，非青也，勝賊必矣。」

凡臨事利害來，度之於理不可避，再揣之於勢有六七分不必避，那二三分付之天，天下事便好處。當予舉義兵時，合族人勸止，且問曰：「海寇百萬，君卒一百，能抗之耶？是又何理？」予曰：「予却有見。前者，耿逆未平，予豈敢爲此？今者，海兵即能困親王、將軍至於死，而力不能及關，關外兵計日可至。予兵雖百人，原不用之戰，止摇旗布散，以虚疑恫喝之，雖百人，而有萬人之勢。且度海賊數十年來，殺人數百萬，而予家世未嘗害人。且渠非如他方自外來者，或氣厚力全不可知，海寇底裏，有何不可測處？而曰予輩即殲其手，天道人事無此也。」

事到頭，當自作主張，不可徒聽人説。丁巳歲，鄭氏有煩言，黄玉齋以狀來告。適侍先子坐中，不能隱其書，大兄因述謝維三害之言，謂當一出。先子素謹，慮禍及，命作書與瞿園達意。予既承命，而陰屬玉齋此紙勿畀。中夜，安卿披衣起，謂「宜與老練者謀之」。予謂「不然。我未嘗與彼敵，非吕華之比。家産聽其籍没，亦非所虞。琅嶠、淡水之行亦未必，然厦門恐不免耳。吾得見彼，則慷慨陳辭，士各有志，何必相强哉？或應至島上，天也」。

閩有油杉木，生長於地下，人偶掘地得之，以爲寶。做棺木試法，六月以生肉置其中，久但乾縮，不臭腐。安溪師爲太老師置一副，值四五百金。師選館在京師，泉州守欲得此以爲其母用，太老師不肯，遂屬安溪令逼索之，又不得，守甚怒。太老師懼禍，遂將板剖作二，予其一。令知其剖也，卻還之。及師假歸，到處作不平語，守與令遂大恨。未幾而三藩叛，守與令皆爲僞官。守與令先薦師，令耿王逼之官，師不起。又屢以文書報師清宦，叛起義兵。及海賊至，守與令又爲海官，復報師叛，身家幾覆。及蠟丸奏通，大兵入泉，有特旨不可屠城，恐有李學士在內。兵入城，沿門呼索李學士不可得。令聞之，遂出白師不在郡，在縣之湖頭。學士尹泰即令渠邀請，令銜命往。師已聞信，來遇於路，師仍温言相款，不計也。令辛丑進士，直隸安肅縣人，姓謝，未幾令於閩。及師督學時，安肅謝姓，凡諸生皆不與考。師久始聞之，笑曰：「吾意中，久不復知安溪有一謝令爲安肅人矣，何自駭如是？且吾欲報復，當日恢復時，略一動口，渠便虀粉，何待此時？且其姓何罪？」諭學官，補試皆照常發落。

予家居時，卻曾以一百人破二萬白頭賊，然賴神明之力，未可以自詡知兵也。先是白頭賊圍泉州，安溪甚危，府縣皆來求救，予不得已，呼召三十人，從險隘絶其粮道。數日，而賊窘解去，因恨予，從山上至予湖頭。衆倉皇不知所措，爲辦保守計，予曰：「惟有一戰，或僥倖萬一。」點集百人，孟浪向前，隔水而待，賊遂遷延觀望。予曰：「事濟矣，一却便不復敢下。」午間，酒肉勞軍。至晚，令其守之盡夜，曰：「天明看賊不退，還如前守。如賊已退，即上山尾追，不要逼近，只隔四五里相隨，渠住亦住，渠行亦行。如有散歸之賊，不可傷他一人，任其逃奔。」次早果退，我軍如命而行。可恨賊初臨時，予即發人至縣中取救兵，知縣帶二百人，游擊帶八百人來援，亦上山趕賊。甚欺官兵無能，一見官兵，遂駐札山頭，作戰勢。知縣、游擊一見膽落，即刻帶兵奔回。予驚懼不知所爲，倘我兵亦隨之奔，大事去矣。即命三舍弟趨赴兵營，有一人退者立斬之。舍弟自立，露刃立山下。賊見予兵不動，亦即復向前行，逐日賊之剃頭而散者，不可勝計。我兵見之，但曰：「好好，汝速去，我不汝戕也。」未及一月，賊止餘二十餘人，從漳州入海，不知所終。

張仁趾説泰州鹽賊孔文泰事，先生曰：「殺降最不可。即是其人極不好，有大罪，倘有功，亦須救之。予鄉李治，初爲賊，攻吾堡幾開。其人時爲賊偏裨，用力甚鋭。當予陷於林日勝時，渠時語林曰：『李家是風水的人家，如何殺得他死，不如放去好。』後賊平，渠投誠於海澄公。賊有一參將，投誠後復做官，遂揚揚歸鄉里祭祖先，寒家有暴戾子弟竟擒而殺之，渠遂不敢歸。一日，予至府城，渠來謁。又一二年，窮蹙甚，無所歸，攜家來投，鄉里人遂欲得而甘心焉。予厲禁不許，保全之。未幾，寇盗大作，予書生，調遣或略知，至行間之事，毫不知，大得渠力。渠經過，與不曾經過得差多。如賊來，予只空説不妨，以安衆心，未知所以備之之道。呼渠至，渠便有方。海寇劉國軒圍泉州，府已絶粮，危困甚。予請甯海將軍及巡撫吴伯誠兩路俱進，而患城中不支，倘兵未至而破，無及矣。與之商，渠遂薦二人，能没水行府城臨河。至城下，夜呼，守陴者懸二繩以上，有予手書及甯海將軍清書用印三劄。時張仲舉知府事，識予手跡，合城歡呼。爲堅守數日，大兵果至，劉國軒連夜遁去。其所用没水二人，乃鄉里中劇賊之渠魁。自此，予誡之以不得再蹈故轍，渠亦誓自湔洗。後予以鄉里凡有賊，皆委之，如有失，即責之捕獲。予時周其困乏，鄉里中遂可夜不閉户。其人向有大罪，至泉州城賴此而存，其功亦與相埒，如何復殺之？孔明不殺魏延，豈惟人才少，且每出立功皆是延，如何可殺有功？」

先伯將舉兵與賊爲難時，有别村一老人來云：「恭喜。」先伯問所以，曰：「吾昨夢境主即神主云『你們這幾時且莫來香火，我們都要幫李相公家去殺賊』。」先伯驚，遽曰：「此何言？吾方救死不暇，焉得有此？」及賊平，兵從此村過，其老人來迎云：「向者境主之言不謬。還有一奇，某等近往廟中燒火，但見境主膝間破損，視之，中有一炮子，揀出現在。」與先伯看。由今思之，賊三四萬人，火炮連天，不曾傷我們一根毛髮，我們一炮便中其要害，所傷死者，皆是先鋒、副將。其初，林日勝原不欲搶拿我們人口，而硬主張者，張吉、王士，兩人立下軍令狀來的。到破賊時，有一百鄉兵恨賊，竟將賊木栅已破斷兩三層而入，其勢不可當。某怕甚，賊死時自然先殺了某等而從死，肯相饒乎？忽聞鳴金收兵，乃先君止之，曰：「如此，吾子孫必不保。」鄉兵曰：「相公一家事小，如今不滅賊，賊出，吾數村無噍類矣。」先君曰：「這説不得。其初，若是諸親友舉事，我們自然從你。今日之事，我之力也，諸親友乘我之勢而至此。吾何爲哉？爲子孫耳。若諸親友不顧我子孫，諸親友是吾仇也，吾便整兵相向，不知其他。」衆人才歇。賊見吾軍退，又示武於衆，趕出寨來。寨傍伏二門鳥鎗，他亦不知爲何人，見賊出便放，一鎗打死的就是王士，一鎗打死的就是張吉，賊自此奪氣矣。可見古來佐命功臣説自己的功，都是貪天功以爲己力。一家尚如此，何况天命所歸。

予以掌院再假旋時，過福州，巡撫張義山憂形於色，曰：「貴省將又亂，山海之盗又生，奈何？」予曰：「何故？」曰：「還是舊賊無所歸，嘯聚耳。」予曰：「何怪其然。渠等平常皆稱鎮、稱藩、稱位，無論平民，雖鄉紳皆榜而笞之。一但爲編伍，不特舊日受其荼毒者得反乎爾，即安居伏處里巷，與之拱手復稱其鎮位，半真半假以嗤辱之，彼亦羞憤欲死矣。」張曰：「奈何？」曰：「如今有法，老公祖可秘訪，那些走卒莫管他，訪渠魁是誰，不過幾個。招致他來，在轅門與之署官，使之家口有安頓，有馬可乘，有肉可吃，竪子紳衿不得撻而辱之，彼願足矣。若有警，即用他鉤治擒縛，便可貼然。」張大喜，即請予疏所知者書數名姓與之，而屬訪其餘者。果用之而安，至今無亂者。衛房師撫黔，不知此法。見苗亂，即用吏役擒治，吏役被殺，即用官兵，卒至兵敗，問一死罪。是皆由讀書少，但看黄家賊事宜便可見。莫妙於以賊攻賊，不勞擾攘，而成功甚易。

鬼神有靈，皆人心所向也。不特往代如伍子胥、朱虚侯，近時關公如此，即如姚總督，本是一無賴光棍，竭民膏脂，用如泥沙，可稱窮凶極惡。而臨死半年之間，革除閩中數百年大當、里役諸事，貪官猾吏，勢豪劣衿，聞即參處，風力甚好，手段甚辣，人不敢犯。至今，官吏倒置諸弊政，久經禁革，勢亦不能復行。大當之事一到，萬金之家立敗，慘至有將祖父尸棺掘起暴露，而賣其塋域者。姚熙之向予云：「予年已六十，算所蓄銀尚有百萬，計予盡意用，今生料是足用。至兒子輩，真豚犬，即有金山銀海，彼亦不能自存，與之何用？吾當立意，自今一錢不取，爲民興利除害。」一日，請藩司姓馬者至，命坐其座，用二力士掖之不得動。渠自下堂，拜之八拜，藩司窘極呼叫。既畢，藩司叩頭不能起，請其故，姚曰：「無他，要汝做好官，幫我而已。凡予所欲爲事，貴司幫我奉行盡力，不許絲毫欺蔽。」藩司領命惟謹。渠遂搜剔害民之事，盡行除去，即里長亦復革絕。予告之曰：「老公祖革去里長，亦屬太過。自明太祖立此，不獨通官民之情，地方官一到，亦須有一人服役應用，如何可去？」渠云：「老先生所言，乃儒者之常道。小弟所革，乃除惡務盡之意。」卒竟去之。貪官即刻參處，蠹役立斃杖下，惟作惡秀才未至處死，然亦聞風縮首革面矣。一日，到興、泉，衆衿郊迎，姚見之，爲之下輿，執手道故，直呼若儕輩。云：「諸兄今來甚善。」自稱名云：「某大留意諸兄，欲諸兄用心讀書，做好人，爲國家用，爲鄉邦光。如某某者，其行事如彼如彼，訪拏之時，某意亦不欲生之，後轉念，倒底是吾輩一脉，故終寛之。諸兄當勉力仁義，何常蹈之，則爲君子。姚啓聖是何等樣人？乃無賴光棍，今竟翻然爲善。從前種種，譬如昨日死；從後種種，譬如今日生。諸兄但看姚某此後若何，倘若蹈前轍，諸兄再見，當唾之、罵之、打之，書其惡迹於通衢以耻之。」語畢别去，衆衿乃相率歡舞，半年而率民立祠。至今有官吏不肖爲惡者，相率而哭諸姚廟，雨暘有愆，相率而禱諸姚廟。人心所向，亦即有靈。然本是一不好人，壬戌、癸亥平海事，本是渠發端，施琅本與相好，又是渠所薦過者。至用兵時，上本令渠二人同事，及施爲將，渠生嫉妒，百般阻撓。施遂上疏欲自專其事，上竟從之。兩人大相惡。姚遂用三千金買孫蕙上本，説：「兵不可輕動，恐船入大洋，損兵辱國。」及予給假見之，云：「老公祖不須如此。當日施尊侯本老公祖所薦，他之功，即老公祖之功也。」姚曰：「老先生莫不是云小弟忌他立功麽？姚某雖褊也，不小量如此。但兵，凶器也，須動出萬全。他輕動躁猛，萬一颶風作，攝入大洋，喪師辱國，他是武人，我輩是文臣，如何不替國家慎防？」予云：「都門亦有孫御史爲此言者。某給假時，有旨：『今李某雖給假，明早令入啓奏。』次日，上云：『孫某本汝見過否？』予奏云：『兩日前見過』。予若駁其本，渠立刻便壞事。内有云：『或南風北風，皆可乘利，對上淡水，下淡水，依以爲固。』自謂工巧，不知淡水乃賊地，如何爲我所守？總是不明白亂說耳。予奏云：『孫某所言，不失慎重之意，但以臣度之，天運循環，無往不復。閩、廣、江、浙受其蹂躪者，數千里地；受其荼毒，百萬生靈；三世爲將，已道家所忌，況四世爲賊乎？且渠今内亂，我朝方盛，真天亡之時也。但雖天時地利俱好，而其中必須一點人事湊合。斷未有安坐，不費一草一木，而賊將傾巢來歸者。』上云：『別的不須躊躇，只是恐風起，攝船入大洋，賊衆乘之，喪師爲慮耳。此語亦非孫蕙一人言之，定海將軍姚啓聖皆有本來如此説。』予奏云：『此處，臣亦經問過施琅，施琅大笑云：「此皆不曾身經之言。若云兵有利鈍，不必大洋，若颶風作，入大洋，縱有百萬戰艦，至其中如一粃，我船不自主，賊船能自主乎？縱使偶然漂至一處，相去一丈，欲會合而不可得。予既不因之爲功，賊又安能乘之爲利？」施琅自言爲定海將軍時曾遇此險，三百號船俱入大洋，風雨三日夜。風雨少歇，施琅出望語舟子曰：「那一點黑，當是廣東南澳，向彼處去。」遂抵其上。候至月餘，三百船皆至，無一損傷者。如遇此事，不過無利，亦曾無害。』上遂意決。老公祖所聞左右之言，亦不盡確，望更詳審。此朝廷大事，和衷相濟爲善。」渠終是心裏明白，自此遂解。後藍理被其參處，予雖爲救出，姚亦謂其梟雄，恐有扣閣事，屢以千金撫慰之。及施琅調用，姚只不發，亦予言之而後發。到得了臺灣時，渠又不應搶先上本，説朱天貴陣亡，是他的標員，已成大功，像施琅全無作爲者。遂蒙優旨，施大銜恨。施遂蓄毒入鄭家，得姚一點陰利事，命陳起爵入奏平賊事，遂口爲上陳之。其實姚報捷内，若肯歸功於施，施本豈能删姚？且施曾爲姚薦，其功更大，渠不出此，致施爲此。上已心不懌姚，會姚二三日連上五六本，竟要更制立法，四海九州，欲自重加整理。而第四本，至有改冠服諸大論。以稿見示，予復書云：「頃有他語，老公祖功大蒂固，總不妨。今所上真不好了，第四本又不宜。」後姚復書云：「果以第四本奉嚴旨，乃服老先生高見也。」不數月，遂氣忿疽發背而死。人不特做不好事太急便有禍，作好事太急，亦少受用。人當大難時，雖聖人不能自持。如王姚江，也是做工夫人，及内璫譖毁，一夕對門生拔刀語云：「吾若見君，當以此於君側手刃此二賊，以身償之。」門人不可，乃云：「吾有老親在，獨恨無此一片土，可以竊負而逃耳。」朱子於韓侂胄逞凶時，亦大憂苦。

【校勘記】

〔一〕「常」，原作「尚」，據錢謙益箋註杜工部集卷一〇行次昭陵改。

榕村續語録卷十三

本朝時事

丙寅還朝，是明公帶信説：「皇上問過六七次，不便再住。太夫人年雖高，君親一也，寧可還朝，後再商量。」予因入都。上大喜，召入，用待騷達王子禮，賜坐七重氈，不候缺即入閣辦事。時大冶、東海、江都比肩而立於朝，大冶、東海謀大拜，漢陽已受傷，真定索然無色。不久，少宰缺出，明公謂予曰：「老先生掌院，可大拜，從部堂，亦可大拜。大拜等耳，只是從部堂爲穩。今年少宰，明年不許升尚書麽？尚書即大拜矣。一到掌院，争之者衆，徐健菴必不相饒，説老先生福建人，學問一些不知，横生風波，斷乎不穩。但恐上意難回耳。」予顰蹙求救，曰：「看老先生造化。」上將出口，明公啓奏少宰缺，上問，明公答：「此缺應當李某升補，李某在内閣已久。」上曰：「他有甚麽不該升，難道郭棻與韓菼都開列，何況於他。只是我别有用他處，此缺與胡升猷罷。」明公出，謂曰：「老先生不妥，不妥。」桐城升，予即補掌院。後果一一如其言。予日有歸志，恰好同來一表兄、一僕、一姪俱死，傷心慘目，而小兒又亡，老母又病。信到，顧不得，只得又去。戊辰再來，爲德格勒事，明公亦中傷予，而東海構禍日急。張弼爲兵部司官，一日來語曰：「弼見索公，索謂曰：『李某喫虧，全是明某，汝知之乎』？及見明，言及予，明曰：『李某是真人品，予所最敵者。他雖學士，予敬之過於大學士。』弼愕然，徐問之。明因告以中情，曰：『豈獨人害之，連學生也有力。蓋德格勒，他不過見他講了書，説他有志向上，豈料一到皇上前，如此亂道。火上學生身，不得不自救。』弼曰：『然則今老師雖欲爲之挽回，無及矣。』明曰：『吾亦尋悔，如今在此爲他挽回，我所言者豈能自相反背？但對上別稱道他的功就是了。』」

戊辰，徐健菴聞予且來京，熊遜修亦將至，少後予。因包程赴熊，促令急進，遂日行三百里，先予五六日到京。見上，上問：「汝帶去李某書，與汝兄看，如何？」熊對以：「不通。」上又問：「書不通，人如何？」洒造作無影話，又出浙中探得福建門報，説予過省，總督王新命請予飲演戲，予獨點范蠡扁舟五湖一齣。上曰：「點此何意？」曰：「渠不過一去不復還朝耳。渠以功如范蠡自居，而以皇上爲可與共患難，不可與共安樂。」又言予在福州大演戲三日，皆一片荒唐。予過福州，張義山撫軍請飯一餐，次早即行，何從演戲？予到家，王新命並未嘗到任。核熊遜修不至是，皆健菴之布置造作也。到京前一日，上已命禮部上參本，予適至而免。上初聞熊語，怒不可解，曰：「李某何遽歸？」左右曰：「渠言母病。」上曰：「何嘗爲母病？果爾，如何在福州大演戲三日而始歸？」

予平生與人無怨怒，獨於徐健菴則不免略有之，蓋無故而必欲見殺，不遺餘力，可怪耳。高淡人亦有力，北門見傷不少。于振甲爲捐納事獨讐予，上問：「捐納可有人不喜否？」曰：「誰不喜？就只講道學者不喜，誰不喜。」學院之命由此。由今思之，反得此以占清流中，渠等自推予出户，非予與諸君立異也。當時，索盛時，予不曾謁索；明盛時，予不曾附明。徐健菴勢傾滿、漢，高淡人呼吸風雷，余大治、于成龍炙手薰天，滿朝誰不造之？獨予幸爲諸公所棄。于門不到者，惟杜秀水及我耳。今日月光照，雖欲粘予於數公之中而不可得，則當日之揶揄，其相予也多矣。

戊午居憂，即升閣學。庚申秋到京，壬戌給假歸。丙寅七月還朝，丁卯二月再給假。兩次來，皆額外即補。丁卯，託北門，北門極爲言喪子、母病之苦，上即準假一年，懸缺以待。予辭謝北門，北門曰：「君家居七年來補，八月而復告歸，雖太夫人年誠高，公誠孝，然在他人，恐有厚於親，而薄於君之嫌。皇上以公平日之忠節，進言之誠信，故有此特恩。」

予又懇以懸缺不便，實是終養，母年七十餘，而某纔四十餘，某事君之日長，事親之日短。北門曰：「公但去，俟假滿或再展限。某若在位，必左右之。且某之不留公者，亦别有故也。」四顧家人，令其退。移席促膝曰：「事勢有變。」予驚問故，曰：「浙江人可畏。不久予亦危，予無所逃。公雖恬退，上却嚮用，若等斷不能容公。閩人視予更孤危，苟可以避矰繳，何必以身當之。」先是北門語張雄見囑，曰：「今欲以尚書處李公，不識李公能於會議時内外照應否？」予當時對以：「某從來不能爲不由中語，若在九卿班，果知之真，無不言者。不爾，斷不能妄言。且爲我致謝明公厚意。即明公聲威震天下，而會議時，未必不爲人所欺，假其名以邀利，利歸人而名歸己，非計也。」張即以告，北門大感動，逾月不通賓客，門庭肅然。余佺廬累造不得見，大惶駭，賄覓其由，得之，大恨予。以此故百般陳説，明公又隨之如故。語畢，北門執手曰：「張某前語承教，某至今銘刻不能忘。但某甚苦，公察識，左右刻刻求索，不應即得禍。某豈懼饑寒耶？何須此纍纍，不得已耳。此時固知非公宜出時，俟可以措手，某即招請公出，虚席相待，共行一二佳事。令天下人謂明珠始雖無狀，幸能補過，某死瞑目矣。今雖欲改轍，可得耶？」予去時，上固問通易人，予以德格勒、徐元夢肯讀書對。去後，即命德子鶚進講。而東海終日以大義責其進言，欲去北門，以致太平。逢大旱，上令德揲蓍，得夬卦，因曰：「澤在天上，有雨，但決去小人，便甘霖立沛矣。」上曰：「小人在何處？」曰：「陰乘陽，逼近九五，乃得時得位者。」上曰：「如何去之？」曰：「『揚於王庭』，自然明正典刑。」上曰：「以予觀之，曰：『健而説，決而和』，『和』、『而説』，似不動聲色，而隱然去之，豈不更好？」曰：「『健』與『決』，似終從斬截也。」於是明公偵知之，大急窘，而東海又借此以傾予。北門乃下手德子鶚，而予亦遭其傾陷矣。子鶚三四夾棍，東海令大司寇圖訊誰指使者，意在予。子鶚始終無詞，最後對圖曰：「君爲法司，而用刑不嚴，予不痛，安得成招？」圖曰：「若何爲嚴刑？」曰：「夾予足，予何痛？一夾予即假寐，甚酣適。若移以夾予腦，庶其有怵乎？」圖知其以死殉，即復旨。抄家時，令班第抄之，班回奏：「其母亦恨其子之狂妄，但其家實無一物，敝衣糲食，窮苦不堪。」上云：「得勿有轉移乎？」曰：「不似。」一切稱是，故發訊時有旨，糜爛其皮肉無不可，但須留一活口。以此，圖納尚不敢殺之。徐善長雖夾，有囑大司寇者，故得輕。東海有書，隱約其詞，令予莫進京。而又嗾同鄉陳介石致書，謂：「京師有老夫子再來，不值一文錢之語」，以止之。東海日短予於上前，謂：「奸詐不可方物，在起居注，德、徐、李三人，背衆僚面墻吁嘆，非議朝政，日以爲常。皇上雖如此隆重渠，渠却無半點戀主心，謂今時非渠有爲之時，故浩然而歸。此長假，非短假也，至期必展限爲驗。」仲弟鼎徵來會試，予爲兩疏稿，一展假，一終養，命至京與徐健菴商之。時有同舍弟行陳孝廉仲遠者，一路主應上展限本，罵舍弟兩存之非。舍弟一到京，即趨至東海家，東海喜甚，以爲奇貨，即定計不〔二〕上展限本，而且爲改終養本〔三〕。意氣飛揚，喜動顔色。舍弟心疑，辭出，渠固留，舍弟曰：「安頓伴友，即來寫本。」一出，陳仲遠至同鄉仕宦家，衆口一詞，謂予大危，爲東海所媒孽。仲遠亟歸，面斥舍弟。舍弟悟與東海狂喜合，即潛避一僻處，寫上展限本。後予聞太皇太后大恤，即倉皇入都。予至省，張義山爲撫軍，延予入密室，語予曰：「聞王儼齋奔喪，日夜行三百里，可速行。建溪水險，試助公火炬人夫，可七日即出關。」至京明日，太皇太后梓宫即出，而上已命禮部具參本入矣。上命九卿科道，並内閣學士、翰林院同看問口供，且内出侍衛環之。徐健菴知予知其謀，勢必出其手書，比入，執予袂涕泣，白其無他，哀懇萬端，予遂許之。渠正爲大司寇，審時渠不敢出一語，且密囑圖納，令莫問不早赴都，但問薦舉德格勒一事。予對：「臣薦德格勒，本不曾薦其爲人，但説他有志讀書。不曾奏明其人狂妄爲罪。」時京江據以復旨。移時，出宣旨謂：「李某從來奏事不欺，如平臺灣，舉朝無有建議者，而李某主其議。只有薦德格勒一節錯，今既服罪，令他還到掌院任。」其日，日食，問口供時，日食將既，人面才見影，天昏地黑。及旨意出，日方復圓。有以此爲言者，予曰：「天變乃一定者，與此何涉？」其人曰：「適值此，便是天意。」

先生語予曰：「庚申入京，遇吴老師玉騆於維揚，云：『子以編修，三年八〔三〕座，可謂榮遇。此行也，吾覘子無論氣可卜遠大，然英氣亦害事。士無賢不肖，入朝見嫉，不可不慎。』予扣所以，曰：『不可與上私語。奏對須在人共見共聞時，設獨對，聲須高。』此二語，予至今守之。臨别又云：『内有一中書高士奇者，此時官雖小，然非久居人下者，君須留意。』後一一如其言。予初登賢書，隨衆見座主，吴偏觀，獨指予曰：『李兄第一還大，其精神足，皆内斂。』示衆同年曰：『汝輩皆宜學此。』又特指予表弟吴曰：『君尤當學李年兄。』問吴年歲、家世、父母、子息，吴對無子。吴愀然曰：『父母之身，須當保重，亟學李年兄方好。』吴甚懼，丁未會試不中，回遇淮上舟中。衆見，又如此説。吴庚戌與予同登第，即卒於京，其神鑒如此。丙寅再還朝，不久即少宰缺出。上將出口，一日，予造朝第一到，移時，北門來，謂予曰：『少宰出，應君補矣。爲君謀此席甚好。』予不解所以，渠徐剖白曰：『少宰本折掌院，欲摇動恐上以此相待。但掌院一席，渠輩争欲得之，以爲大拜地。君閩人也，渠輩肯以此相讓耶？且君之功業品望，何須以此爲重，推以與之，而自避於少宰，以君之受知在帝心也，少宰不過借逕。即日尚書，自尚書而大拜，誰靳君者？如此，人相安於資格，而不覺遽。而掌院，人既憤其司文章之命，又意上必即以掌院大拜矣，竊爲君危之。今日某入對，必極力推轂君爲少宰。

果就，君當安枕，不爾，未得帖然也。』予曰：『我必得右宰，公之意則銘諸心矣。若大拜，豈所敢望？功名彌盛，必有禍咎，晚生深不願如此。』明日又見，嘖嘖曰：『掌院恐不免矣。昨聞少宰本下，問李某何如。予曰：「李某有何不可，少宰者儘去得。」上曰：「去得何消説，韓菼、郭棻皆可爲，豈李某不可爲？但我尚留之，他有所用。胡升猷使於吴三桂，不屈節，此人可用。」即以胡爲少宰。』予曰：『掌院現有張敦復公，何云此？』曰：『敦復不穩不穩。』予曰：『敦復非江南人耶』？曰：『敦復是好人。』數日，張即落五級，而掌院缺出，開列啓奏。徐健菴、高淡人正要得此，託宛平，宛平甚爲之力。上問及，宛平曰：『正是此地要緊，必得文章學問實足以服天下，而又必須時近皇上，知道事體的，方纔不悮事。』上曰：『固然要學問好，也要人品端正纔好。』即指予曰：『我看這個學士就好，就做得。』予時急，卒不能有話奏。辭，隨班出，至内閣，羣默然。不數月，予即詣北門，一見予云：『有所求。』渠前席曰：『願聞。』予告以母老，送母歸養。北門憮然嘆曰：『賢哉，學生頻年在政府，有造謁者，無非乞陞擢，欲爲督撫，從不見老先生一語及此。今日來，學生私忖，以爲或欲得浙撫耳。若然，學生無不盡力者。却又是告歸，學生今日真心輸服矣。君欲歸亦好。』予曰：『萬一不出缺，奈何？求老先生爲力出缺，則便假滿展假。』曰：『即不出缺，假滿時，先或以病辭。只是一去不通音問，則不可。或一年之間，必須有摺子請安，或著何書録呈，或曰請安皆不可少，摺子中即可言及老母須養事。』予曰：『本無用世之才，且某年適四十餘，所謂「報劉之日短」。烏鳥私情，苟得所願，老母百年後，當身以盡忠以報朝廷耳。』渠即許爲上語，果得請。丁卯歸，母病三次，冬始抵舍。予去後，東海日構予。適德子鶚嚮用，因早揲蓍，得夬卦，曰：『澤在天上，而爲陰所蔽，決去小人，則立雨矣。』上問：『小人是何等人？』曰：『甚貴，甚近。』上曰：『説「而和」，亦不必急。』又曰：『必宜立斷。』北門偵知，危急之極，日夜用工與東海合勢，因牽予入其内。丁卯冬，予仲弟攛終養、展假兩本稿，託東海裁決。東海力主終養，仲弟心動，出遇陳仲遠，知其陷予，連夜上展假本。至戊辰春，太皇太后梓宫將出，上已吩咐禮部具參本。四月初一，日食，昏次日，九卿、詹事、科道、翰林，内出侍衛七八人帶刀環立，會問口供。黑。移時，上出旨，仍掌院，實出意外。後張右南、施尊侯皆爲予言，東海力託伊搜予居家事密奏。張廉訪不得。施曰：『渠與我成功，而我害之不祥，且渠亦無可指者。』施已受東海譖，深怨予，然不肯爲此。後因齋戒，劉子端一日步月中庭，酒後慨然語予曰：『不知老先生如此爲人，何以人必欲殺之而後快。予亦不必指其人，老先生一到京，勢已解，未至時，合朝皆爲君危。罷官何足道，皆身家性命干係。』予問其狀，曰：『有人叫敝衙門動本，郭華野不肯，學生家人送本稿還在。予既不知君，但耿逆變時，君之志節，人所知者，誤參一好人，予輩終身之累，豈肯爲此？』予問：『何事？』曰：『何必言，自然是捏造語，豈患無詞？』張義山來京，語予曰：『君奔太皇太后喪時，承枉顧。問君行狀，君緩應之，予促君行，君曰：「何急乃爾？」予不便以實告，但以聞王儼齋坐飛仙舡，日行三百里，晝夜兼程，君似不宜遲，趕一月到京方好。君以建溪水滔，非半月不能。予思不宜水行，〔四〕宜速陸行，助君驛夫四十名，夜則執火，六日而出關，始能一月到。太皇太后明日出殯，君先一日至，不然殆哉。其時余大冶幾回促予參君，言是內出意。後予知其語亦不創自大冶。予亦曾熟思之，不獨不肖爲唐朝彝兩參，已幽沉海底，永無天日之望。得君爲上一語回春，百日重陰，頃刻開霽。自道官二三年即秉節鉞，無論張義山是有血性男子，如此舉動，狗彘不食其餘。即以勢〔五〕挨之，予將參君何事？君居家又不與人訟事，又不强霸人産，又不説事得財，勢必假造款件。君立朝即有不好，非巡撫所得參。所得參者，必是耿逆變時，守節不固，與賊通氣之事，捏詞成案。君之功具有檔案抄報，不是傳聞私語，上即怒君，亦未必見疏，即置君於法，畢竟差。大人審問，且上親鞫，亦或有之。我既出疏，是爲原告，一原一被，此是則彼非，此非則彼是。仇君者躲在一壁以觀成敗，而我與君好友，而爲死敵，殊無謂也。且勝負未可知，事皆虛捏，只恐君之勝分數還多些哩。予雖愚，愚不至此。』因大笑。予戊辰入京，不數月即左遷通政，不久即兵部尚書〔六〕。不久工部尚書缺出，上亦有回心。而衛老師、陸稼書事起，牽予入。上曰：『蠻子那有一個好人，罷了，索性放一漢軍。』因放高爾位。後又稍解，而衛老師流黑龍江，又牽予入奸黨籍矣。上問北門曰：『衛某發遣，道學亦怕否？』亦不言道學爲誰。所以予命官自行忖度，日者推之，宜死臧氏之子，何力之能爲？陸稼書、衛猗氏豈亦有意害予者哉？已巳，南巡，孝感薦東海道德、文章、經濟兼之，古無其匹，此乃氣運極盛所生之人材，不用可惜。次之立齋，而韓菼時文，從來所無。極詆予一字不通，人亦奸詐詭僞，如鬼如蜮。高士奇招權納賄，王鴻緒亦奸猾鑽刺。東海年餘結撰，始成此局。孝感一奏，高已聞知，故爲不聞之狀。一日，上問高曰：『李某何如人？』高曰：『不與深交。這一番出來，邂逅相遇，看來亦還是讀書人。』上曰：『不然。熊賜履説他一字不通，且爲人奸僞。』高故作愕然，曰：『其然，人却看不出。以臣觀之，或詞章之學非其所長，到是讀些有根柢書，也還算個讀書人。』上曰：『汝便是公道人，張英也如此説。不特他，也有人説爾不好哩。』高故引罪曰：『臣學問很不成，學問、詩文，一切何嘗有處勝人，聖恩容恕，姑留在此，臣實無知。』上曰：『却不是説爾學問，到説學問還好。』高曰：『然則云何？豈言臣犯皇上法耶？』上曰：『恐是如此。』高故作不解，惶悚而已。東海時有即日爰立之望，中外震動，渠亦驕恣自得。不料日日延下，緩緩鬆脱，暗中高毒，不相東海，而相立齋。雖相立齋，却不安穩，仍帶掌院，凡有文章不稱上旨，必令其兄改定。俄而湯潛菴被讒，徐、明構鬬，高、王羅入，郭華野參劾張汧事發。東有佛倫爲敵，錢閬亭一案牽連，趙高鹿馬，又有朱敦厚一案。南有傅臘塔爲敵，起胡簡敬之獄以爲例，遂發徐氏之奸，徐樹敏問死罪。立齋一見傅疏，即參明一本。明日，中旨立齋革職，驚悸嘔血而死。東海還山，仍日圖起用，韓、王、果亭爲之兆，而不謂命之止於此也。」

師自庚申秋以學士還朝，奉太師母來京，壬戌夏告假送母歸，明中堂七次札來促還朝，上問七次矣。李高陽死，上便問胡不至。是時，德子鶚已爲上講易得氣。丙寅，北門促甚，只得還朝。此來，余國柱相見，師尚與之談，望其改轍，如姚熙之也，余亦順説道學語，而實不悛也。師又見北門，以正導之，大感動。北門見張雄，大思改悔。大冶見而懼，遂造語言譖於北門，以師日對人駡之。北門先不信，後德子鶚在上前直陳北門、大冶之奸，二人急，始將師並下毒手矣。丁卯春，以告假省母病。冬，有太皇太后喪。戊辰正月到京。德子鶚受刑配於遠地，北門、高士奇、余國柱、王儼齋一齊都去位，而徐健菴亦爲于振甲所擊，張汧事已發，不久亦去，但雖去而氣燄如故。高亦然。時大冶、北門合，與徐健菴爲敵。健菴又拉一孝感入夥。湯是誠實人，以爲健菴與大冶爲仇，自是正人，因與往來，今不將湯入徐黨者，人諒其心也。故德子鶚在上前力攻明、余，而不言徐，亦爲此。欲入主辨奸，難矣哉。

德格勒子鶚、徐元夢善長戊辰春罹事，安溪亦奔太皇太后喪至京，上命九卿、詹事、科道、内侍衛圜問。是年，安溪隨駕謁陵，東海、陳説巖與張汧通賄事，于振甲發其私，而東海搆于振甲，旋中其毒。東海慮安溪發其寄不必復來京之札，圜問日，哀求，涕泗横流，安溪許之。而是日，東海已先囑大司寇圖納，但究薦德子鶚事，而不還朝只輕描淡寫。後回旨，仍命安溪掌院，東海大苦。謁陵，徐東海撰祭文大稱旨，上示于振甲言：「陳廷敬、徐乾學、李光地、張英、高士奇做出此等文字，汝可識字否？汝漢軍中有此幾人？」于大窘，自認不識字，説漢軍中那裏有此等人。議河工事，上忽令安溪前曰：「聞得德格勒説汝欲另挑一河，何處可另挑？」曰：「德格勒好亂説，臣不過説靳輔新開的河，若不淤塞冲決，粮舡行可免二百里風波之險。不過如此説，何嘗説欲另挑一河。」上曰：「即此河麽？」曰：「是。」又問：「下河如何？」曰：「臣不曾經那地方，不能遥度。據靳輔説，海底高於内地，一開恐反倒灌。孫在豐等又説，外低内高。這非至其地打水秤實，難得其高低之形不能定也。」問：「黄河。」奏曰：「這就看天了。」

纔説這一句，上便點頭曰：「這是黄河只看天意。」蓋靳輔是時，終日以黄河汹險者，以淮水、山東山水、本身西來之水，若一水發無事，兩水發或可支，若三水並發，恐難保全爲言。予不知適合此説，故上一聞之輒喜。予退班，羣相噪曰：「李某之對皆稱旨。」東海愈急，營搆愈緊，而予殆矣。

予假歸，東海不欲予來，對上言我謗誹朝事，曰此時非我有爲之日，此去不復返矣。予不來，好實其言而殺之。渠自己與予書，婉轉其辭，又令陳介石與我書，云：「湯潛菴捐軀於前，徐善長畢命於後，朝士都有老師再來不值一文錢之語。」介石大糊塗，潛菴痰厥而死，不可謂之捐軀；徐善長至今尚在，何謂畢命？又舍弟所攜本稿，健菴親筆爲予改請終養，不來奔太皇太后之喪，手跡俱在。及九卿問口供日，予俱挾之而入。徐健菴知不好，要予於御馬圈處席地坐，自己辨白，泣涕如雨。予初不信，渠益急曰：「年兄雖不害予，予已是死人，何苦殺予自君手。」予曰：「君何至此？」曰：「張汧事發矣，予尚能保首領乎？」眼泪如膏。予遂曰：「發私書，亦非君子事。蓋亦救死也，君既如此形狀，我不出矣。」他又不信心，予曰：「予不肯，何苦相誑，君能强我乎？」圖納與健菴一日之交，受健菴囑，審時總不問予遷延在家一款，始終只問薦德格勒事。今中堂馬公尚問不來事。其時，馬爲總憲，畢竟在圖下，方纔發語，圖便亂之，曰「此事皇上已明白。但是德格勒如何好處，爾薦他」云云。健菴自始至終一語不敢發問，渠亦問官也。

己丑九月廿日晚，李安卿先生言：「予於丁卯年十一月廿八日，見德格勒子鶚於其家，其禍將發，而彼尚不知。十二月初，即詔獄。戊辰二月初二日，推鞫，三木竟日。問：『汝易經誰授？』曰：『易是我本經，自幼誦習，以此中進士，何必人授。』又問：『誰教汝妄言禍福，習曉揲筮？』曰：『易經前原有朱子揲蓍法，人人可能，何須人教。』又問：『誰同汝在起居注館中面墻而語？』曰：『一館中教習及翰林人俱在那裏，所言公則公言之，誰爲面墻者？』尚拷問不休，曰：『汝等不曾用酷刑，我如何肯招？』衆問：『酷刑尚欲何如？』曰：『此等夾棍一攏，我快活得狠，即睡去。君等試夾腦，則痛楚成招矣。』衆知其矢死，無他語。又上原諭問官曰：『可夾訊，要一個活德格勒還我。』故衆官以此復旨。而三月，徐乾學、張汧等案即發，渠等亦無暇搜爬此件，故亦少緩。三月廿九日，家兄趕至京師，哭於太皇太后喪次。初一日，發九卿、科道、詹事、翰林各官俱到，問口供，内發帶刀侍衛十餘人環立，從來未有。而徐乾學於是日五更，中途要安溪先生坐朝門洞口，恐其將渠勸且勿來京之書呈問官，懇泣備至，安溪遂許之。而圖納爲大司寇，惟徐乾學之言是聽。乾學矚圖納勿問還朝遲語，只問德格勒事。安溪曰：『臣只薦他有志讀書，而不曾説他做人狂妄，此是臣罪，有何辨處。』回奏，上因言：『此人説話，只有此是欺誑，他言俱不曾欺誑。如平海，薦舉人，合滿、漢官誰有擔承者？惟李某始終言可平，薦出施琅來用，果能有成。還教他到教習任去。』」

某自幼便有要天下太平，思見好人一點意思。及登第入館，孝感名甚盛，又得君，竊意致太平者必此人也。孝感氣概亦籠罩人，似不可遽窺其底裏。後頻造求見，每往必有徐健菴。及見時，又不説及學問，及問所疑，又不答所問，但以明末門户人語胡亂説過，心即疑之。嘗擬一書稿欲上之，大抵要本於至誠，喜正路人。此稿失火後始不見。爲陳則震所止而未投，曰：「不可與言，而與之言失言，熊老師豈道學耶？又是一路作用耳。」分房後，予即請假。前，上問孝感，選翰林中肯讀書人品端正者，入内備顧問，熊即以張英、耿願魯[七]及予對。予將歸，辭益都。益都曰：「君將大用矣，何言及此？」叩其故，曰：「今上惟熊清岳之言是聽，頃言學生命不該讀鼎甲卷，前番被落，及讀君卷又落。熊曰：『老師陋哉，得李某，尚何羨狀元哉？雖千狀元不與易也。』」馮乃熊教習師。其推重如此。」予言之力，又曰：「雖然如此，倒底去見清岳，畢竟是知己。」因往見之，亦見留。予曰：「某必去有三，而貧猶次之。第一，父母老。本意一第爲支持門户計，初意不殿試，後爲人强勸就殿試，遂入館。夢魂中，有一不適，便累日驚疑，精魄消亡。遷延至散館，又分房，已爲忍心害理，今必不可復留。一也。老師疏云：『今日借債之人，即他日還債之人。』今門生幸賴同鄉借貸，至今尚未借賬，如今歸，尚可爲不曾借債人。二也。思爲朝廷用，亦須些須本領，讀書草草，腹中空虛，如今回，讀書十年，再來追隨老師未晚。三也。」孝感曰：「士各有志，君決行乎？」曰：「決矣。」曰：「君行意可也。」予遂歸。後還朝復歸。丙寅，德子鶚已爲侍讀，上問易經，德爲講，上問：「何所傳授？」德即以某對。上因問：「汝盡得李某所學乎？」德曰：「尚無百分之一。」又問：「李某尚有他學否？」曰：「性理各經俱精通。」上曰：「予諸經都看得，惟易不解。」欲召予，德奏曰：「即至矣。」上曰：「何以知之？」曰：「渠有信來。」時明公已着人帶信至，曰：「李老先生必來矣，皇上已問過七次矣。」予是年即至。明年再歸，因上問讀書人，某因以德子鶚對，遂有後來風波。

【校勘記】

〔一〕「計不」二字，原缺，據石印本增。

〔二〕「本」，原脱，據石印本補。

〔三〕「八」，原作「入」，據石印本改。

〔四〕「予思不宜水行」，原作「予日宜思水行」，據石印本改。

〔五〕「勢」，原脱，據石印本補。

〔六〕據李清植文貞公年譜，李光地終身未做過兵部尚書，唯於康熙二十八年五月左遷通政使後，至同年十一月改任兵部右侍郎。此處「尚書」二字，當爲「侍郎」誤。

〔七〕「耿願魯」，原作「耿顧魯」，據明清歷科進士題名碑録改。

榕村續語録卷十四

本朝時事

本朝掌院大拜者多，故徐健菴切切圖之。惟孫在豐、葉方藹不永其年，高陽、益都、宛平、孝感無不由之。孫屺瞻雖與健菴同年，而早見知於上，何嘗眼中有徐健菴。作掌院，考翰林，其時擬徐青來第一，韓元少第七，健菴第九。健菴彼時已將騰起，内有高淡人漸漸用事，又清客戲子都受健菴之賄，散布流言，説孫屺瞻原是箇武秀才，又説他全不知文。上將卷子發南書房看，將健菴第一，韓元少第二，徐青來第九、十。因譏青來人品不堪，鑽刺孫在豐營求干進，因而淪躓多年。甲子江南典試，徐家字眼帶去一堆，青來還縝密，看見湯潛菴在那裏，他便一個不染回來，健菴大恨之。青來稱健菴大師伯，曰：「湯先生在南，如何做得？一發覺，禍且不測。況北場如此風波，幸而南榜無君宗子弟，若再有，恐上益怒。故某之不敢應命，非徒自爲，兼爲大師伯也。」健菴冷笑曰：「極感盛意。但是君爲我恩人，將我視秦留仙爲仇乎？」不悦而别。湯潛菴因而爲薦青來，青來大得其力。屺瞻改還侍郎，以葉子吉爲掌院，不極推健菴，又被健菴去之。後即張敦復，又爲健菴去之。接者即予，予又爲健菴去之。立齋接任，然每進一篇文稿，必拿〔二〕與健菴看過改過，故立齋亦甚苦。人且有言其兄並欲去之者。到底健菴不曾當此任，徒然風波數年不休耳。愚哉，愚哉。健菴爲許三禮所參，上遣回。北門專力攻立齋，山東巡撫一佛倫，江南總督一傅臘塔，耑爲郭琇、徐氏兄弟也。傅臘塔先一疏參胡簡敬，次一疏便徐氏。立齋便劾北門害他，而其故皆爲渠爲總憲時，姚啓聖日輦金銀于明珠家，明珠止臣臣不聽，故銜恨切骨。上發與九卿議，立齋革職回。王儼齋又爲鄭端所參。王儼齋進密摺，言徐氏害他。上又發與九卿看，曰：「我看江南亂鬧，不過徐、王兩家。不如兩家都教他住關東地方去，庶幾清白。」吉水奏曰：「罪狀自有有司審理，至其私家仇怨，亦不足仰煩聖心。聖恩置之不理，渠等亦自消歇矣。」上默然。鄭與立齋己亥同年，立齋泣訴儼齋於鄭，鄭誓爲劾死，以力鋤儼齋自任。後徐負王勝，鄭亦氣憤而死。

許三禮劾徐健菴，先以疏稿示許時菴。時菴乃有三本房門生。次日疏上，健菴邀時菴至，詰云：「許有三疏，與子同謀？」時菴曰：「此言何來？門生豈敢作此反覆事？」曰：「子昨晚至其家，以疏稿相示，子若不同謀，何不以告？」曰：「看稿是有的，若以告，却不敢，蓋兩處皆是老師。此事門生原不與聞，偶然撞着，老師持以相示，敢不觀耶？觀而遽以轉告，倘老師先下手，中以禍，則門生將置身何地耶？如老師彈劾許師，門生斷不敢與謀，若以稿相示，門生亦但觀之，而不以轉告許師也。爲門生者，職分如此足矣。」健菴仰天嘆曰：「人之不同也如是。當日成容若不過一同年友，每見必欷歔相戒曰：『家君未嘗一刻忘年兄，年兄其備之。』父子不顧，尚披露肝膈如此，而年兄遂忍不以告？」時菴曰：「老師若引此，門生知罪矣。門生誠然不能効此等肝膽也。」其實許有三此疏，皆有嗾之者，非天真也。故有三之超升，時菴之學院，皆非無因也。

高淡人、徐健菴、陳説巖三人，戊辰四月，已爲張汧一案俱革職。但高、徐自落職後，聲燄更熾，納賄更多，雖革職尚留在京修書，日日入南書房直。至己巳年南巡，徐健菴又結搆孝感起用，教孝感薦某人劾某人。所薦者二徐外，如陳世安，劾者予不消説，王儼齋兄弟、徐青來，並高士奇亦在其内。是年九月，郭華野參明珠、余國柱、高士奇，許三禮參徐乾學。上亦知其招摇多事，遂次第令其出京。彼時陳澤州却閉門修書，憂窘異常，上亦知之。故徐健菴方上通州船，而澤州已復職矣。

徐健菴主會試，題係「舉直錯諸枉」，爲北門也。徐與高淡人將北門、余佺廬聲勢奸利之狀盡告上，上曰：「似此何無一言者？」曰：「誰敢？」上曰：「滿洲不敢，漢官何懼？」曰：「漢官獨不要命耶？」上曰：「有予作主，何懼？」曰：「皇上作主，即有敢言者。」健菴具稿，令淡人持入，言郭琇久具稿，但遲徊不敢即上。上覽之，令即上，北門、大冶皆落職。健菴主場房官，即命其自擇開列以進，勢燄赫赫。題目先有范光陽，乃果亭門生，其文即在健菴家做成、改定、入場謄寫者。以爲此會元，乃空前絶後，今亦不見其佳。場後，張汧與祖澤深相訐，馬齊、于成龍出審。而張汧盡發高、徐及澤州書，謂己原無爲巡撫望，諸公迫爲之，謂不成當便得奇禍。且復辭以閩中藩庫有虧，諸公曰：「當令新閩撫爲汝承認。」後張仲舉不敢不承認，因於捐免錢粮中，借使費名色扣還。後爲一參縣叩閽，而張公亦得禍。汧又言一爲楚撫，諸公又立參祖澤深，遂及於禍。于、馬回盡呈其原書，上盡識其筆蹟，因俱解任。但解任後，高、徐聲光更盛，日日入南書房修書。凡有文字，非經徐健菴改定，便不稱旨，滿、漢俱歸其門。健菴竟與北門鬭財力，勢均力敵，莫如之何。直至徐復謀高，而始兩敗俱傷矣。

澤州言，爲張汧事，京江亦呼其門人在臺中者，劾張汧有親戚在京爲之營辦，宜窮治。而東海賄上左右，爲上言，張汧用銀，又有送銀子者，陳廷敬也；收銀子者，高士奇也，與徐乾學實無涉。實在迫張汧做巡撫，要銀子，也是徐東海。後來銀子不應手，教人參他，又是徐東海。始終皆渠爲之。

丁卯年冬，上謁陵，于成龍在路上便對上發政府之私，説官已被明珠、余國柱賣完。上曰：「有何證佐？」曰：「但遣親信大臣盤各省布政庫銀，若有不虧空者，便是臣誑言。」是時，高士奇、徐乾學尚爲明、余所掩。上歸，值太皇太后喪，不入宫。時訪問於高，高亦盡言其狀。上曰：「何無人參？」曰：「誰不怕死？」上曰：「有我。若等勢重於四輔臣乎？我欲去則竟去之，有何怕？」曰：「皇上作主，有何不可者。」高謀之徐，徐遂草疏，令郭華野上之。劉楷、陳世安亦有疏。三稿高皆先呈皇上，請皇上改定。上曰：「即此便好。」次日遂上。這樣龍比，狠容易做。陳親告予。先一日，風聲已露。大冶造陳曰：「聞風聲甚惡，云君出疏參我，確有來歷？」陳曰：「老師信乎？」大冶曰：「某心正疑，始來問君。」陳嘆息曰：「小人之好離間如此。某受老師大恩，豢養何所不至，而敢作此負心事乎？爲此言者，亦大不情矣。」余亦疑釋。次日疏上，大冶在閣迎陳，執其手扯至一邊，問曰：「聞有參疏，信乎？」曰：「有。」問：「參誰？」曰：「參的便是老師。」問：「誰參？」曰：「人甚多，就是門生不得已亦在其内。」大冶失色。予回顧大冶，震懼已不能行，近閣不過數武，扶石欄桿一步步那移始能至閣。己巳六月，予左遷銀臺，徐立齋即大拜兼掌院，接余事。余去掌院，立齋還來顧余，久談。至九月，太皇太后梓宫在豫親王花園，羣臣四更皆至，上朝入哭臨。立齋覓通政燈籠至余所，藉草談，聽其所言，皆遠於時事之語，想是大兄所爲，即立齋亦不知也。

徐東海草疏稿，激郭華野言湯潛菴之死，皆由高淡人諸人害之，令劾之。稿纔脱手，而淡人已得之梓宫所，高即扯東海至僻處，曰：「老師何爲作此事？」東海欷歔，言人造端離間，指天誓日，攜其手覓華野。東海曰：「大奇，適高老先生忽云予做疏稿，令君參伊，今郭君在，老先生試問之。」郭華野曰：「學生今日至此，誰之力也？當日參明、余，非老先生左右，予焉得至總憲？天下容有爲負恩之事者，然何爲至此？真狗彘不食其餘矣。」高作且信且疑狀而散。徐搦郭手曰：「事急矣，先發制人。」次日疏入，參五人：高士奇、王鴻緒、陳元龍、王九敬、何楷，請立正典刑。而不知高先已將稿呈皇上矣。因上先見之，高遂受病甚輕。時張星法參錢朗亭，朗亭，淅人也。高令錢發東海、華野私書，錢因發華野等公薦一教官書，而趙高鹿馬之禍起矣。盛符升又與錢書，有「汾陽，東海長公不喜」之語。發審刑部，尚書圖納、總憲今中堂馬公實爲問官，今常述其事。圖與東海交親，翻清時，將「東海長公」翻作「常工」，竟不知爲何語以誤上。上言：「『汾陽是郭琇，『東海常工』爲誰？」圖曰：「問盛，盛亦不言，不知爲何人？」恰好張汧事發，遣于成龍往審。張汧參祖道澤深，祖道遂訐張汧虧空帑藏。張汧遂發高淡人、徐東海、陳澤州之私，曰：「予已老，爲布政足矣，豈敢妄意巡撫？無奈諸公督促之，云若不爲巡撫，豈獨無布政，且不免禍。今其書俱在也。」澤州乃汧之親家，澤州亦大受此傷矣。于回，將各人私書俱呈上。許三禮先參東海，上不喜，意欲處許，而許情急，遂臚列狠款復參，東海遂不支。先時，高雖出而徐尚在京，聲勢益大。至此，東海不肯去，上謂高璜渭師曰：「徐乾學是汝同年，胡不勸之去？」高向徐言之，徐尚不信，曰：「此旨意予敢造乎？且年兄在此，予輩所願也，何爲欲令君歸？」徐上本告歸，上即允徐去。後高爲余言，東海之去也，固請陛辭，上見之。東海刺刺不休，上已他顧，而東海近視不見也，仍嘵嘵然曰：「臣一去，必爲小人所害。」上曰：「小人爲誰？」曰：「滿、漢俱有。」上曰：「爾們相傾相害，滿洲誰害汝？」曰：「但要皇上分得君子小人，臣便可保無事。」上曰：「如何分？」曰：「但是説臣好的便是君子，但是説臣不好的便是小人。」上苦之曰：「我知道了，汝去罷。」始出。

郭琇先參明珠、余國柱，是高、徐先説明白，疏稿先呈皇上，上改幾字，而始上。在戊辰二月。郭琇再參王鴻緒、高士奇，是己巳南巡回，十月，亦徐爲之也。

大山云：「郭華野參高淡人、王儼齋之日，予正館健菴家。是日，忘爲何故，設四席酒饌，次座是黄子鴻[二]，予在東，健翁南向横頭坐。家人來報此事，健翁注酒成窑碗中持飲，應聲墜地，謂其子師魯曰：『汝應去告汝師。』謂王儼齋也。今觀之，其設席，來報墜碗，皆有意洗謗也。」

明、余既罷相，權歸高、徐。徐又見高更親密，利皆歸高，於是又謀高，日與高相結，謀起孝感。己巳年，上南巡，徐先使人語孝感以故，而囑其皇上所不喜者爲某某，所喜者爲某某。所不喜者，高士奇、某及王鴻緒諸人；喜者，他兄弟其首也。喜者當極力推薦，不喜者當極力排斥也。又言上一到南京，必召見孝感，定有半日扳請，訪問朝臣殆遍。孝感初猶疑，其使者云：「家主説來年如南巡，一毫不如家主所言，太老爺便莫照家主所言爲皇上言之。果然是如此，再説不遲。」孝感且信且疑。上時屢云：「熊某之德何可忘？我至今曉得些文字，知些道理，不虧他如何有此？」及南巡，予隨駕至南京，果見孝感日中而入，上屏退左右，與語，至黄昏始出。上問孝感：「李某學問何如？」曰：「一字不識，皆剽竊他人議論亂説，總是一味欺詐。」上曰：「聞得他曉得天文曆法。」曰：「一些不知。皇上試問他天上的星，一個也認不得。」孝感才出，上便卒然上觀星臺。衆人奔擠上山，亂石嵯岈，通身流汗。上又傳呼，急切非常。既登，予與京江相攀步上，氣喘欲絶。上顔色赤紅，怒氣問予云：「爾識得星？」予奏云：「不曉得。不過書本上的曆法勦襲幾句也，不知到深處。至星象，全不認得。」上指參星問云：「這是甚麽星？」答以：「參星。」上云：「汝説不認得，如何又認得參星？」奏云：「經星能有幾個，人人都曉得。至於天上星極多，別底實在不認得。」上又曰：「那是老人星。」予說：「據書本上說，老人星見，天下太平。」上云：「甚麼相干，都是胡說。老人星在南，北京自然看不見，到這裏自然看見。若再到你們閩、廣，連南極星也看見。老人星那一日不在天上，如何説見則太平？」上怒猶未平，急傳一欽天監。彼人在寓飲酒已醉，又傳得急，放馬歸來，到山上跌下來死了。上猶責怒其遲，就有人說跌下馬來了。上云：「着燒酒灌。」哈哈駒子附皇上耳云：「已死了。」皇上即時氣平。言語都低了，因拏出烏金紙畫的星圖來與看。予奏云：「眼花，没帶眼鏡來。」上云：「汝眼已花了嗎？」因與講說，問「恒星天」的説話。予欲答，上云：「且止，令張玉書說。」張云：「不知。」予始云：「即古歲差之說。西洋人方說有『恒星天』。」上問：「誰是？」予曰：「似洋人説得是些。」上即回。至回時，便分付「漢官不會騎馬，各衙門滿洲人員，夾着各衙門漢官走，莫使蹉跌。如有事，與你們講話。」余被庫公夾緊下來，幸保全無事。孝感語予不知，淡人已透曉得。到高家堰看河工，上問淡人：「李某學問如何？」曰：「不相與，不知。」上曰：「豈全不相見？畢竟有所聞。」曰：「相會也相會，但是不深相與，如何知到他學問？但看來自是讀書人。」上曰：「有人說他一字也不通。」曰：「或者福建人見聞短淺，則有之，若謂一字不通，恐亦太過。」上曰：

「汝言公道，到底是讀書人。」又曰：「汝也要防備。」高佯不知，云：「臣有何學問？」上曰：「不是學問。」曰：「臣與人無怨無争。」上曰：「總是要防備。」到京，高見徐，自然顔面之間帶出此像，徐謀之益急。至九月，方使郭華野再參，其稿以徐健菴爲之。稿方就，而高淡人已得之。送皇后靈路上，高即詬徐，徐仰天嘻吁，言讒人相搆，至於此極。又呼郭華野至，告以云云，面質其事。別去，徐握郭手曰：「事急矣，先發者制人。」明日，疏遂上。然高已將本稿呈上覽矣。會許有三復參徐，皇上謂「漢人傾險，可惡已極」，始俱趕出。徐、高哀懇求留，上固婉轉出之。此己巳年事也。淡人是年冬歸，東海直至庚午春始回。

于振甲做巡撫時甚好，余等甚敬之。對上曰：「天下官盡都賣完了，没有一個不用錢買的巡撫、布政。」上愕然曰：「何至如此？」曰：「皇上但使人將各省藩司庫盤一盤，若有一處不虧空，臣便認虚誑之罪。他將藩庫銀子買升巡撫，藩司焉敢發其奸？相習成風，都是用皇上的錢買皇上的官，豈不可惜？」上問：「是誰賣？」曰：「不過是滿、漢宰相，還有何人？」既參北門之後，高、徐引爲己黨，時致殷勤。及同馬齊去審張汧一案，回來又將高士奇、徐乾學、陳廷敬等私書，皆帶來與皇上看，一時俱得罪。我雖爲徐健菴所中傷，猶打不倒，天光時時迴照。皇上送太皇太后靈，在路上，于振甲已爲諸公所中，皇上時時叫去，在宮門上駡，説：「他們幾個同我讀書的人，你必定都要弄了去，爲甚麽呢？」他亦笨笨的回答説：「臣爲甚麽？不過是爲要盡忠報國。」及太皇太后已安葬，皇上不肯剃頭，大家求剃頭。皇上着人來問：「有奏摺麽？」徐健菴那時候就對着伊中堂，鋪一張紙在石頭上，草成寫進。皇上問：「是現做的這樣快嗎？」伊奏：「是徐乾學在地上一筆寫成的。」上誇其敏，又叫于振甲到宮門説：「我左右動得筆的，是徐乾學、陳廷敬、李光地、張英、葉方藹這幾個人。這大文章，該是于成龍做，你爲甚麽不做，叫徐乾學做呢？」他又奏：「叫臣做，臣曉得甚麽？」那時于振甲甚可敬，直到陞進來做總憲，叫于養志不丁憂，説：「那個人不盡忠，還算得孝麽？」又力主捐納，始失人望。後來決裂，無所不爲矣。陸稼書於于養志奪情，便上疏參，及捐納事，又上疏參，所以于振甲恨死他，議他個死罪。

于振甲頗有膽，初在上前，盡道徐東海、高淡人等之奸邪。熊孝感前番罷歸，人皆想望其風采。于後尸捐納之議，流毒未已。孝感再出，大小事俱狼狽，今遂失望。

于爲都憲時，勢燄薰灼，公卿無不趨承，獨予及杜秀水、彭羨門三人不至其門，遇於朝，深拱而已。西邊捐納事敗，上臨軒駡王人岳：「汝往山西查捐，不過爲于成龍取些實收來，何曾辦得一毫事？董納都是于成龍走狗，汝爲總憲，如何不參？」又問于成龍：「汝對朕説，捐納人皆説便，獨道學説不便耳。」于答云：「是臣説的。」上呼予名，予出班，上云：「汝説捐納事如何？」予答云：「皇上所見極明白。」上云：「汝意中到底有汝的見解，云何？」予奏云：「軍興時，是權宜，應開的。太平時，似不宜。」上亦不懌，顧中堂而言他。可見于之短予於上前也。

上南巡回京後，一日，又提起孝感説高淡人招權納賄語，而不顯言。高曰：「爲誰？」上曰：「即汝平日所誇之熊賜履也。」高曰：「即此可見，臣在皇上面前説人不好也，非與臣不好；説人好也，非與臣好。但是别人説臣還可，熊賜履説不得臣。臣雖不與之相交，然書札時常往還。他與臣書，説臣人品是程朱一流人，豈有程朱會招權納賄的？」上云：「書札何在？」高因取入呈上，上笑而存之。于振甲常爲上言，高士奇不好，熊賜履好。上問于公：「汝常説高士奇是小人，熊賜履是正人。」于云：「是。」上將此書與看，于看畢云：「這就不曉得他們蠻子的事了。」健菴既歸，幾年不通往來，忽有書至，説陸稼書死，墓誌孝感爲之，墓表非某不可。稼書行事，許多關係，健菴欲借此興文字之獄。又特遣王原令詒親來，求拜門生。予復書辭之，王亦堅請之。予到底回健菴書，言：「此文非老年兄不可。」賻贈稼書以盃幣。徐計不行，而王亦大怒而去。及前年參陳汝弼，尚帶予一筆在内。

予初入翰林時，孝感望甚重，就是嚼簽子事，天下都不信，還説是索公害他，没有這事。使孝感不落東海套，竟不出，其聲名到後代了不得，却被此再用醜了。予問嚼簽子事，曰：「那時三藩亂，中堂閣學時常錯批，議罰俸。上都免曰：『他們心亂了，本無大事。』當時馮益都、李高陽、杜寶坻與孝感同在内閣，孝感偶然擬批錯了一件，被皇上檢出來問。孝感頗心動，次日五鼓，便先到閣，叫中書拏本來，又命中書退。看是自己錯的，見寶坻平素糊塗些，因將自己簽子嚼了，裁去寶坻别本一條批簽，易書此錯批於上，將寶坻不錯本入自己數内，而自書其批。寶坻來，孝感迎謂之曰：『老先生昨又錯批了本了。』寶坻這日却又精明，即取本看，自己摇頭作色曰：『學生不曾見這個本。』孝感曰：『老先生忘記了，非公而誰？』寶坻又審視曰：『昨日不曾見此，是何緣故？』厲聲呼中書林麟焻至前，罵曰：『吾不曾見此本，都是汝等作弊，予將啓奏，先夾起你來審。』林大懼，跪白曰：『與中書不干，中書爲何作弊？』杜問曰：『爲何這一條簽獨短些？』林曰：『不知。』又問曰：『這一條是你的字麽？』曰：『不是。』曰：『别簽是你字麽？』曰：『是。』曰：『這必定有弊了。』索在旁知覺，曰：『這容易，查昨日幾本、幾原簽，即可知是誰錯。』查少一原簽字，問熊。熊忿然曰：『這樣難道原是我作弊不成？』喧争太甚，一學士覺羅沙麻出曰：『熊阿里哈達何苦如此？某今夜在親戚家喪事守夜，過來的更早，在南坑上倒着，看見阿里哈達檢本，口内嚼了一簽子，如何賴得？』熊語塞，索遂必欲啓奏。衆勸不止，索拉寶坻竟啓奏，下吏部。那時北門爲冢宰，問口供，中堂都到，熊不出一語，曰：『公等如何落供，即如何，某無可説。』索曰：『這本無大事，就是審賊犯，也畢竟要他自己親供，方可定罪。老先生不言，如何定案？』熊仍不語，索又曰：『老先生不要怕，就是如今吴三桂、耿精忠自己説出真情來降，皇上也只得歇了赦了他，何苦不言？』窘辱備至，因説：『罷了，就是如此罷了。』遂落職回。」及予爲學士，時東海方開坊。一日，皇上出門，東海來邀予曰：「明公平素來往否？」予曰：「相認。」東海曰：「予今日欲同年兄一往謁，還有話説。」予曰：「予來時已往見過，今日又無事，不欲去。」又曰：「年兄爲人，不肖所深知者，假如有一毫不正之事，不正之言，如何敢拉年兄同行？明公亦是可與爲善之人，還有心胸，畢竟求同一往。」予被纏不已，遂同行。中塗，問渠何語，因告予曰：「熊老師不出，天下何以治？其去之之事，全是椒房害之，絶無影響。今日吾輩，通是老師門生，非爲私情，乃是公議。求明公一言起之，所關不小，年兄其助我乎？」予默然。至明處相見，東海因言自古進賢爲國大臣之上功，果能進得一大賢，即千古之美名歸之。因言熊如何人品，如何學問，天下蒼生非此莫救，皇上已有要用的意思。求之之言，剌剌不休。明曰：

「熊老師亦是小兒老師，學生豈不欲其復用？但向日嚼簽子事，是學生承問，也太做得醜些。上要用的話不確。」徐曰：「甚確。」明曰：「學生也曾提起，上曰：『莫提起，提到這裏連我還羞不過。』徐老師，汝是好人，報師恩自是厚道，待你未必好。」徐曰：「狠好。」曰：「不確。他在上前，説壞你了。」徐曰：「那有此？熊老師每常説門生學問第一。」曰：「何嘗不説你學問好，但别處不好，奈何？」至此，徐亦色變而别。出門，東海見責曰：「年兄總一言不發，何也？」予曰：「予生平不求人，亦不代人求，若是皇上問，自當以實對。覺得向此老説何爲？」徐曰：「老師比别老師不同，此非私，乃公也。方纔此老所説，上不欲用熊，又説熊在上前説壞小弟，皆没影。而年兄始終不發一言，殊爲負老師矣。」不怡而别。後來，東海遂去結連索公。索、熊復合，而北門、大冶懼。大冶爲謀，説孝感有學統一書，有毛病，宜進上覽，以開釁端。上覽此，亦不置議論，覺得他看的書多，畢竟有好處。北門又謀之大冶，大冶曰：「須得湯潛菴、李厚菴有一點不足論頭，即可爲上言。而予兩人不知也。」大冶在朝班時，以此書叩湯，湯好象山、陽明，而此書闢之，脾胃原不合，初亦不置褒貶。大冶終日探之，遂摇頭云：「此書偏。」大冶已得此間。明公時常以書中事見問，隨口答之甚多，不疑。一日，在内閣，遺溺出，與明遇於塗間，明即問：「熊此書如何？」予應之曰：「大概好。」又問：「有人説此偏，果否？」曰：「也没甚偏處，大概是程朱，而非佛、老，有何偏？」又問：「難道盡善盡美？」予曰：「只是中間將大聖大賢加之等第，似考童生秀才然，覺得似鹵莽些。」班固漢書原是狠好的書，只是將古今人物分成九等，後人以爲不是。我輩發明前賢之意，偶然評論則可，而遽品題等類，便不妥。」明頷之而入。誰知渠即入告。一日啓奏，上獨留予問此書，予即覺，先説大段好。又問：「有人説偏？」予仍以語明公者對。上亦似有不滿其中語者，遂退。東海遂以予語，加添許多深文醜詆，無所不至，寄信與孝感。及熊遜修典試浙江，南行，上將予易經付遜修曰：「有人一部書，帶與汝兄細批來，不可與一人看。」及戊辰二〔三〕月，予奔太皇太后喪，自福建抵京，一個月始到。命九卿、科道，内出待衛，環問口供，後認薦德子鶚的不是。上亦歇，説一個月趕到京不爲遲。禮部參本已上，發還，仍命掌院。東海益急。先是，東海聞予將至，兼程接遜修，日馳二三百里，先予到，繳孝感所看予易經，逐條批駁，無一是者。亦非孝感自爲，不知倩何人爲之。後發與我看，將我引人不以爲是的説話，當我的説話痛罵；將先儒説的話，也誤作我的話駁，都不曾細看一般。上問遜修：「汝兄云何？」遜修粗野不過，遽答云：「臣兄言，此書一字不通。」上云：「難道無一句好麽？」曰：「據臣兄言，果然一字不通。」上默然收入。七月間，爲内閣令蔡方麓寫碑文，上嫌不好。平常這等事是掌院派，此番却是内閣令他寫，而上仍厲色斥訶予及滿掌院庫勒納，予亦不辨引罪。宛平媿而感之。及九月武會試，予典試，宛平報讀卷。上問：「何如？」宛平曰：「從來文武鄉會試，臣閲卷多矣，即極盛，也有一兩卷不通，有一二卷不完篇者。這一次，無一不完者不消説，復無一篇不通順，可謂從來未有。」上亦微異之。及傳臚畢，上命孝感上殿，命他人都退。問孝感：「李某所著易經何如？」孝感即糊糊塗塗，不知講的甚麽，東一句，西一句，説不好。上又問予曰：「汝云何？」予曰：「臣本閩人，孤陋寡聞。前進時，原奏過説不慊意，本是粗淺，因皇上説不妨令進，本不敢説是。」上曰：「到底有汝作書的意思，何妨説出？」予略説幾句，孝感搶辨，上曰：「讓他説完，你再説，如何不令人説話？」予又説河、洛之數，方起頭，孝感又攔予，曰此非予説，乃漢儒説。他又説漢儒之説如何啓奏得，上又嗔攙亂。予因説洛書一三九七，二四八六，三九廿七，二八一十六，五居中，建皇極爲君道，處天地之中。上明白算數，曰：「這是」。因諭：「令至館中，汝二人盡情辨明，三日後來覆旨。」孝感一到館，竟似取我口供，即當寫認罪供狀。予初不言，逼之甚，予亦忿然曰：「皇上令辨，非是叫老師向門生取口供。老師如何駁，門生如何答，纔有是非曲直。如何令門生自己出供？」渠亦糊糊塗塗，亂説：「這是旨意，怎麽樣可以歇呢？」他亦卒不出一語來問，竟全不懂，無處問起。兩日坐卧，亦窘極。張敦復來勸，叫予自駁其説，予不肯，曰：「這使不得，只是到上前，熊老師如何説，予不辨，認不是則可。」因覆旨，孝感仍是亂説。上問予，予説：「原不是。臣無功夫，本不成書。」上問桐城：「果然是如此否？」桐城曰：「是。」上指桐城曰：「嘖嘖。你便是一口兩舌人。你在宫中，你本説這書原有好處，今日又是這樣説。」遂又歇，直至甲戌年丁憂亂鬧時，上復發出，命張豫章寫一本存内閣，凌紹雯寫一本存翰林院，照孝感所批，亦用紙簽貼旁，原本繳内府。曰：「以待後世之公論可也。」則予書遂存之有司，藏之御府矣。然其書本非成書，極多不妥處。

昨日進朱子書，皇上又命同熊孝感商量，真是氣悶事。平生一味大言欺人，盛氣加人。皇上問他，他也有一法，不就所問字字對，只是大帽頭話亂説。上搶問他，他還是這樣糊糊塗塗的答。他又是世臣，無可奈何，只得歇了。這個人，罪又在徐乾學、高士奇上。主試多，傳許多衣鉢在世上。上不服他，却又不敢去他。馬中堂云：「某初入中堂，不久，上問：『熊某何如人？』曰：『好。初見他滿口戲言，後見他臨事也還明白。』又問：『人何如？』曰：『還是正氣人。』上曰：『何得正氣？當日在内閣，嚼簽子事逼真，却是索額圖啓奏，與他打鬬，他亦説索額圖陷害他。後與明珠爲難，他兩個又不知何時相好。問可用人，索必以熊對，熊必以索對。這樣光景，豈是正氣人？』」

皇上贊東宫學問，東宫又因他曾經在東宫講讀過，視爲己私人，獨親厚些。而熊又凡東宫問三教九流之書，他都記其目録、人姓名，大言不慚，揮斥指畫如爛熟者然。故東宫震驚，以爲自古無其匹，日與皇上言之，以至於此。此事，張敦復不得謂無罪，當日引入東宫者，桐城也。所以人以明理爲主，不爾，雖有賢人姿質，皆足以害天下。不明理，便有一種似仁而實不仁，似學而實不學之事，皆足以亂天下。故聖賢學問，必以格物、窮理、致知爲始務。

世得云：「家父初入館時，熊孝感力薦於上。後值耿逆之變，家父孤守，進蠟丸表至，上亦心異孝感之知人。但彼時疑家父常稱道魏環溪、衛猗氏太老師等，而並不及孝感一字。私問之，家父云：『癸丑分房時，熊爲大主考，見孫屺瞻房一卷，第三題「盡其心者，知其性也」二節文内，有云「典謨言心而不言性，然言心即所以言性也。」對云，春秋誅心而不誅性，然誅心即所以誅性也」。孝感密圈此段語，欲置五魁卷中。予與屺瞻言：「果爾，則子大不利，何以解於人之笑駡？」屺瞻爲哀求不前列，乃免，仍中二十八名。以此心疑之。』然則，近科之中，汪士鋐、王式丹爲會元，無怪也。」

孝感十九日在南書房語衆人云：「予適在閣，對京江云：『吾去後，恐有他人閒言語，求老先生們周全。皇上如何遣官送學生回，亦是好事，爲諸位老先生將來恩禮之階。』京江仰天不怡，曰：『這樣回去有何好處？』」澤州即大詬曰：「難道人通該死在京里不成？京江脾胃真另是一付。」孝感云：「似此也是奇人，天地間不可無此一種。」及予今日暗問，京江云：「影都没有。他在閣中就説：『學生去後，恐有閒言語，求老先生們留意。』予曰：『斷無，老先生但放心。』止有此語。試想，人非喪心病狂，如何出此語？難道皇上此等恩禮，還有甚麽不好處嗎？將來學生回，敢望如此遣官送歸乎？」以此觀之，孝感竟會生造語，在上及東宫前啓奏。當時，徐健菴便是此等善造逸巡酒，能開頃刻花。立時撰出一段話來，有問有答，又像其人之聲口，並其時地俱歷歷可考。在他口中語，一段温厚和平，至誠惻怛之意，都全在那人口中。一段矯詐不情，忍心害理之狀，令人可以怒髮衝冠。當時，予遭此輩媒孽時，不知如何造作，皇上尚優容至今，真如天大度也。當日，孝感中健菴毒氣，亦與之同心并力，由今思之，可畏也。言真了不得關係。易經説，言行「所以動天地」，前面都是説言起，行還是帶説。劉元城器之從學司馬温公，初見温公，教之以誠，劉曰：「誠大圂圇，從何入手？」曰：「自不妄言始。」劉甚易之，及退而檢點，無一語不是妄，大懼。因依以從事，七年而後成。真是切要工夫。「誠」字也是言旁，「信」字又是言旁，曰「言而有信」，竟在言上説。信雖是實心，而其發見，則莫切於言也。細思「信」字，一邊人，一邊言，其好言須是個人的言，言成個言，方是個人。

【校勘記】

〔一〕「拿」，原作「會」，據石印本改。

〔二〕「黄子鴻」，原作「王子鴻」，黄子鴻，名儀，江蘇常熟人，時爲徐乾學幕賓。

〔三〕「二」，原作「三」，據榕村譜録合考改。

榕村續語録卷十五

本朝時事

湯潛菴先時耑意陽明之學，張烈武承耑意朱子之學，係宏博同年，而不相合。張遇一細事，亦必要格物，大瑣碎。一日，張見湯，寒温云：「數日不見。」湯云：「在家裏格物。」丙寅年，數與予往還。湯亦簡於言説，而是年，每至某寓，輒談論移晷。其實中禍，亦在此。所談者，經書之外，豈無及一二時事語？我家家人長班，都爲健菴賄買。次年，健菴秉詔責潛菴云：「日與一二知己譏議朝政。」即指此也。某曾爲湯效愚云：「老先生雖然用功於心性，是根本工夫，然天地間幾部大書，不可不讀。不特道理大備，人解得爲聖賢易，即不盡解，如有明一代，用程朱説取士，前半截風流篤厚，俗化甚正，就有功效。」湯即感動，向予借朱子文集看。數日相過，大贊云：「向來非不能買一部看，以爲朱子學問都在集註，守此而行亦足矣。今觀文集，誠不可不讀。妙在那裏，嘆賞不已。」一日，向予云：「學生不好哩，只怕要死。夜作一妖夢，今年九月，皇上遣人來賜死，命以午時死。某自想，今年是寅年，時是午時，九月是戌月，寅、午、戌會成一火局。某命最怕是火，所以不好。時尚未午，得死時作此想。俄而醒，恐不佳。」某爲解云：「以學生解，别有一説。蓋老先生以宫詹帶大宗伯銜，非真宗伯也。宗伯爲南宫，南方屬火，帶銜是活宗伯，即真是死宗伯。上命即下旨也。」湯喜云：「有是乎？」予曰：「天地間夢，無此直撞者。」彼時大宗伯爲沙澄會清，不數日，果有人參沙。湯與予遇於朝，笑云：「老先生前日所解之夢，得無驗乎？」其實那時上已有不喜湯之意，沙雖去，而却不升湯，其言不驗。至次年丁卯九月，爲蘇州海税事，爲徐健菴所中，上下旨切責，即九月至十月，而湯逝矣。

上常以湯與徐相比。葉子吉掌院時，上一日問：「湯斌與徐乾學兩人，那箇學問好？」葉雖與東海至親，却不相能，葉對云：「各有好處。」上曰：「倒底有優劣？」曰：「不同。」上又問：「何以不同？」曰：「湯斌是正經學問。」上曰：「徐乾學學問不正經麽？」曰：「也正經。湯斌是留心經書，講道理的學問；徐乾學是博及羣書，可備顧問的學問。」一日，又問：「兩人文章如何？」曰：「不同。湯是學者之文，徐是才子之文。」後湯不久出爲巡撫，而問〔一〕用健菴之意少歇。徐大恨葉子吉，遂大用工夫，而葉子吉題出爲刑部侍郎矣。子吉彼時即以掌院大拜，及遇此，痛哭而出，不久死矣。湯之入也，上意甚重之。北門、大冶知徐東海與之爲難，上意方向東海之學問，因内召湯以擋徐。湯爲大冶同年，又外不甚露鋒稜如魏環溪，故二君欲借一用。徐恐出己上，遂必擠之，下石即發動海關事。值廷議，東海先詬湯云：「今日之事，蘇州數百萬生靈懸於老公祖，主此議者，非老公祖而誰？」湯云：「某已進來，何力之有？」徐曰：「雖然，老公祖皇上倚重，又新在地方上來，知此事之切者，莫如老公祖。合郡生靈，敬以相屬。」及廷議，徐却不言，梁真定天真爛熳，即發此論：「湯老先生宜主此議。」湯遂云：「與民争利的事，豈有與地方有益的？但只得其人還好，若不得其人，四處巡攔，害民無窮。」回奏，大家含糊，也不入此一段言語，不過是閑論語。東海入南書房，即增飾此一段話，入在皇上耳，謂湯言此事民甚苦。上召明公云：「湯某是道學，如何亦兩口？彼進京時，予問以海關事，彼云無害，今日九卿議，如何又説害民？爾問他。」湯被傳問，在途，大冶附耳云：「有人害年兄，到閣可只伸説『得其人便無害』語。」湯如其言以對，明公即云：「我曉得了是了，公請回。」時予正爲内閣學士也。明又將此語修飾回奏，上以爲是，大怒東海，着人切責云：「都是汝蘇州鄉紳欲做買賣，恐添一關於己不便。上牟公家之利，下漁小民之利，死不肯設此，而又賴湯斌説害民。湯斌何嘗有此語？

他說：『得其人便無害。』元是。天下何事不是不得其人便有害？」徐健菴絶不慌，言：「湯如何賴得？九卿實共聞之。不然，可問梁清標。若此語是臣造的，難道他在蘇州出告示安慰百姓，上有鈐的印，也是臣造得不成？」上問云：「告示何在？」健菴云：「臣家就有。」上云：「你明日帶告示來。」明日果將此送進，上大怒云：「元來假道學是如此。古人善則歸君，過則歸己，如今的道學，便是過則歸君，善則歸己。」彼時滿州詹事府是尹泰，上即命尹泰傳旨責問：「你是大臣，你説海關不好，部議不準，我依部議，是常事。果然不好，何妨再三爭？我未必就把你問罪。古大臣不避斧鉞，爲民請命，何遽不言，卸過於我，而云汝『愛民有心，救民無術』？將謂我無心愛民耶？」湯彼時還可解説，湯訥於言，只磕頭謝罪而已。此事由南書房轉奏，北門、大治皆不知。徐又向湯云：「此告示是大治拏進，北門、宛平不相容。」而他爲之憤懣不平。涕泪交流，一日一遍去安慰潛菴。湯至死不知其由東海也。如今人將此獄歸之北門、大治，又移之翁寶林、王儼齋，全無干。翁、王不過見皇上怒，廷叱之，參劾之，以助上威怒而已，非起禍之由也。湯既死，健菴又激郭華野爲湯報仇。華野乃湯薦舉門生也。

一日，余見東海，問潛菴何以得罪，曰：「湯潛老自壞其事。海關事，他既在蘇州知其害民而題罷，及内陞見上，又以得好官管其事，亦通商利民。一日，余在南書房，上問及海關，某力陳其弊。余兄弟赤心報國，弗敢隱也。及上復令九卿議，梁真定言自不利於民，因諉於潛老曰：『老先生初自吴下至，宜主議。』潛老曰：『不曾立自然是不宜立，已立矣也就罷了。』又説：『不該立。』上乃使太監責某曰：『海關都是鄉紳專利，而假託爲不利於民。如果不便於民，湯某還是正經人，他來並不曾説不該立。』某曰：『他前在九卿班上，還説是自然不該立的，如何他又説該立？』上問：『九卿聽見麽？』某曰：『梁清標亦聽見。』上因傳潛老至内閣問之。明公宣旨，潛老曰：『何嘗是説不該立？我説未立自然不必立，既立只是選擇好些的官去也不妨。』明公曰：『如此乎？』曰：『然。』曰：『是了。』因入，更加婉轉復旨。上曰：『湯某説的原不差，那一件事不是壞官做壞？』因傳某人，下嚴旨切責。此時幾不可保，某遂不能顧潛老矣，曰：『此語湯某如何賴得？前日的話，臣可以造，難道他臨來時，在蘇州出的告示，有印在上，也是臣假的不成？他告示現説此事，部議不準，本部院愛民有心，救民無術。告示現在。』上曰：『何在？』某因出諸懷中。上見果有此示，恨遂不解矣。」語畢，還囑予曰：「年兄你們要做正人君子，當始終一節，萬不可前後持兩端。」彼時也不知他如何以此自認，想是以立威見他能制人之死耶？

湯潛菴夢寅年戊月午日午時賜死，意殊怏怏。予語潛菴：「寅、午、戊會爲火，火屬禮，寅、戌東西，而午居中。公雖加銜，猶虛位也，其命公塡實爲禮部尚書乎？」湯喜。無何，沙會清去，潛菴爲予言：「信矣。」竟用他人。近聞潛菴得罪，於張又南、施琢公席上話其事，取歷日觀之，九月七日，果午日也，夢兆已先一歲矣。今茲之歲，非龍非蛇，環溪已逝，潛菴繼没，達太宰没於淵，徐善長自剄，遇救不死，子鶚重得罪。襄問：「聖賢處此有中道，善長何遽如此？」先生曰：「善長至此，求死不得。然滿、漢不同，盡言而斃可也。諸公甯速死，不敢出，此恐累及妻孥耳。君子見幾，遠之數十年，近或一二年。邵康節洞觀大數，終身不仕。宋仁宗之世，幾回君子進而小人退，小人進而君子退。向者，環溪柄用，潛菴内召，天下事若可爲。今鄴園作相，上因地震罪己，又一幾乎？君有悔心，即天心之復也，帝天豈有二？縱有之，其精英之上浮者與。」或問：「朱本忠召至京否？」曰：「天下豈少此輩人？士大夫家喜與遊，則此等踵至矣。若求直諒多聞之友，數年未必得也。」襄曰：「何君子少而小人多，治世少而亂世多耶？」曰：「君子道長，會當有時也。聖賢晦其明，晦而不明，則暗而已矣。」孫襄。

正月，得搬石飾山，大是好景。襄曰：「出處之局，亦至仲春方定。」曰：「安卿十一月至京信至，在歲終，遲則正月耳。」襄曰：「至京尚須較議？」曰：「不過十日。安卿行時，祈籤於關帝，籤詩得『官事悠悠難辨明』一籤。十二月朔，太夫人令人祈神，又得此籤。看詩意，似得所請。首二句，神教我謹奉教矣，煽惑固不乏。安卿正應尾句。諸公見我不去，聖上問及，我贊成就好了，但恐未必引向喜邊去。」襄曰：「上深知先生，讒何自至？」曰：「楊自西豈真賺餉銀四十兩？韓元少豈真向人跪乞殿試卷？然自西、元少猶得保全，無確據。潛菴則告示現存，又是刻的。然上待潛菴，不如我。潛菴初至京時，猶可，及爲健菴所中，聖眷已衰。上罕對學士説話，我爲學士二年，蒙顧問者百餘次，所言多不悉記。前在内閣時，蒙恩已出尋常，兹爲掌院，寵眷有加，讒言朋興。上亦披腹心爲我言：『虚公底人少，誰道汝好？都説閩人學識有限。』及求去，諸君子如徐立齋、李湘北有嘆惜之者。或以爲高其不同志者，亦釋然放牛於桃林之野，驅虎豹犀象而遠之而已矣。秉鈞軸者，亦有一片好話打發，如一帖金錢紙，送怪物去也。今出都已久，又不知動作如何，所恃有神靈耳。」孫襄。

立齋參姚總督，乃健菴、吴伯誠所買而爲此，故人不服。姚雖可參，而非出於公，若是魏環溪參，誰不服？及參姚不動，乃嫁禍於我。一日，姚熙之長子造予，曰：「家君與老伯相好？」予曰：「然。」又徐徐問：「家君近日有得罪處？」曰：「毫無。」又徐曰：「小侄聞前參本甚駭異。」予問之，曰：「都言稿出老伯手。」曰：「誰爲君言？」曰：「先時言者多，小侄不信，及見北門相公亦如此言，始不敢疑。」予曰：

「然則此時予即苦口爲君辨，亦不能令君信，日久當自知耳。」及予再告假，北門良心發現，知此言即健菴爲之，何苦令地方一大吏害予。乃諭姚所親趙姓曰：「爲我告汝總督，前言大没影，是吴興祚買出來的。李某何干？我誤矣，李是好人。」

先生言：「東海索予贈詩，詩成，陳介石過寓，予示之曰：『如此稱揚，亦可謂極矣。』介石曰：『大誤，此何足當其意？』予曰：『據此已是一韓昌黎，還須如何？』介石曰：『須繼往開來，得孔孟統緒方好。』予以爲不然。及遇於朝，果有不悦之色，但曰：『君作好，最真』。曰：『真則太樸，實之謂也。凡人久假不歸，烏知非有，及至後面居之不疑，雖自己亦以爲實然矣』。」

宋大業在閣中云：「吾吴財賦大重，皇上向狠有加恩之意，而苦爲蘇公所止。蘇名赫，滿洲大冢宰。蘇對上云：『此是歷來老規矩，亦可不改。』」馬中堂云：「上何嘗以蘇君一言爲重？此乃貴鄉徐東海日在内廷鼓動，上遂有此意。而東海遂在外索本鄉高值，曰：『吾爲一省除數百年大害，自此子孫皆蒙福庇無窮。』欲有以酬之。揚言大過，皇上知之，云：『如此，則是功皆歸於此輩矣。』遂止。某每日在上旁，知之豈不悉？君舍君之東海而咎吾蘇公耶？」

健老自庚申年，即百端讒毁予，至丙寅冬始知。及丁憂，張義山來弔，始痛言其故。

起居注凡予所奏對之語，無一載者，大約有人去之。

澤州語予曰：「當日潘次耕、朱錫鬯在南書房，與高澹人不過詩文論頭略不相下，澹人便深銜之。一日語予曰：『如此等輩，豈獨不可近君，連翰林如何做得。』予曰：『如此等人，做不得翰林，還有何人可做？次耕略輕些，至朱錫鬯還是老成人。』高往年還在監中考，爲吾所取，稱老師。是日，便無復師生禮，忿然作色曰：『甚麽老成人。』將手鑪竟擲地，大聲曰：『似此等，還説他是老成人，我斷不饒他。』我數日不入南書房，時爲吏部侍郎，上怪，問予何爲不入，又往遣侍衛招呼，予始入。一日，高澹人又謂予曰：『郭棻如何去得？』予曰：『北方如此人，還算好的。』高又忿然曰：『渠之得爲學士，誰之力也？皆予爲之左右得至此。從來不曾見他一匹緞、一隻銅盃，這樣人還説他好？』不久，果皆爲所逐。」去年，予隨駕至江南，朱錫鬯老語予曰：「予適值高自都門回，病在舟中，往候之。高在床語予曰：『予病殆不起。』予曰：『何遽言此？』曰：『非誑也。年兄看予目雖在，毫無見，不過聞年兄之聲而已。』予曰：『老先生目無病。』曰：『竟無見。』後果死。」今潘、朱皆在，澹人安往哉？

陸稼書不曉事。當日，他上捐納本，上發九卿議。時已依他，永不開。于振甲爲總憲，也不能消除衆論。而稼書畢竟要將已往選過的官，一總限年去之。予時坐次與相聯，語之云：「老先生所云已依行矣，但得永不捐納，還少甚麼？已做官人，兵興時已藉其力。既做官，自有官評，不好的，督撫所司何事？好的，存之也無害。」稼書詫云：「捐納的官也有好的麼？老先生不曾做外吏，有所不知，半個好的也無。」死力争之。振甲大怒，入奏。上特命伊桑阿、阿蘭泰兩中堂獨問予。時李湘北〔二〕爲大司馬，倉皇扯予至僻處，曰：「老弟又有禍事到了。」予問之故，湘北言其事，且爲垂涕曰：「今日要得從權方好。」予問：「如何從權？」曰：「須云君當初所以薦他也，只當他還好，不意今日狂悖如此，只得痛切詆之，而自認罪。」移時，兩中堂出問，單坐予一人於下，似取口供者然。予對曰：「某於覆本内已畫題，原説他不是。」阿、伊問曰：「畫題不過是隨衆，到底汝自己主意是如何？」曰：「陸隴其若論這個人的操守，臣今日還敢保他，但是於事務上却算不明白。這捐納，已做官人，自有八法在。好的，不見惡蹟，也難加以罪；不好的，督撫自參劾。將行不得的事條陳，又執己見，自然是有罪的人。」以此回旨。及下，李湘北云：「如此也好，但多『他的操守，到如今臣還敢保他』數語。」予曰：「這何妨？是實話。」渠曰：「若照這幾句説有何妨，但恐有藉端相傾者，得君語爲骨子，增飾抑揚，便當不起。」予曰：「此二中堂還可，不至此。」回旨，上亦無語。于振甲遂將稼書問死罪，減等爲流，上亦寢其事，仍未革職。至甄别，始革職回。至回時，比問罪已爲輕。身無事，歸田讀書，未爲不佳，宜蕭散自得。及予一飯相餞時，稼書甚不樂，終席無言，近於抑鬱，未審何故。今觀其書，亦是皮毛，少心得處。捐納之事，振甲一力擔當，大行其道，自壬申以迄於今未已者，亦稼書之有以激之也。程明道所謂：「新政之塗炭天下，吾黨爭之有大過，須兩分其罪」是也。

上加潘耒、尤侗職銜。當時舉鴻博，如潘次耕、朱錫鬯、嚴蓀友三人，學問雖無源委，要之記問醜博，所作詩文，自非諸翰林所及。潘次耕時常接談，其舉動威儀，天生不中程式。如今翰林，亦輕浮無體度，却又不是這樣。其言語無序，不當言而言，不當問而問，説話口中閒字太多，汎音無數。氣何以如彼其急，動止毫不端詳，故三徐皆輕之。潘在徐立齋家飲讌，行酒時，藝初執其耳而灌之，潘大不平，出惡言。立齋時作總憲，反向潘曰：「飲酒本風流事，何動氣乃爾？」潘益怒曰：「公爲憲長，家法不修，而子弟乃如此輕侮賓客，反袒護耶？」立齋亦強謝，潘次耕遂辭去。未三日，而東海令院長孫屺瞻參其浮躁輕薄而去。朱錫鬯忽點講官，東海恐其至南書房踞其上，遂嗾人爲上言其毫無所知，動不得筆，而人又輕躁。遂乃斥去。嚴見時勢乃爾，亦辭去。東海彼時，但見翰林有一人考向前，或上偶奬一語，立刻便禍之，使去位。

李高陽雖學問不深，在朝房聽其閒論最好。蓋其早達，經歷世故多，又世家，見聞廣，語皆徵實。一日，駡王弇州不通，曰：「做文字須使後人有所考，言官名、地名，一一改從古，竟使後人不知今時稱號，豈可乎？此雖舊説，却是。韓文公、柳子厚文，即稱本朝官銜，何嘗不古？」又云：「人好害人，天每行報。渠陷人於東穽，後渠自陷於西穽還不見得妙，恰恰就陷於此東穽。渠陷人於大穽，後渠自陷於小穽還不見得妙，恰恰就陷於此大穽。」歷歷指證，言之娓娓。即如予見，王司農隲至陝西賑饑，回報數過三十萬，上臨軒問曰：「以帑藏發賑，止得三十萬，不知當日富弼以一青州如何賑得六十萬人。」時王東侯現今山東巡撫國昌。爲内閣學士，進云：「盡信書，則不如無書。」上頷之，深以爲然。尋即陞擢。恰恰今日爲山東巡撫，去年小荒，已報賑過饑民二百余萬人。今年又荒，較去年十倍，又不知若干。所謂「無言不讐」者，可笑可笑。

聞楚兵圍提督衙門，緣俞益謨帶陝西三百親丁時噪。楚兵云：「有吾輩在，豈復慮爾等如向時着呼譟耶？」蓋親丁只可暗用，斷不能反客爲主。彼路徑熟，客兵何爲？往時，予給假還，張義山巡撫吾鄉，時見予於内書室。屏語云：「貴省不可以語太平，山海處處嘯聚，奈何？」予曰：「此非他，即海賊也。有無數人，數十年來殺掠人爲生産，一把刀爲活計，今竄身無地，無衣食之路，舍此何爲？」曰：「何以待之？」欲安插此數萬人，殊無此策。」予曰：「若請之於朝，其事難行。即欲使之屯田，亦不是旦夕有效事。

大凡衆人聚夥，必有渠魁，此渠魁者，即衆人之眼也。人無眼，則入於溝渠，無復能爲。老公祖訪伺其豪長，收録用之。不過數人歸命，餘皆無能爲也，從容再商所以處之。」予告以二三人，義山深然之。不數日，已檄去置之標下，寇遂以平。

天下事再不可動氣，朱子火氣還重，惟周濂溪、程明道、諸葛武侯、郭令公不動氣。予初爲庶常，家中府縣官，作踐家君無所不至。予假旋，未嘗徵言發色。只是府縣見予顔色，他便覺，便先下手，趨總督范覲公處，苦訴予作害鄉里。范云：「渠方到家，焉能如此？」乃云：「渠纔到，他父親如何惡，如何惡。」未幾，耿逆反，他做耿逆官，便詳文説僞官：「李某才堪王佐，如不出，天下事未可知，必爲大王之害。」耿王即以令箭來調。及海賊來，他又做海上官，亦如此詳文書。當時幾不免於虎口。乃知幾微動氣，便有禍患。後來予爲侍讀學士，到安溪，縣官李鈺竟用眷弟帖來。家人大怒，回予話如何處置，予曰：「且慢。」移時，渠來，予曰：「適纔帖且不用。」他便曰：「該手本，想錯用了帖。」予曰：「不然。予與君同宗，同宗則認弟兄，何必用帖？」鈺惶悚云：「怎敢上攀？」予固强之，遂成兄弟。後來追白頭賊，接大兵，保護鄉里親戚，皆仗其力。泉州知府張仲舉，亦如此，後來亦借其力。若是當日爲此小故，與角口絶交，後來一步不能動，他事也壞，我事也壞。自此後，再不敢動氣。魏環溪先生算好氣度，然還有氣。梁真定云：「魏環溪説書帕不該要，議論自正。但他有妻大舅，每年送他銀七百兩做盤纏，人人焉得有一妻大舅資助乎？只是魏環溪他應做清官的，彼妻大舅不知有何罪，而每歲罰銀七百兩。」高陽當日，亦持論與此相類。魏曾一日於客座間，有人道二公者，魏曰：「如此輩，何足道。」想亦不能忘情耶。

三藩變，壬子年，猗氏衛老師便給假去。猗氏去京近，聲息不通，直到戊午天下大定，三藩俱平，而後出補。皇上一字不露，但旨令照品級調外。後見其官居高，遂漸大用。而好上本，今日條陳，明日條陳。苗蠻事發，皇上觸起舊恨，遂發黑龍江。尋又與楊玉符瑄同賜環征厄魯特。時予時在憂中，窘苦非常，四下那借，亦捐四五個驢馬。楊玉符自浙江至京，捐三個，皇上便喜。而衛老師如許近，苦不聞。則今日之返賠河工二千兩，未必無所自也。張京江，吴逆反時，本給假在家，而公選先生促之入都，令携眷俱北。此大拜之由也。李合肥亦然，上不言而心識之。杜秀水所以不大拜，李武定爲家卿，又有大功，而當時正余國柱、王鴻緒嚮用，時日有人短之於上前，竟説得一毫無用的个人。余已越次大拜，後又大學士缺出，王又用力越之。內擬已定，而丁憂去。李武定不由廷議，中旨出拜之，曰：「是後用人，畢竟有功。」上意如此，則衛老師原有不是處。

澤州問師曰：「當東宮廢時，風聲惡甚，老先生何以守持平之説甚是？」曰：

「理應如此。廢太子不妨，殺太子不可。文王舍伯邑考之子，而立武王太子，何妨廢。至於殺之，則不祥之事莫大焉。」

安卿云：「徐健菴雙目總不全開，即一目亦半截開，半截閉。兩目及一目，各半闔閉互用，其一綫光所露甚明。或大譚論，有時全開，反不光采，如塑泥神之目。」惟姚總督目光正看不覺，左右盼則光射人，如猫睛。如今吾閩中到處廟祀，有威靈，人皆以籤卜吉凶。予至其廟，亦曾問籤焉。憶癸亥七月，公留予住數月，説其生平患難，出所作文集與予觀之。至其年所上七疏，皆人所不敢言。吾記其一爲請封明朝後，備三恪之禮；一請罷漕運，開山東、北直水利，以廣軍儲；一均賦役；一潔君心之欲；一臺灣宜棄。予見之，以爲恐上不怡也。公曰：「此幾疏上之已數月，不發矣。予亦意其不行，姚熙之天下丈夫也，當言者可不言乎？今天下大定，無所用吾矣，吾將死，留一段議論於天地之間可耳。」後其疏皆奉嚴旨切責。其年十一月果死。其用兵之際，糜帑數百萬，然皆四方協濟兵餉也。其用處，亦多買海上來降費去，姚公未嘗加派民間也。及閩亂少定，公則嚴束布改司，數月之間，民間積弊釐剔至盡。至今二十餘年，太平皆公之遺也，可不謂神乎。

【校勘記】

〔一〕「問」字，當爲「向」字之誤。

〔二〕「李湘北」，原作「李襄伯」，據清史稿卷二六七李天馥傳改。

榕村續語録卷十六

學

因論算法，謂：「周公真無所不知，無所不能。」予問：「周公之所知所能者，孔子大抵皆知能。」曰：「自然是如此。觀門人身通六藝者，尚七十二人，則夫子可知已。」予問：「身通六藝已了不得的人。」曰：「然。禮樂經天緯地，不消説已。射御，以文兼武，書數之用甚大。身通乎此，其用備矣。」

王陽明講「立志」，及「人放下時須振起，人高興時須收住」，皆是其自己得力處，言之親切警動，亦極好。至於説萬物一體處，言：「見路人赤子入井，惻然救之，是赤子一體也。見禽獸被傷，欲活之，是禽獸一體也。見草木摧折，欲護之，是草木一體也。見磚瓦傾欹，欲全之，是磚瓦一體也。」其論甚精。又反面講：「瓦石所愛也，而有草木萌蘖屈抑其下，則不惜擲其瓦石而出之，覺心安而理得也。草木所愛也，使其有礙於畜牧之地，則不惜芟其草木而養之，又覺心安而理得也。禽獸所愛也，值大賓、大祭則殺而饗之，又覺心安而理得也。至於人尤所愛也，一簞食、一豆羹，得之則生，弗得則死。有人與吾之父兄並在前，而吾舍他人而活吾之父兄，覺心安而理得也。此皆非安排而有之也。」此論皆極精。何焯云：「凡此，皆朱子所已言而更精。」曰：「然。」何焯言：「王陽明語皆作意，便味短。朱子四書註平常説去，而探之不窮。」草木生於肥土而不驕，生於瘠土而不求。禽獸得食則争矣，然過而輒忘，食外則不計矣。人則蠅頭之利不肯讓人，盈千累萬，不知自止；百年將盡，不肯少休；睚眦之怨，没身不解。視禽獸、草木之惡，千萬倍之。似乎荀子之説不爲過，而烏在其爲「萬物之靈」哉？嘗細尋其故，蓋天以全副本領與人，原千萬倍於物，所以以不善用之。其機智才力千萬倍於物，故草木無知，惟供人之用，然不能有他助也。禽獸雖有蜂蟻鴻雁等知有倫常者，然褊狹已甚，烏在能有所裨益？至於人，自身而家，而國，而天下，真能修齊治平，財成輔相，彌綸天地，曰位，曰育，曰贊，曰參，皆實能如此。草木、禽獸不能也。有時天亦不能限量他，故曰爲「萬物之靈」。

何焯言：「師之説經，自宋儒後無此。門生之説書法，亦數十年無講此者，其模様皆不是。」師云：「模様最是要緊。如今時文、古文，模様先不好。凡事須先定其規模，至於後面施爲作用，有精采，無精采，係其人之學力火候。若模樣便不是，後面尚何問其結果處？如湯潛菴、陸稼書等，做人亦是模樣不差，遂已有可觀處。」

草木無根，豈能開花結實？學問無根，不有心得，却不相干。功名亦然。聖賢事業，悉從方寸流出，雖做得一匡九合，夫子猶謂其器小。此根即是天地之根。

有人贈予以武侯文集者，其蒐輯可云勤矣，而錯誤甚多。如今著書不錯者，唯梅定九、顧寧人兩公耳。此兩人書，必傳於後無疑。今人用心之多而勤，亦無有及之者。寧人妻不娶，子不生，仆仆道路，風雨寒暑不輟。梅定老客予家，見其無一刻暇，雖無事時，掩户一室中如伏氣，無非思歷算之事。算學，中國竟絶，自定老作九種書，籌算、筆算、度算、三角形、比例法、方程論、勾股測量、算法存古、幾何摘要。而古法竟可復還三代之舊，此間代奇人也。歷書有六十餘本，不能刻，七十二家之歷，無不窮其源流而論之，可謂集大成者矣。又樂善而虛，問則必盡其底裏而告之，惟恐其不盡。人有於此一言之當者，喜出於中，採而録之，亦此學中之朱文公也。此外如四舍弟，讀十三經亦卅餘年，無一日輟。日間如有要緊事，雖三更，亦必補完今日之課，至今如是。雖用心併於記誦，然近年胸中頗亦開悟，只是胸襟未能開拓。如我輩讀書人，豈能家計寬裕？此時急窘時且急窘，急窘未至時且囂囂，急窘方過時又囂囂。予爲京官時，有半年資用便大快活，得半年讀書，心地寬。間有兩三月資用者，有一月資用者。至止有數十日資用，便心着忙。然一有，便丢開。人生有當深謀遠慮，豫於未然者。如此等，却又要當境付過即休者。若未來時，盤算過去，留滯終身，無用功於正經事的時節，這便是學者丹頭。予問云：「四世叔只是憂家計否？」曰：「雖不至於此，或時於無關係處，渠亦鉤棘，未能豁然。大抵是私心，聖人絶四盡之矣。所謂起於意，遂於必，留於固，成於我，我又起意矣。如元亨利貞，貞下起元矣。意似元，必似亨，固似利，我似貞。此四者，人之壞元亨利貞也。而萬念之不好者，此四者足以統之。總之歸於有我而已。無之便是聖人，半克之便是賢人。孟子告齊宣王，王如好色、好貨，與民同之。還是有自己一半在内。即『老吾老，以及人之老』，亦是有我在。蓋我亦是不能盡去，却是推以及人之根。」

凡學問有真得者，未有不有傳派及於人者，或子弟，或門人，畢竟有些。如時文，唐荆川、瞿昆湖渠自己有些工夫，無論其子弟皆科第，相衍不絶，而門人法嗣極多。朱文公子，文公極不喜，大約是無可指望之人。使之從學於吕，遺之書云：「汝若能志於學，此間儘可用功。因看汝不可教，然父子之恩豈能棄之？謂父子嚴憚，或者就師友便可長進，故令汝遠從師。」觀此，是不好的。然先文公而殂，文公繙其篋笥，見其所作詩儘好，乃云：「汝生前，吾不知汝能作詩。」而同時前輩祭之者，亦還稱道之。邵康節子伯温，朱夫子說：「邵子學不傳伯温」，想亦是知道他是不好人。然如今看，伯温尚能註皇極經世，有許多議論亦不比尋常人。惟是負虚名無實學者便流風餘思蔑如也。

朝琦分司子牙時，對人言：「予升侍郎，不患不尚書，尚書矣，不患不大拜。」或曰：「大拜亦何爲？」曰：「不患不得君。」曰：「得君何爲？」曰：「不患天下不太平。」當日徐乾學嫉忌害人，湯潛老至死不知其禍由東海。渠却有害死人，而復能哭之慟，贈賻之厚，撫其遺孤，恩如平生伎倆。蓋日將李林甫、秦檜之傳熟讀而臨摹之者，其意中自許與朝琦一般。蓋王霸、義利之辨不明，便有如許見解議論。讀書人志大、言大固好，但言語過自夸大，亦是朝琦派。如黄石齋先生，門人問曰：「先生嘗言，文章宋不如唐，唐不如漢，然則先生又自言振古無比，何也？」曰：「是何言與？自羲皇至獲麟，是半部易，自獲麟至今日，是半部易，豈前代可比？」家伯批此云：「好大話，何開口之易。」問曰：「此是學術偏久而居之不疑，中間亦自覺得有妙處。如此說，抑一味作欺人語。」曰：「欺人只十分中一分。石齋自幼不凡，十六歲應童子試，府考首擢，聞訃，太守使人致意曰：『盍入場始發喪？』石齋峻拒之曰：『是豈人所爲耶？今日天崩地摧，尚能提筆入場，非禽獸而何？不敢聞命。』人即器重之。既葬，廬墓三年。資性既聰明，想又能記，又有本鄉一尚書藏書極富，聞有奇童，遂盡借與讀。三年中，幾看偏天下書。十八歲作太咸，亦太玄之意。大約他看四書、五經文理通順者，一望以爲道在是矣，不須着意，不講道理，全在數上。人難曉者，穿鑿解會。後又通星平，得異人傳授，言頗驗。渠又嫌落術數小道，遂文之以易經，作許多不明不白，幽晦之論。後復講天文、歷法、禮樂、兵戰，雜糅一團，可解不可解。久而自己亦迷惑其中，但覺獨得，遂以爲羲、農、周、孔俱是如此，他不足道矣。蓋悮在初不講道理，故他作詩尚恐先儒爲理誤。理能誤人，彼尚肯措意耶？只是一段硬氣，百折不回，萬乘不動，真是一奇男子。至今如藍理、黄性震，一些不曉得，他自己以爲前無古，後無今。漳浦人多如此。予少壯時，自命虚浮輕易，視人老不能行，見人踏定脚根能自樹立者，便真心敬他。返之於己，實知其不能也。敝鄉天問僧，在空山無人之境，忍餓受凍四十年不退抑，似有所樂於其中者。雖其教不正，而其力量豈可易及？」

爲名爲利，私己自便，既爲人，都有此。勉强克治之，便是賢者。只是好古樣讀書考論，日日所見高俗見，默默自化矣。

士大夫家子弟，總不見有磊落超邁者，亦是天下可憂事。

論某人登第後却没進益，人如有真進益，便住不得。故聖人到後來，人以爲「生知安行」。如時人解「安行」，竟是飽食終日，無所用心。蓋聖人到功夫熟後，人以爲辛苦繁雜，而彼爲之如平常，自不能已，故曰安也。

小學生，最先要把「不勉而中，不思而得，從容中道」與他講明。並非今人勞，而聖人逸説話。所謂聖人者，不待有所策勵，不待人勸勉，而始從事於道理也，孜孜汲汲，自不能已，勞悴勤苦，萬倍常人。試觀堯舜之戰兢惕厲，禹之勤勞，文王之亹亹、勉勉、翼翼，夫子之不厭、好古、一憤、一樂、不知老之將至，豈是坐卧優游之所爲？信如此，何以謂「天行健，君子以自强不息」乎？特學利者，必待有所觸發强制，而乃與天理合。如湯之制事、制心，武王之不泄、不忘是也。困勉者，則困心衡慮，徵色發聲，而後能作能喻也。此最要緊，習見之錯入其胸中，便爲暴棄之根，宜先與子弟破除也。

世得云：「費長房不能食糞，魏伯陽弟子不肯食丹而死，張道陵弟子不肯隨之墮岩下。諸仙人非欲人無故求死也，觀其信不信耳。隨之者何嘗是道理應如此，只是信得過師傅決不死耳。所以夫子亦云『篤信好學』、『信而好古』。韓文公伯夷頌『信道篤而自知明』一句，妙甚，便是『求仁而得仁』的註脚。『信道篤』即是當理，『自知明』便是無私，一切好名、忿激、有爲之念皆没有了。韓文公立言每每暗中，皆有尊德性、道問學分股意思，與程朱論合。他人便不能如此。」

敬底工夫不大段着力，童子教之拜跪徐行，我輩静坐收拾，不放肆，皆謂之敬。入大學後，不須更説主敬了。教人超凡入聖之方，直從致知格物做起。若懲忿窒欲，必須猛力割舍，此克己工夫在力行界内。孫襄。

問：「既以懲忿窒欲屬之立志主敬，又説是力行，何也？」曰：「去病根在立志主敬，至忿欲起時，則須斬截，故謂之力行。如列栅、支更，所以弭盜，及盜來時，必操戈向鬭，豈調更夫、闗隘門可使退耶？」孫襄。

私累之輕者，得諸天也。未見有拔本塞源者，固知克己之難。因説朱子語類，或問：「本源安在？」曰：「居敬窮理。窮理則識得病根，居敬則涵養久，潛移默運。」孫襄。

「積累」二字，知行俱要。「今日格一物，明日格一物」，程子之説也。「今日集一義，明日集一義」，朱子之説也。自記。

閩人聰明，非他可及。病在「執德不弘，信道不篤。」自記。〔一〕

先生謂襄曰：「主敬諸説，汝讀過都理會，他人見此却訝條緒紛然。」對曰：「素聞講論，所以略知指趣。」先生顧語鍾倫曰：「識得文章條理，亦是積漸工夫。」襄問：「庶常諸公，曾經開示，想俱了然。」曰：「也都憒憒。須知致知力行之外，朱子常説立志主敬，不識此意，見中庸『尊德性而道問學』，則以爲先行後知。又不曉首章言慎獨，包知行在内，則位育爲中庸極功，果何修以致此乎？使一主敬而即能如是，亦何所用致知力行矣？」因舉大學慎獨、中庸慎獨是一是二以問，皆莫對。顧謂滄柱：「爛翻大全，致知是夢覺關，誠意是人鬼關，格物致知爲知，誠意、正心、修身爲行。然與？」答云：「誠意自修之首，合當屬行。」曰：「陽明以敬當誠，公素闢陽明，而不知中庸慎獨即誠意工夫，則猶未離乎陽明之見也。」滄柱乃曰：「老師説是。」孫襄。

不知涵養，無以爲謹獨之地。然徒主敬而不能致知力行，如宋之高孝，鷄鳴肅衣冠而起，做得甚事？孫襄。

賢智自涵養德性，爲中人以下説法。教他終日勤劬，到宵間倦，便思睡覺，即强起勿留戀牀褥，則能奪嗜慾，去忿争。孫襄。

經學生所作文字，不似讀書人所作，無一些滋潤之意。蓋人讀書不怕身頑，怕心頑。有聲色貨利，終身沈溺其中，一肯回頭，便能直入者。若口不絶吟，足不出户，經年誦背，終身無成者，以其坐馳也。往予祖表叔居一樓，讀書之聲徹於鄰里，數十年不間。至晚年，自頌其過云：「人皆知吾讀書，而不知吾之好頑也。」人訝之云：「子獨一樓，將與誰頑？」曰：「非身頑，乃心頑也。非有他聲色戲弄之事，只是中舉人、進士，如何榮耀，如何做官，如何歸里，如何享受，此一念無時不盤算，無時可休歇。以此至老，口雖讀，心未嘗在也。」人詰之云：「此事想其境界，數日可了，何至終身？」曰：「此境隨想所至，亦變化相生無窮。」此是最確語，以此終身無成，予幾乎墮此。自十八歲不進學，一日發憤讀書，以爲此心皆馳，將坐廢終身，遂勇猛向學。始知看書，初覺心難收，後有法以收之，無事他便散馳，時常思想書義，便足奪回。看易經「天一地二」一章，不得通，苦思力索十八日，始明白。自是將頑心奪回七八。蓋讀書心有不在，思則無不在矣。以思爲收心之法可也。

予年十四讀五經完，即入賊巢。十五歲出，四書、五經全完，重讀之。同學諸子聽讀四書白文，皆笑之，予不顧也。讀易經不解其圖象，已揭過，復猛省，「避難非勇也」。因復專意苦索十八日，而忽通其解。大凡讀書，必須有此一日。如伏鷄火候到，一日能脱殼，必由漸致也。終身亦須有此時，不知能終身有此日否。朱子自謂尚未有此日也。

老師言：「人好書，好禮，皆有夙性，故佛家論夙緣，且任他説。孔子設俎豆，朱子八歲畫卦，彼其時，朱子豈果能畫之？不曾。但別的子弟不如是，他獨以此爲戲，却不是知到其中滋味纔如此，若似夙性者然。予七歲始讀書，五六歲時只好字，無字可認，自至關帝廟内認對聯。有不識者問人，輙用炭向地板上學寫，或顛倒點畫不顧也。六歲未上館，即識許多字。先君即出對聯，如『父天母地』，即能對幾十个，如『君乾臣坤』之類，『夫日婦月』之類。一日，癸未進士光龍字蟠卿先兄，明末避亂於寒舍，偶出對命對。云：『飛龍在天』，蓋以自喻。予不解，渠爲解釋其義，令對。彼時到底腹中無料，久不能對。六家叔比予長三歲，時九歲，已讀書二三年，雖在旁，不令他對。私囁嚅云：『我到有對了：游魚躍海。』予時窘極，被催促，又心知其不可一字不改竟剿襲也，乃曰：『游魚宗海。』先兄大喜曰：『「宗」字大妙，何處得來？』稱賞不已。六家叔大怒，泣云：『伊乃偷我所對。』先君〔二〕曰：『汝何不先出口？』問：『汝云何？』曰：『游魚躍海。』先兄云：『便俗。他改一「宗」字便妙。』先君問云：『汝知「宗」字云何解？』曰：『不知。』曰：『不知如何用？』曰：『予見闕聖對，有「三分鼎足人宗漢；一片丹心月在天。」以「宗」字對「在」字，故用也。』如此之類，有似夙習。」

人當病得狼狽時，且將此心蠻着。小兒病中不算自己的命，又言眼跳夢妖，千思萬慮不能自已。所以許魯齋云：「『頑』字有時用得着。」蓋憂患時，無可如何，且頑住此心，待有頭緒，再去料理。人見之此時尚不知經營，以爲頑也。吾輩此心頃刻萬變，聖賢自幼治此，七八十歲僅能降伏他住，真不容易。予云：「『七十從心』，可見孔子七十以前不能從心也。」曰：「正是。」問曰：「『三十而立』，可是不動心否？」曰：

「是。此孔子早十年不動心也。只是頑住比從心差多。」

不知聖人臨憂患如何，大賢尚失常度。如今看朱子晚年所著書，如參同契、儀禮經傳解之類，多有疎漏舛錯處。渠精神未必老遂昏耗，自是日日因韓侂冑要殺他，雖然信命，不謝生徒，講學自如，畢竟有内裡着忙處，故比平時精細差多。下此者，則不堪矣。如子瞻在杭時，聞有朝命，震懼失措。楊億大年被丁謂召來中書省，以爲有貶黜，面無人色，不可言矣。

澤州聞匪人扳誣，惶遽，請於予曰：「老先生當患難時，能不動乎？」曰：「焉能不動？雖小事亦震懼。但生平也學得且蠻着忍耐一法。蓋所聞者未必確，遽然應之，却未嘗如此，豈不可笑？且即與予相愛者爲我謀，未必是深謀遠慮，人所進多皮膚不切事情之語，徒亂人意。必定等幾日，外邊要事定，裏邊要氣定。事不定，則機巧中變；氣不定，則心不清明，所慮亦未必精當。」曰：「人亦言有當機不可錯，云何？」曰：「此爲小人而言者居多。彼有所以致之，事已破露，遂彌縫，只有彰聞，焉有消滅之理？若吾輩多無妄之灾，非理之常，情事之變，未可以此論。」澤州大擊節嘆服。

田有大山做官後，一味頹唐無精神，也不好，少周易上一箇「惕」字。時時警惕，便不放倒，人便精采。時時有提掇起的一段意思方好。

予十八歲看完四書，十九歲看完本經，廿歲讀完性理，廿一至廿五歲，看陸子静、王陽明集及諸雜書。後無暇復尋繹，只就説得枝枝相對，葉葉相當，好做時文，也講得去，只是不是。後被德子鶚格勒、徐善長元夢纏住講四書、易經，也只就向來所見與之講，而被善長在理道上駁問一二處，覺得不是，遂思索二三月，作學的以示之。渠以爲得之，而不知非也。今乃俱改正，而善長不知也。

某人有狂疾，先生曰：「心病難醫，其靈明者，皆已汩没矣。一生與人計較處，極汙下。人爲萬物之靈，何至不能以志帥氣？生於禮義之家，若此所謂下愚之不移也。」孫襄。

蛇化雉，鱉化蛇，頸相似也。梅接杏，柿接玉蘭，葉相似也。蠶與馬同星，皆形似也。人以聖賢之心爲心，其去聖賢不遠矣。孫襄。

十月二十二夜，假寐中如有人説：「静則清，清則明。」某意中云：「此説未盡。如水有静而不清者，如陂塘、溝瀆中有渾濁不能鑑物。更有清而不静者，如湍流急灘，蕩蕩不停，亦不能鑑物也。須是静而又清，則明矣。」醒思之，静者涵養之功，清則似精思之效，然精思以涵養爲本，則雖云静則清，於理亦安。如水雖濁矣，欲清之，未有不静而清者也。程子所謂「涵養之久，則天理自明」者也。所謂清而不静，可爲氣質不定，遇事不安詳者之戒。自記。

有人常自尤云：「予於書，亦肯讀肯看，却有一件不好，不拏他作寶。」予謂：「此便是汝病根。只想弄錢，使身家寬饒，以圖受用。將讀書作第二義，便終身不得力。屺瞻便不如此，他就是學幾個字，看一首詩，也認真不苟且，要在這裏安身立命，開花結子，便隨便學問都有益。若是視此可有可無，以爲消閒之具，終必無成。即早年有些才華，也終歸於盡。如四舍弟，雖欠思索，然將十三經一年一遍温，認真讀，不肯忘，要以此勝人，只得算他一箇。」

襄呈啓稿，先生初看，顧鍾倫曰：「墉叔作賀道尊啓，用磔狗故事，在提起一聯，我令之改。雖出周禮，亦當知避忌。」看迄，曰：「極好。禮老凡事不倦，京報亦留心。敦舅、墉叔便不肯。墉叔惟讀古書不倦，於時事全不曉得。以烏龍江墜水之故，令我入告，當知設船渡馬，非渡人。此輩知他辛苦，賞之亦不爲過。近又强執一事，喻之方了然。」或言：「某人世事揀題目做。」曰：「讀書亦揀題目，要未能於小中見大，大中見小。致知格物，所以先於誠意、正心，學未至知至，則易爲人所愚。戴主簿僞作麻衣易，張南軒遂信之矣。」孫襄。

理學語録、詩文，皆以略名篇，蓋取於簡，又以寓謙遜之意。曰略有二義：擇焉而不精，語焉而不詳。孫襄。

顧寧人考訂古韻，以經爲宗，他書證之，精確不過。但等切字母，與伊吴下所用歌曲韻，似未究心。本朝顧寧老之音學五書，梅定翁之曆算，從古未有之書。然韻學不可不知，若曆算，適於日用，所需尤大。

醫家外科名家，尚有内科便少。蓋内科若精，便通於養生，不獨明於草木金石也。外症了然，可見生死有一定。内科則無形無影，要見其所以然，而中其竅竅，豈不甚難？人之學問亦然。近時如顧寧人之韻學，梅定九之曆算，皆窮極精奥，又確當不易，雖聖人復起，弗能易者。蓋有聲有數，可得捉摸，所謂專家之學也。若夫性命之理，無聲無臭，下學上達，與造化爲徒，能造其閫奥如程朱者，有幾乎？

某天資極鈍。向曾學籌算於潘次耕，渠性急，某不懂，渠拂衣罵云：「此一飯時可了者，奈何如此糊塗？」其言語又啁啾不分明，卒不成而罷。今得梅先生和緩善誘，方得明白。予向看書，一部大學看二年餘，易經每一卦至半月餘，然得力却也在此。舍弟每過而輒忘，予至今却能舉其詞。

予向學籌算，亦能對卷明白，掩卷便忘。無他，只是生耳。人一能之，己百之，人十能之，己千之，雖愚柔必明强矣。頃予覆之三四番，便熟些，不忘了。梅定九只是盤算的熟，所以古人説仁要熟，義要精。熟便精，精便神，熟能生巧。

六藝真是要緊事。禮樂不消説，射不可不知，但今之架式，要彎身纔好，看古人却云「外體直」。至於御，今已無之，騎馬即御也。古時太守領兵，文武未始分，若是一旦朝廷以武事命之，不能騎射，如何使得？大將尚可，偏裨豈不殆哉？至書算，試看豈可闕得。本朝顧寧人之音學，梅定九之曆算，居然可以待王者之設科。

梅定九講算法，存古九章。渠言西學，總不出吾中國學内，只是中國失傳。定老必有搜輯，漢、唐、宋以來古法，以迄於今，最妙是此事。朱子於學問源流，自伏羲、神農，以至於當時之賢者，皆能剖辨其得失，精審其是非。而子静以爲道理有何古今，自我作古有何不可。故朱子遺之詩曰：「却愁説到無言處，不信人間有古今。」故孔子曰：「好古。」

書何必多，禮記集説南宋理宗時衞氏所輯，江、浙人所推重，今偶一繙閲，大可笑。絶無揀擇，但有人説着禮記，便採入，而前面序次人物先後，却是亂攛，豈有正經書如此？乃知徐健菴輩刻書，都是此君衣鉢。而南書房諸翰林，又承襲其派，其病都由於立心要欺人。若此浩繁，令人望而却步，不敢涉其藩籬，又焉能窺見底裹？並以此施之官刻書，無不數百本者，教人必不能讀，只好備查。而又不精核，紕繆叢集，真是可惜。典、謨、史、漢無論矣，若司馬公通鑑，一千五六百年事，才得一百廿本書，也不較多。真文忠大學衍義，何曾多？袁機仲通鑑紀事本末也不爲多。宋人好多，也不過如此。不知至今乃如此。

大凡稱經之書，皆不多。如周髀、陰符之類，皆不多，多便是不明白。故徐健菴編書，動輒一百卷，我便知其胸中憒憒，不過以多嚇人，欺世盜名而已。

皇上向學，時把經學好道理澆灌進去，如今發出來自是不同。孝感之後，便接上張敦復、陳澤州、葉子吉，至高澹人、徐健菴，耑意破除道理、治道、經書，總是詩歌詞賦不相干的話。所以如今修書，部部都是甚麽菁華、詩餘、羣芳譜之類，擾攘不了，使皇上謂「蠻子學問，不過如此而止」。誰生厲階？至今爲梗。我初給假，皇上問讀書，我一氣都奏了，該看經書，講道理，詩文只是曉得寫意罷了。我並不知高、徐諸公已在那裏説我一字不通。皇上才嘆息：「你們蠻子，没有這個説那個好的。還是我説你是個讀書人。汝是個福建人，誰把你説話當句話？」

皇上索性不發朱子書回，我甚喜。可見皇上是真自己看。如教翰林官看，説是自己看過，何難即發？前因害眼，我們有摺子請寬，即便去哨鹿。看即真看，不看是真不看，這就便一年不看，而無害於其爲看也。

因說孝感平生看書，執一卷書，但有掀揭，以爲已一目廿行俱下。予等未終一紙，而彼已百餘版揭過，自此終身不復覩此。以爲了此一書，其實並未嘗看也。享大名數十年，至傾動人主。予曰：「其讀書如此草率，生平倒未遭挫折。」曰：「此便是大不幸處。凡成一個人，皆被天地多方磨鍊。若天地不來磨鍊你，使之酣豢於衣食，而終其禄位，實棄之如草木，此固大不幸者。」

註一部書不容易，若單就一字一句解，有何難？須將一部看成一串，若不能如此，三行外便另成一意，與前矛盾。解至後，便與前相背，自己亦不解所謂矣。蒙、存二書，近來節改者多，恐久便磨滅。蒙、存、淺、達，各有好處，中間不相干處亦多。有暇爲删去浮膚，存其精英，四家合一。四書、易經各留一部，亦存居鄉前輩之緒餘也。

吴永年才高，只是渠胸中有一段至鄙陋見解。以爲讀書人跳不出宋儒窠臼，便村陋。殊不知此真鄙陋也。宋人書，雖漢儒出其後，有不讀之者乎？但看明萬曆至啓、禎，凡操觚家，孰不與程朱爲仇？著書滿家，由今觀之，此輩何嘗有一字足存？其議論之庸陋悖誕，雖鄉塾小兒無有過而問者。蒙、存、淺、達，依傍朱註，猶然行世。西銘、正蒙、經世諸書，江河萬古。不盡其書之妙，而遽有易心焉，所謂坐井觀天也。

一孝廉著書，前面將名人所與書札，及序文中推獎自己之語，皆萃集之卷首。先生曰：「此便是俚俗算命起課、賣膏藥招牌的派頭，是何局面？我思一書成，定然有序，亦不必古人之序皆有爲而作也，不然無用。」

圈所讀書，文不可多，甯可以次而加。多圈，譬如冒濫名器，賢者不顯。

讀書不透，多亦無益。然又未有不多而能透者。不知諸葛武侯如何？予云：「孔明戒子云：『慆慢則不能研精』，自是勤學。」曰：「然。」

自宋以後，讀書説理人，動輒輕藐前人，是一大病。如蔡介夫看韓文公，不啻一小兒，若從他讀書，還當撲責。可笑。朱子便不如此。

萬季野能記諸史，其腹笥不少，如何做出文字，三五行便欲盡，不似有學問人。何也？想都留心在人名、地名、年代上去了，此等學問便無用。

讀書博學强識，日有課程，數十年不間斷，當年吴下顧亭林，如今四舍弟耜卿皆如此。至於以義理爲先，開卷便求全體大用，不能也。全體者，性命之源也。大用者，就想在一鄉，如何化一鄉；在國與天下，如何化國與天下。其舉行也，規模若何，次第若何，實下工夫，實有利濟若何。

做官必須讀書人。「學古入官」，所以爲經，何必讀書？子以爲佞。觀春秋時，人亡政息，衰亂極矣。列國之公卿大夫，惟管仲、子産有一肚皮書在，其設施便自不同。

陳則震初入館，予勸之讀正道書，曰：「君言是也，但吾意却大要將天地間事都會得。如經濟、文章，人能我不能，也無味。我都有了，然後以性命之書，爲歸根復命，末一着收結工夫。」某曰：「異乎吾所聞。古人本末先後，却是從此及彼，根本不立，就是華采，也不能極頂。」渠笑而不應。不料長兒在保定，教他讀正道書，他也如此説。某云：「正道書不是説倏外丹成，用此内丹一點，便飛升。我輩日用問言行，便要檢點，應事接物，便要留意，節節零散做去，方能會總成得。佛家亦然，先參禪，心裏有些明白，方才檢藏博學。仙家有了内丹，方才説天上無不識字神仙，再看書求道。未有倒用工夫者。」

問曰：「博我以文，就是格物窮理，不是誇多鬭靡，後來始歸天性。理一，不似如今人講一貫，先要積累久，然後尋一也。」曰：「然。但有了根本，這些也少不得。不然，顔子只該不遷、不貳做工夫，如何又云博文？夫子又告之以爲邦之事，何故耶？陸子静説：『夔亦未必能知禮，伯夷未必能知樂，工虞不能兼水火，水火不能兼工虞，只是心地純明，不害其爲聖人。』固是如此，然畢竟各有一長。如禮樂之類不知，子静長甚麽？如説心地純明，臨事便都會，如此則工虞亦可爲水火，水火亦可爲工虞，何必以一官世其家耶？子静一無所能，在唐虞時，恐亦是九官以外的人材，亦不足輕重矣。」

學問之道，最怕那地方派斷。派斷，後人就苦了。如李中孚，幼爲孝子，長爲高士，半世讀書，其所著論，堪爲笑倒。以關中派斷也。所以聖人之學，孟子見得透，甚重見知。論來見知之人，與傳道之人生得同時，相去不遠，有傳道正宗可矣，何用此爲？不知聖人著論，非人易曉。如孔子留下五經、論語，設若遽令我輩接孔子後，讀起來恐亦未知聖道之妙。妙在曾子著一部大學，子思著一部中庸，孟氏又接出七篇孟子，推闡尼山，不遺餘力，因此見孔子之書，高深精妙，昭日月而沛江河。孟子既没，直到周、程出，而其説大明。其中遥遥不絶如綫，幸賴董仲舒、鄭康成、韓文公撑柱其間，爲功甚大。而昌黎首建義旗，排斥二氏，其功尤鉅。若無數子，則佛教西來，聰明之士從風而靡，有不爲之奪統者哉？

陸稼書清品，讀書又正，只是少思，便精采少。請教他甚多，都無發明。獨有問他：「『鳶飛戾天，魚躍於淵』，前人都説飛躍處一團天機，便是道。可是否？」答曰：「飛躍如何是道？飛躍得是，纔是道。如翔而後集，便是道。自投羅網，如何是道？」此却説得好。張長史聰明穎悟，隨便拈一句，便透脱伶俐。如説「天地之道，可一言而盡也」，渠云：「某有兩句得意文字，云：『其爲物者，即其生物者也。』」講西銘妙極，已刻劄記内。太極圖説亦有説得好處，還是説氣化。至説他在監中試「無欲故静」題，他論中有説：「禪家便説『静故無欲』」，真是大妙。「静故無欲」，勉强要静也；「無欲故静」，自然而静也。一日又問他：「世間千條萬緒，氣化相感，不可窮詰。先儒以爲有當然而不可易者，知其有自然而不容已者。」渠云：「以愚意，不如倒轉説，有自然而不容已，乃有是當然而不可易者。自此千條萬緒，皆有條理而不亂。如人忠孝之心，有一段不可解處，是自然不容已，纔有陳善閉邪，官守言責，視於無形，聽於無聲，服勞奉養之事。自此安則委蛇退食，危則鞠躬盡瘁，冬温而夏清，昏定而晨省。條件不一，一是從氣上説理於此見，不如從理上説氣於此出，氣亦理之所生。」甚妙。

人不明白，便是禽獸所爲，而不自知。明白要緊，故曰：「明則誠矣。」人不明白，何嘗無本性之善？錮蔽太深，不能自見。到得一明白，好處本在我，不須他求。或讀書有得，或師友觀摩，固有之善日日來復。久之，則由勉入安，内外如一而誠。今人自己所行不好，却會評論他人。然其以善責人，此便可見其本來之性未嘗無也。

人憂患時，不特聲色之樂可厭，即平日所看史書，並唐、宋人小説，亦觸感生燥。惟經書、講道理書，不動火。鑽研數日後，此内覺有以過，日龍以水爲宅矣。文王演易，聖人雖中有主，亦必以此自遣。子思作中庸之説，雖真僞不可知，要自有此理。王陽明患難時，亦就平時所讀經作意解，雖致良知人，到處亦覺消遣不得，仍藉此過活。後此書亦不見，想自己事過，亦見得多不確，故削藁耳。

明朝人樣樣皆求通，故皆不能透。程伊川、張横渠皆不能詩。記問博者，義理便不能精，如蘇子容是也。惟朱子善詩，又善書，實於此道有工夫。古文亦有工夫，其論古人文章，一絲不走，似比昌黎論文更醇。宋人即有譏伊川若要用世，當再看通典二十年始得者。

明時儒者，皆欲樣樣學到，不肯將這一件透，再學那一件，所以不好。朱子云：「有十件物，格透一件到十分，也好。九件物都格到九分，有一分不透，却不好。」這是學術大關要處。

人不能如三代，唐虞盛時，教化興行，孝友出於自然；但能守定「不癡不聾，做不得家翁」，亦可支持過，免得骨肉間搆難。予向家居時，伯叔兄弟多分居，每處皆用人相偵探，雖有餽隻鷄壺酒者，必有報。予獨不爾，間有僕人以他家言語詬誶陰訴者，予即呵斥之，不欲聞。彼已有成心而來，以爲予亦有此事在胸中，及彼見予時，並不象胸中有此事者，彼之所有亦漸消矣。若自己胸中既有矣，而欲做出不象知道的樣子，畢竟不可掩，又落權術，何用？只是不知道甚好。故那數年，雖亦被人欺瞞的事狠多，然終不開用私人説私事之竇。蓋明於細者，必闇於大；察察者，即汶汶之路；偵探者，即壅蔽之門。

初學未能選擇，看先儒之説，未論其是非，先盡其意旨。夫子到耳順時，猶不敢忽略，恐忽略處即至理所寓。舜「察邇言」，正是此意。孫襄。

聰明人多，十中有二。記性人少，千中之一。孫襄。

朱子近思録，數日而就。楚詞辨證、參同契注，一成而不改易，皆非其至者。書成而多所更定，自爾精確不磨。孫襄。

看朱子全集，有一二年而識見頓異者，使天假之年，其進更當不已。熊青岳自言「年二十時見到此，及今猶如是」，便迥不相同。孫襄。

編輯一書，先論體裁。體裁得，則思過半矣。孫襄。

文字太説得快暢，便非聖賢語。聖賢不輕罵人，所辨者，皆從根本上差之毫釐、謬以千里處着語。若流俗之人，皆知其不是，何待聖賢之爲諄諄乎？即如吾輩所與人講論者，亦必是事介兩歧，理在可否之間者。若打父駡母人，諄諄與之辨論，父母不可打駡，亦覺可笑。故孟子當時，有許多善於戰陣，闢草萊，任土地者，皆不著其名。即儀、衍輩，孟子亦不爲之發一論，至於告子、楊、墨、許行輩，則喋喋不已，可以觀矣。啓、禎文，與前輩差處便在此。

聖人之言，極平極淡，張皇一分，身分便遜一分。孫襄。

邑令進謁，送出門即乘輿，或言其非。先生曰：「少年初仕，何知？孔子曰：『吾學周禮』，學當時之禮，與人周旋也。須學到老。」季父性甫嘆曰：「今日聞此大議論。」孫襄。

如今人説話，却要隨機應變，因時取給爲妙。聖人却安排下一定的个規矩，所謂「言前定則不跲」。「擬之而後言，議之而後動」，似乎板滯氣悶，到得「成其變化」，任你千伶百俐，却不能出他範圍。「立之斯立」等，何以能是？總要熟。所以先儒説，孔子於人事曉得個透，到做官寬也好，嚴也好，不怒而威，不言而信。所以格物，明善爲要。

人雖有聰明智巧，又周旋世故，而終動輙得尤者，大抵人自以言行爲主。樞機之發，最是要緊。

後生小子輩一無所知，滿腹不以長老爲然，率以長老爲迂闊不達時務，爲人所欺。渠自以爲聰明智慧，其實見得長者不好處，即是自己對病之藥。那一點小慧弄巧尖新處，豈惟壞了心術，即以利害論，未必不是取禍招尤處。得人陰私事，彼人一發口，即能一語塞之以爲快。豈如長老知之而不言爲深厚？就是不知也好。一番太平，必生如此篤厚之人。如今總不見後輩有如此者，所以可憂。莫説一兩人何關於天下，由一身而一國、天下，皆一脈相關。天若氣機，不動，此一人從何而生？但看明朝，吾鄉福州林家，一門五尚書，皆祖孫、父子相承，都是禮部。有一命婦，隨舅夫子三到南京祭酒衙門，其子爲立三到堂於署内。其家之行事謹厚，至今人稱之。廣東倫家，解元、會元、三鼎甲無不全。浙江王陽明家，亦累世有德。其父狀元，禮部尚書，而陽明復以武功封伯。考其世，皆在成、弘極盛之世。李西涯弘治乙未科，會元即倫文叙，王陽明即第二，林庭㭿即第五。由此觀之，豈非與世運相關？宋家開國有吕蒙正，其後夷簡、公著、好問輩相接，暨南渡，與宋相終始。今觀其童蒙訓，其家之風流篤厚，正可爲師法。周有八士，不過其家之瑞，而繫之周，可見矣。本朝崑山徐氏，豈非科名之盛？而健菴所爲如此，令人窺見世運之未平。如今子弟尚未離襁褓，便要他做舉人、進士，做官賺錢受用。無論乳臭習於驕淫，貪婪敗法，罹於凶罪，即使其祖父能庇護無恙，而一方民命何辜？不須多，將無罪的人任意打死一個，已足干陰譴而促禄命。今之士大夫，勿云行，並見也見不到此，如何是好？今人動説道學容易講，也並不見有人會講。如今提起筆來，欲記平生朋友間好話説，少足録者頗少。言行，人之樞機，「庸言」、「庸行」，聖人都將言居行先，豈可忽乎？

周子傳太極與二程，年僅卅，已到聖人地位，真先覺者，惜不大用。周、程、張、朱皆不柄用，使後人疑其但能爲大言，而未必有實效，可嘆也。然聖賢之生，雖不用於當時，必有補於來世。蘇綽講明一番，開唐三百年太平，府兵諸制，皆本蘇綽。朱子講明一番，開前明二百餘年太平，四書、五經皆遵其解，其他亦皆多用程朱之議論。至陽明出，而學者靡然從之，詖淫邪遁，紛紛肆行，而國亦尋亡。所謂程朱當從者，非謂一字不可異同也。如禮記陳澔註，自然不如鄭康成；春秋胡傳，自然不如啖、趙三家之清通簡要。今折衷而存之，歸於發明聖經，此有何害？固程宋所心喜者。所惡於陽明者，直謂四書、五經皆是閒帳，直指人心，立地成佛耳。讀書人不思經義，株守傳註，字字膠執，牽經合傳，甚至並傳意亦失之，如近世陸稼書、吕晚村、仇滄柱等，真村學究。名爲遵程朱，何嘗有絲毫發明？當時如蔡虛齋、林次崖、陳紫峰等，已有是病，故陽明等厭之，而有反其道以治之之弊。不知其説固陋處，但就其説以破之足矣。何至大決其藩籬而不顧也？

耿逸菴稱冉永光爲今之程朱，永光即刊刷贈人，真是憒憒。古人見後起可畏，雖亦稱許，却有分寸。李延平是紫陽之師，極口推稱，亦只云：「自程子門人後，未見有此。」汪應辰乃紫陽父執也，極口贊許，只云：「自治嚴，爲道勇。」至於以古人自任，太高者鮮不敗。如王介甫、方遜志，果然博學修行，自命不凡，當時名望亦重。王介甫自己位置不在孔子下，當時曾子固輩亦推服之至。方遜志初被薦舉，洪武召而賜宴，方年僅二十四，禮部尚書陪宴，方據上座，若無人然。太祖命圖其形觀之，曰：「斯人何傲，朕不能用，留以爲子孫光輔太平可也。」二公至今不可謂之不好人，然用之輒敗，與自命者大懸絶矣。惟程伊川以孔孟自任，也不知大用之是如何光景，料自不同。孔明自比管、樂，當時惟崔州平、石廣元、徐元直二三人許之。樂毅未究其用，管子得君又久，可謂究其用矣，却不能如孔明，是孔明却自比不錯。或問：「孔明比管子是自謙處。」曰：「也不是謙。管子不低，他當時不以兵車，服楚便班師，不肯失信義，尊周攘夷，修方伯之職。就是孔明得權，所行大概亦不外此規模，難道就奪了周天子天下不成？只是管仲不知正身修德，格君心之非，由内而外，致君王道。其立意要富强，故孔子謂之『器小』，孟子以爲『無道』。孔子若得兵討陳恆，再没有奪齊國土、寶器之事，自然誅及罪人，置君而去，毫不爲利，義聲滿天下。不過如此數次，天下便仰而待命，如文王之世矣。孟子謂『以齊王，猶反手』亦是此意。公孫丑乃謂：『以天下王耳。』孟子正意，原不取天下而有之，是以齊之地，與民行王政，以救天下，而使天下歸心耳。斷不是並吞蠶食，利人之所有。惟爲方伯者，得專征伐。遇昏暴應滅絶者滅之，天子即以其地賞功，則又受之。或要荒之外，蠻戎之地，蠢動暴害者，取之可也。周家古公時，爲國甚小，後來便大。想是多得西戎之地。再没有聖賢利人之災，而取其所有，尚足以服天下而得志者。管仲便是又滅幾箇小國，駁雜不純。」

朱彝尊送梅定九詩中，間有罵朱子語，云：「毀棄詩書序，割裂羲文編。」固是如此，你也要自己説出一段詩、書序不當棄，羲、文編不當裂的道理來纔好。如朱子説：「齊、魯、韓三家，班固以魯爲近之。毛詩不列學官，後因鄭傳其學而牋之，遂傳之廣。使四家詩都在，如左、公、穀之於春秋，今得以並質其是非而斷之可也。今齊、魯、韓皆不傳，而獨信毛公，以爲字字移動不得，可乎？」此言本有理，又況詩序明明理有説不去者，如何可從？至易經先天圖自應表章不消説，彖、象自皆卦畫中所有，十翼所説自亦彖、象中所有。然謂伏羲畫卦時，便都想到文王、周公所説；文王、周公繫詞時，便都想到孔子所説，亦未必然。分析得好，未嘗不好，如何便不當割裂？適足以見其胸之糊塗。大概浙東人都以自己立説爲足以千古，恰好明朝三百年，天亦幫襯他。洪武起時，如李善長、劉伯温、宋濳溪、王禕諸人；靖難時，方正學又是杭人；土木之變，于忠肅又有功；最後王姚江又是浙東人。蓋自以爲經濟真派，助其迷謬，而不自知其非也。

言語不可輕易，昔家叔舉一公案云：「鄰有編氓，貲財至三千金，即自負云：『人皆尊敬舉人，舉人所値不過三千金，吾何歉乎哉？彼爲虚名，我擅厚實，且不與易，吾自此不復視舉人如天上人矣。』異哉，此人纔在儕輩中説此一句狂話，天上已經聽見了。」予時笑，問：「公何由知？」曰：「次日官坐堂審事，渠亦隨衆人觀。其身著白衣，漸挨漸近，逼至堂前。官舉目見，即呼問曰：『汝貢監乎？』曰：『非。』『秀才乎？』曰：『非。』『然則何等人？』曰：『百姓。』官怒曰：『百姓敢白衣立公堂乎？』掌嘴二十餘，而逐之出。人曰：『公無輕舉人，即秀才亦可脱此難矣。』惟不荅其臀，而掌其嘴，所以爲天之聞之也。」

劉思退云：「人於財色諸嗜慾，孰能生而不近？須習久便能不著。」某初喪偶，三二年來覺苦，五六年後覺平常，若固然矣。逮今十餘年來，覺得有之爲累。以此知事事須習，此學而一章所以弁論語也。又云：「讀書何須多，要在力行。果能行聖賢一二語，便足終身。」某媿不能體認者多。但年來只體認「無恒産而有恆心」七字，雖身子不受用，而心却安。

世得云：「聖賢學問，也不是高遠難能的事。只是子弟從幼教他端正讀書，到大了皆有些不屑的心，不忍的心，不敢的心，便是。三代如何千五百年，竟無絲毫隙空可以行得此等事？」

孝感還説不得假。如銅假銀子，畢竟有箇銅。螻村石假澄泥，畢竟有箇螻村石。連這箇也没有，所以苦。

一日予請於孝感曰：「老師閑道録何爲末綴曆兩條？」孝感摩腹行，掉頭曰：

「以見其博。」可爲發笑。

楊道聲太翁自己講：「學生四子，大者大聲，命學詩古文；道聲治曆算、兵法、田賦；三窮索釋典、老莊；四講求書畫。都不許出應科舉之學。」大抵氣聚而掩藏者久，必發越更盛。楊氏若爲聖賢之學，本朝今六十餘年矣，其後必有興者。四者是學，本之則無，如之何弄得弟兄叔侄間都不和，至相告訐。元朝因文文山、謝叠山死難，通省都不出試。積至百年，明朝一興，江西科名人物半天下。氣鬱久必發，而況所鬱者忠義之氣乎。大抵不出自是，若時想作賊，妄冀非分，又不是。

客有論某文學客某豪家，而不爲豪所尊禮，而尚不去者。曰：「論人最不可以如是。世衰道微，讀書人欲安頓此軀，不得過執小節。孔子『有見行可之仕，有際可之仕，有公養之仕』。衛輒拒父，人倫所不齒，孔子受其供養七年而始歸。衛輒豈尚可交？此七年中，豈絶無小節目失禮處？孔子不較，不得已也。孔子當初不脱冕而行，蓋君臣之禮絶矣。周流天下，道既不行，魯之君臣置之不問，孔子如何自去自返？當時孔子年既老矣，處於别國，去魯過遠，聲息更難相通。衛去魯相去差近，門弟子歸魯求仕，蓋亦爲孔子地。清之役，冉有、樊遲俱有大功，季氏問其戰陣之學所由來，而始幡然迎孔子以歸也。孔子於三家爲父執，友哀公，微弱時而請教，棲遲幾年而卒也，困窮甚矣。當時不與相合者，尚有叔孫武叔耳，他人固皆以前輩視之矣。吾人立身，只當以聖人爲法，若如今人論，則孔子受衞輒之養，亦爲無品矣。孔子既不仕其國，又不與其謀，涅而不緇，有何害乎？如貧士處豪家，既不脅肩諂笑，又不助紂爲惡，授經於其子弟，而受其饋贈，有何不可？吾於彼不得失禮，彼於吾有小失禮處，恕之可也。特不可趨承失體，恬然受其侮辱而莫之去也，如此便一錢不值矣。」

王方若革職去，云：「也不論利害。上已數言其不稱，而不去，何也？理自當去。如主人已厭客，而客尚歡呼痛飲於其側，可乎？」查夏重又欲告假，或云：「上也未必不欲其去。」曰：「君子難進易退也，不須揣度上意。如今即使去，竟由此得嚴譴，也算計不得許多。只是目下理當去，就該告假。利害便不可定，不能自主也。」

「天地之生，人爲貴。」貴其能盡人道也，天亦不能爲之限量。蜂蟻之君臣，雎鳩之有別，就其一節，雖人有所不及，然而不貴者，天所賦止此，不能推之而盡其道。若夫婦之知能，何嘗與禽獸有別？然却限量不得他，他一旦要做聖賢，便能做，你却禁捺他不下。白額虎入城市食三人，羣起而噪之，以爲虎之罪大惡極也，人殺百虎曾不以爲非。人於此，要猛省自己貴重在何處。

朱子六十歲云：「假如去年死，便不知有今年境界。」至六十五六歲，又云：「到底有一層不透。」門人舉前語曰：「終是有一層不透。」想聖賢學問，如鷄子一時不出殼，到底是鷄蛋；婦人一時不産子，到底是大肚婦人。顔子未達一間，尚未有此一日也。孔子曰：「從心所欲，不踰矩。」此其是矣。自己覺得快活，只有孔子。孟子雖自任「舍我其誰」，只是言當今之世，曰：「惡，是何言也？」曰：「乃所願，則學孔子也。」煞是外敢自信，只是他才力大，真龍象也。韓文公闢佛，只是粗粗的争得體面，即程朱亦未得其要害。惟孟子與告子論「不動心」，佛家粉碎。七篇存，佛氏不須與他較論矣。蓋彼教以「不動心」爲上，吾儒亦是如此。渠意以爲彼「不動心」，便將吾儒虚氣闢去，言語文字闢去，似更直捷高妙。而不知彼之速於吾儒者，反不是也。蓋彼之不動，是頑空，是死的，其中無有。吾儒之不動，是寂然不動，感而遂通，是活的，其中無所不有。揠苗助長，未嘗不速於培養灌溉者，然而槁矣。「槁」字妙極。長則長矣，而已槁矣。直從源頭絶頂處剖開指明，洞中要害，萬古一炬也。何焯云：「孟子直見得此輩之害大而深，故闢告子，欲斷佛教之根。孔子未顯斥霸功，而孟子曰『仲尼之徒，無道桓、文之事者』，又欲斷功利之根。直當與天壤不敝也。」

敬我者，我當敬之。但處人之恭不甚喜，則處人之慢必不愠。在我固當有恆，然以之望人則不可。孫襄。

得處言義不言命，失處言命不言義，是爲守義而安命。自記。

人生在勤，勤則不匱。讀書底讀書，做事底做事。爲人教子弟，雖非己事，然勤勞上通於天，也有感應處。孫襄。

人要立品望，素日望全要養，臨事方能對得過。俗人未見面時，先聲已足奪人，渠已心懾，有四五分畏憚。見面，又威重不敢發聲，又有一二分畏憚。剩一二分干犯的意思，就好打疊。若二者全無，單靠機智禦人，恐難得勝。

定九先生云：「孟子如此嚴厲，説聖人却寬，不恭與隘，不害其爲聖。」世得云：「智與聖，兩件都要有，只偏些不能到孔聖人田地，方可爲聖。如黄石齋先生，雖暗室、屋漏不苟，而終不可謂之聖。」定九先生云：「或『行一不義，殺一不辜，而得天下，不爲也』，尚能勾；『得百里而君之，皆能朝諸侯，有天下』，或未必然。」世得云：「大凡大聖人，不論才節，渾化於德。大賢，便論才節。曾子曰：『可以託六尺之孤，可以寄百里之命』，是才；『臨大節而不可奪』，是節。『得百里而有天下』是才；『行一不義，而得天下，不爲』，是節。『德』字有以起頭者，如『德之不修』、『君子進德修業』之類。有以結尾，如易云『所以崇德也』，『窮神知化，德之盛也』。德是聖人根本。本朝無『德』字，翻譯『德』字，就是把『才』、『能』字合上來，便是。『子以四教：文，行，忠，信』。忠信是教得的。」

黄性震若爲守、巡道，差比他人爲優。安卿曰：「能用之者難，黄刻刻自見其長。」予曰：「渠能清廉剛强，不隨人起倒，欲自見其長，何妨？只是爲之大僚者，不與渠争功，便無不可用。」曰：「何可易言？争財、争勢、争功、争名，君子一路人，可以去之。只是争根直從無始，刦中骨胎中帶來，如何能去？争者，所以立功也，在常人不必無。無争者，所以去己私也，惟大聖人而後有。」予曰：「『君子無所争』，夫子其謂是乎？聖人説人道，只説到『其争也君子』，便妙。如此而争，聖人其許之矣。」安卿曰：「然。」予曰：「禹之『不伐』、『不矜』，可謂無争乎？」曰：「禹之争根大矣，故曰：『入聖未優。』舜其近之矣。舜之得力，全在少年爲瞽瞍磨折的七死八活。向與死爲鄰，舜又自怨自艾，以這一點不得通於父母，不可爲人，不可爲子。日日號泣，生不如死，又不可求死。直將此形骸意見，鍊到非我所有田地，只有一片精誠虚公，因物付物而已。所以人須鍊過人，比常人略高一等，亦是從百鍊而得，不然終與常人等耳。」余曰：「老師世叔爲林日勝所苦，十七個月，乙未三月掠去，丙申七月日奪歸。雖童穉，然畏懼便有憂危惕厲之根，未必無補也。」

【校勘記】

〔一〕此條「自記」二字，石印本作「孫襄」。

〔二〕「先君」，原作「先生」，據後文「先君問云」改。

榕村續語録卷十七

性命

命不專以五福、六極等爲命，孟子以「仁於父子」云云爲命，方説得盡。自記。

天命之性，即天地之性也。在造化繼善上看，最明白。在人物，則總屬氣質矣，所謂「纔説性，便已不是性矣」。自記。

朱子云「仁者，愛之理；愛者，仁之用」，不如云「愛者，仁之情；仁者，愛之性」。自記。

「安土」，公也；「能愛」，愛也。「安土」在「敦仁」之前，「能愛」在「敦仁」之后。細分之，公而以人體之則爲仁，恕又從公而出，仁又從愛而生。自記。

朱子云：「飲食，天理也；要求美味，人欲也。」只如此分別，人心、道心截然。自記。

中庸言「喜、怒、哀、樂」，禮運又言「喜、怒、哀、懼、愛、惡、欲」，此處須以中庸爲主，而以禮運之言參之。蓋喜屬春，樂屬夏，怒屬秋，憂屬冬，一如仁、義、禮、智與元、亨、利、貞之配，前賢既有定論矣。然樂之中便藏欲，憂之中便藏懼，懼與欲二者，便是人鬼關頭，升天入地門户。故憂之後繼以喜者，恐致福也；樂之後繼以怒者，欲敗度也。中庸戒謹恐懼，便是教人内懼以存誠；必慎其獨，便是教人防欲以克己。故朱子一則曰「存天理之本然」，一則曰「遏人欲於將萌」，有見於此也。此二情者，所繫最大，所趨懸隔。懼雖不中節，而不中不遠矣；欲雖或中節，流於過惡一間耳。中庸所以不列之情，而持於用功處提出，教人作心地工夫，嗚呼至矣。自記。

理氣

某五十一歲以前，亦不免疑朱子「理先於氣」之説。夫天地一氣也，氣之中有條理處即理，離氣則理無所見，無所麗。故羅整菴言：「理即於氣之轉折處見。如春生之不能不夏長，夏長之不能不秋成，秋成之不能不冬收也。不如此，無以成歲序而生萬物也。」蔡虚齋皆如此説。後乃見得不然，性即理也不明白，倒底便曉得理即性也。未感事物之先，原有此物，至結實一件物事。如春夏秋冬之何以爲春夏秋冬，春之何以不能不夏，夏之何以不能不秋，秋之何以不能不冬，皆因其理之必如是，不能不如是。是理非即性乎？喜怒哀樂，惟其有仁之理，故有喜；惟其有義之理，故有怒；惟其有禮之理，故有樂；惟其有智之理，故有哀。中乎仁之節，則喜得其理矣；中乎義之節，則怒得其理矣；中乎禮之節，則樂得其理矣；中乎智之節，則哀得其理矣。未發之先，此理充滿，堅實於中，若謂無此理，則何以忽然有喜，忽然有怒，忽然有哀樂乎？由此觀之，則有條理之處，固即未發之理爲之，而可謂之無乎？故謂之「誠」，謂之「至誠」也。

陰陽皆有淫，陽之淫在尾，陰之淫在首。喜、樂陽也，怒、哀陰也，喜、樂、怒、哀根於仁、義、禮、智，皆天理之所有。然在天、在人不同，天則春夏秋冬，無有差忒；人不能然，有過處多在樂、怒。易曰：「君子以懲忿窒欲。」記曰：「傲不可長，欲不可縱，志不可滿，樂不可極。」若憂與喜，雖聖人不能無。「樂則行之，憂則違之」，二者陰陽之正氣也。孫襄。

飛而騰者，陽中之陽；介而伏者，陰中之陰。陸之走陽，交於陰；水之躍陰，交於陽。飛之屬雄美而雌丑，雌受制於雄；介之屬雌美而雄丑，雄受制於雌；獸與魚牝牡適均。惟人得天地之正理，長大之婦人，不勝短小之男子，陽大而陰小也。孫襄。

余成雲洞中有潭，粘一教條：禁取潭中魚。一日，同衆往遊焉，五家叔欲取魚佐食，又適有鸕鷀船來，因命取之。歸語四家叔，四家叔云：「可食者多矣，何必失信於魚？」予聞「失信」二字，至今心疚不能忘，乃知「中孚豚魚」宜連讀。魚雖愚無知，然不可欺之。當時不禁何妨，既禁，令魚知其不取矣，而又取之，何耶？自記。

天地間，惟理不敝，雖佛氏之靈明，畢竟是氣之屬，有散滅之時。惟理則循環無端，無有無時。康節在數上見道，所以不如程子之正大。聖人合下便與天通，無有期待，只盡人事，便是事天。周公惟忠誠到極至處，遂至動天有風雷之警。假如周公亦如後世有幻術以致風雷，不惟不成爲聖人，而惑世要君，其罪不可勝言矣。

或問：「朱子以主宰謂之帝，孰爲主宰？」此處只須答應云：「天下何物無主宰？況至大之天乎。」自記。

上問一大卿：「天之體數四而用者三，不用者一；地之體數四而用者三，不用者一。不用之一以況道也，無體之一以況自然也。」嘿然無以對。門人問：「何謂？」曰：「邵子所謂『道者，静也』。静爲動之根，自然者，無動静之可名也。」孫襄。

月在地，日在天，所謂地「竅於山川」數語，亦惟孔子知道。

人到危難時，便天人呼吸相通，至見於形聲。到平安時，又絶地天通矣。

天地氣運興衰，於所生人物覘之。物其粗者，精華全在人。人之形質又其粗者，而精華又在人之心。人諸凡不苟且，便是興盛之象。如開國時人，便厚重不苟，有數百年規模。是天地之精華聚也。

人吃不相宜藥物，及迷惑做傷生之事，便致病來，此是天還有意於我。到自己覺得爽快，而氣體日增肥盛，其卒也，將一跌而不可復救矣。

人心即天心，三代之後，何明時少而昏時多？佛氏説到天以外，此理却不肯説。聖賢不言，佛氏言之，何害？詩稱「監觀四方，求民之莫」。書言「乃命於帝廷」，又曰：「眷求一德，俾作神主。」有是氣則有是神，有是神則有是管攝。蜂蟻有王，糟粕煨燼，微之又微者，況上天之大乎？但未必似人形耳目之狀，如火毬不類人間山水，月亦如是。孫襄。

福建來龍發於岷山，至大庾嶺矗起一大屏，自仙霞嶺迄連城，綿亘千五百里。閩以江西爲祖山，而不受江西一滴之水。大屏東西垂帳，上生浙西、延、建，下生廣州、惠州、興、泉、漳三郡居其中，福州、潮州兩傍夾之。又有兩水，界限截然，福之内有烏龍江，潮之内有平和江。潮州當屬閩爲正，其音政與漳、泉相近。泉居興、漳之中，正當大屏最中之處。臺灣形如月弦，其長竟閩，上接福寧，下接南澳，而泉正望其王城，如弦之射弧背當出矢處。施琢公不用正西風，故不於泉州港。開駕南澳銅山，則南風一片帆，舳艫相聯。不爾，便當於福州發船，用北風。故知臺灣，福建之案山也。孫襄。

洞庭二山，其西多勝處古刹，居人乃在東山。役於大户，尚累百金之産，第宅砌石，數里略無合痕，雕飾人物，窮極工緻。童子六七歲，即以投石爲戲，如習射獵。有不事此，則羣詬之，以故無虛發。四面壁立，水石相激，泊船登岸，猶須半日。更五季以來之亂，其中晏然。天下大定，始盡輸數年租税。自洪武設科，僅出王守溪一人，餘不過明經。韓元少往遊，踰月乃返。孫襄。

襄陽真是險要。周時，惟楚先僭號，秦並天下，楚最後亡，然亡秦者，仍楚也。漢末之亂，楚地先去。唐、宋、元、明，無不如此。不特其地險，其人亦惡。凡深山窮谷所産人，便多凶暴。不獨得山川之氣爲其性，抑且負險爲固以成習，胸中便有「吾有險可守，渠將奈我何」之意，故恣肆無忌矣。

上言：「回回國在西北，回紇在西南。回紇即今達賴喇嘛是也。」問：「何以知之？」上曰：「見其國紀載言，唐時，某年中國以公主嫁之。查史，果有其事。因知即回紇國也。古盛今衰耳。」

舊時，笑先儒皆贊先天圖，以爲山在西北，澤在東南之説。以爲此不過是中土九州之語，合地之總勢而論之。如漢武帝所得西域諸國，皆内附，則西水自入西海，安得澤皆注東南乎？今思之，却不然。大概西北山多，山高，則水就下，自東南流矣。皇上言：「西海甚小，不過一大湖耳。」可見儒先之説不差。梅定九亦言：「西洋水與中國之海通。」

温州僧初至湖頭，登後山審視，稱一地曰：「此地發科甚速，五年之内便可登第。」是時，安溪先生曾祖諱九濱，字次禹，祖諱先春，字念次，與僧周旋，歲在丙子、丁丑之間。僧忽舉頭愕然曰：「彼山有異。」急往，衆隨之。至其地，諦視良久，曰：「惜不結。」及將歸，念次公餞之，酒間，僧極道發科第之速而美。念次公顧視其族姪〔一〕光龍蟠卿曰：「汝苦心讀書，稱名宿久矣。屢困場屋，誠可憫，此地即贈汝。」僧瞪視曰：「君有器量如許，可以當此大地矣。」因言：「岷山北幹結金陵、浙西，南幹結兩廣，中幹浙東、福建。中幹龍發兩支，一支往浙東，吾尋至某縣，得之牟姓，已葬矣；一支入閩，尋之至今不見，不意結君後山。地太大，吾不敢輕出口，今可相贈。」明日即同念次公，叔諱兆慶字賴甫號惟念，即出安溪先生之贈公也，至其地，指示曰：「穴在兩石之間，五星歸垣。本村南峰尖上如火，北山如疊浪，東木形横山，西山正圓端，〔二〕難在本身結正方形，土居中央，憑穴皆見。」因指左一小泉，味清而甘，源出不竭，曰：「此蟹眼泉，與出朱子地一般。此地大則聖賢，小則王侯，善承大物，毋忽也。」庚辰，念次公經商於外，急命惟念公葬次禹公於其地。初因不甚信僧，其穴亦記不分明，地師遂點他處。惟念公曰「僧指處不爾」，尋識兩石間穿之地，師不肯。公强命開鑿而遇大石，衆工束手，公羞憤且憂惶，徹夜不寐。其族人爲土工穿壙者，天微明，因修整鋤鍬，鍬柄倒撞石上以入之，石應手碎，石下五色美土也，奔白惟念公。公始不信，工固言之，因隨視之，果然。其餘用手起之，皆片片碎，公狂喜，命毋偏起石，僅容兩柩足矣。辛巳，惟念公即生一子。其庶母羅太君收生，見之，密語太夫人曰：「此兒異物也，方頤巨口，兩耳幾到肩，予理其手，過膝下，勿輕以語人。」五日而殤。是時，太夫人年幾三十無子，生此又不育，憂苦大劇。次年，姙安溪先生，惟念公赴省試，羅爲太夫人畫策曰：「汝臨産矣，可往汝家，男固佳，使復女，則就母家覓一子養之以歸，誰知之者？」太夫人如其言歸，生先生。生時，太夫人夢入山，大黑蛇當路，遍體鱗甲，身在山上，首飲山下，懼不敢過。道邊人曰：「勿懼，汝子也。」驚寤。光龍聯捷登癸未榜。又族間有數傳，止傳數人者，求僧指地，曰：「葬此。」人問曰：「富貴乎？」曰：「不能財，丁可耳。」問其家。曰：「葬誰？」曰：「某某。」曰：「有子乎？」曰：「有二。」呼之出，摩其長者頂曰：「難爲難爲。」長者像極豐，葬後不二年，長者死。至今，其子孫至有四十餘人，頗有富者。又曰：「國家事不可爲，將鼎革矣。」言皆驗。或曰：「僧遼將，失機後爲僧。」

風水豈得云無？今觀我們所吃灤州鯽魚，過此地不遠，水仍是灤河，而魚已不及。滄酒只西門外十里一段水好，過此便不佳。豈得云水土都是一樣？萬物如此，而況人爲萬物之靈。即如山僻處，百餘年不出一讀書人，而通都大衢，科第不絶，自是地氣。但迷於房分，拘忌陰陽，竟以禍福牽制，而終身不葬其親者，此則邪説之罪也。向葬先君時，有一蘇姓自以爲地仙，偶一日同登山，見一墳甚蕭條，問人知屬某姓，問其後曰：「原有二房，今絶一房矣。」予訪之蘇曰：「應絶何房？」蘇曰：「自是大房，無可疑者。」移時，山下中道有以鷄子邨酒來餉者，在樹下領之。問其姓，與所見墳姓同。問其墳，即其祖也。問其族，曰：「兩房今絶一房。」問：「絶何房？」曰：「小房。」自云是大房。蘇默然。又葬予高祖地，乃族伯主政公償先祖逋負者。其形勢甚險怪，左尚有餘地砂抱，過右則斗巖擦面，宜長房發而小房絶。却是長房絶，予等皆小房也。此即開壙有無數土龜者。當時，先祖經營於外，先伯、先君都小，纔十餘歲，不過委之族間人及邨地師耳。至葬曾祖地，則浙僧所擇五閬山半，所云「穴在兩石之間」者，亦先君自己葬，並不用地師言。地師以爲此必無地者，後開壙，見一大石，衆工遂止。先君羞忿，經夜不寐。天將明，忽有一伯爲予家做土功，其鍤柄腦鬆，族伯倒撞於石以緊之，石版應手碎，下皆五色土，來呼先君。先君踉蹌奔視，果爾。浙僧在當時以爲狂僧，今觀之，乃非常人。其爲先兄蟠卿諱光龍擇一地，許五六年聯發。先兄時爲諸生，壬午、癸未果發。又言「明朝天下有故」，渠時爲安溪令游客，言：「今氣運不佳，宜急歸。」遂卒於任。大言此地五星歸垣，小則侯伯，大則聖賢。初葬時，人皆爲危之，言大山之半，龍氣未脱化，必有大凶禍。但先祖前時做生意，必不能盈萬，至數千，則有事破敗。葬此地後，發至五萬金。後予全家十餘口爲賊所縛去，人又以爲凶禍，乃地之罪也。後全家回，一口不損，賊遂滅，人言又止。予入翰林歸，即罹耿、鄭之變，刻不自保，人又以爲地之罪。今乃羣然譽之矣。予輩將醫書及此等書，也應擇一部好些的看一看，不是信其説，正好破其邪説，不爲渠輩所欺。總是風水一道，亦當以朱子爲主。朱子只是講到土厚水深，山環水抱，地氣暖而止。發如何的人，如何的福，房分如何？朱子不言也。如今信者，遂拘陰陽。不信者，又一筆抹煞，竟將父母遺骸隨便瘞於朽壤，亦不可。

佛書以中國爲南潬部洲，天竺諸國皆在南潬部内，東拂於逮、西瞿耶尼、北鬱單越四洲，總名娑婆世界。如是世界，凡有幾所，而娑婆世界獨居其中，其形正圓，故所生人物亦獨圓。其他世界，則形皆偏側尖缺，而環處娑婆世界之外，不得天地之正氣，故所生人物亦多不正。此即如今西曆之説也。西曆謂有亞西亞、歐邏巴、利未亞、亞墨利迦四大洲，俱環地。中爲温帶，在赤道之傍，太陽所照，和氣生物。其近二極者，則偏倚尖斜，晝夜長短不平，寒暑不和。自記。

唐太宗收至骨利幹，置堅昆都督府，其地夜易曉，夜亦不甚暗。易曉者，夏至前後也。冬至前後，晝亦甚短，但其地極北，曚曨景極多，故不覺晝短，而謂夜不甚暗是也。此理今西人詳言之。自記。

日主寒暑，太玄曰：「日一南而萬物死，日一北而萬物生。」月主風雨，孫武子曰：「日與月在箕、軫、壁、翼。」〔三〕又主潮汐。凡介之屬，隨月魄而虧盈。歲、鎮所在，則其國主吉祥；熒惑、太白所在，則其國主兵荒。木穰、金饑之類是也。孫襄。

日月無背照，前儒之説。日對照處極熱難當，凸處最近，正面如鏡，背或有瘢痕，未可知，非若珠之走盤。韓詩「日月如跳丸」，中庸「日月星辰繫焉」。聖人下字最斟酌。孫襄。

有定朔，無定望。猶二至有定，而二分無定也。蓋日月之有遲速也。孫襄。

陽生於水，盛於木，而極於火。陰生於火，盛於金，而極於水。故謂水木爲陽，火金爲陰。又謂木火爲陽，金水爲陰。以質而語其生之序，以氣而語其行之序，皆是如此。孫襄。

髮者心之餘，鬚者腎之餘，眉者肝之餘。火炎上，水潤下，木曲直，故横生。思慮多者髮先白，嗜欲多者鬚先白，然後知眉之後凋也。孫襄。

水氣升爲雲，降爲雨，凝爲雪。土氣升爲霧，降爲露，凝爲霜。自記。

地有瀦匯、沮洳，其民必富，故彭蠡、震澤之區，爲天下饒。閩中水流湍急，惟漳水安瀾，殷膴甲於諸郡。粤江可容巨艘，平流不波，與吴中運河等矣。孫襄。

吾鄉間地勢高下，水無停蓄，居人難致富饒。若出英才豪傑，將來未可知。孫襄。

榕實，爲榕父子祖孫之一氣也，藤枝粘榕，梅接杏，其根皮枝葉必有一處相似。梅上寄生，不必以氣類。輪迴之説，理或有之，但不無些子緣故。

欲知地氣，當觀物産。荔枝、龍目、橘柚之包，不能獨當也。有宋諸君子，上游四郡爲盛，蓋吾泉未有興者。孫襄。

花之枝幹入古者惟梅，梅花莫盛於西溪，而玄墓次之。玄墓當蘇州，多遊客。西溪四面不當孔道，去杭州十里而遥，梅皆千瓣，實大，用最廣。中多富人，而無縉紳，士大夫多避亂其處。杭之小桃源也。孫襄。

「梅花得早春」，此處乃開於冬月。「桃花三月浪」，所見乃在正月後。明道先生食韭菜，大致如此。孫襄。

生人可以驗氣數，覺得近來所生人，又不如前輩。不好者，奸詭尖酸俱現於外，即是好人，聰明外露，性情褊急，薄的狠，一些包不住。如秋冬開花，菊至九秋而花，一兩月不凋。梅花耐寒而久，即水仙至軟，亦一兩月開去。至春夏之花，如桃、李、海棠之類。牡丹、芍藥，不過數日而敗，即蓮花至清之物，經宿不保，氣已泄散故也。

安溪師受直撫之命，在戊寅冬末。至庚辰年秋，構屋三楹於署東。偏屋初成，西山墻近北蚪門之横木上，生靈芝。初如露珠之攢聚，漸大而形如覆杯，又似蓮花瓣，兩端鋭而中窪，長可五六寸許，寬可三寸許。色初白，漸變至純黄，如檀木色。緣邊如倭緞，有絨細孔，又如錦中，如獐毛，如斧劈木横理，無根無柄，體着木厚可三四分。至癸未年，上西巡過保，擬空署以待上之駐宿焉。各屋皆加飾，恐殘毀及芝，乃鑿蚪門木而取之，盛以紙匣。至次年正月，忽有香遍滿於卧室。香如栢木，而微幽，芳烈異常。衣服、茶麓、書帙皆着，而莫知所自。後尋覓之，乃芝也。固知古人「如入芝蘭之室」，有見哉。不香者，不足以爲靈也。芝以在屋内，不受雨露之潤，日月之光者爲靈。他芝到處有之，如芝閣所言，皆非真靈芝也。神物固有真者，累世而後一見，故與鳳凰並稱。後皆以其似者而指名焉，此班固所以笑漢鳳凰之多也。

哈密國枯旱少雨，而暖如閩、浙。其種植惟賴水泉之利，所種甜瓜，中國尚得而食之。其西瓜之甘美異常，而中國至尊亦不得食。皮薄而漿滿，不能持之遠行，其瓜熟時，摘者一有言語，便遍裂無遺。摘時悄然無語，割之取起，則不復裂。上云：「初不信此語，遣人驗之，果然。」

合肥相公一日歲將盡，在朝班相遇，招予云：「退朝時，可至予處看花。」予訝之云：「此時安得有花？」曰：「甚多。」予曰：「總是炕上火逼出者。」曰：「然。」予曰：「亦能如春間自開之大乎？」曰：「不能。」予曰：「顏色不減乎？」曰：「不能。」予曰：「此花至他花開時，尚復能開乎？」曰：「豈惟不能，目今開過便枯萎，並根株皆盡矣。」予曰：「似此，何苦令其早開三箇月？」合肥愕然動色稱是，曰：「名言哉。」一日雪後，攜手入朝，至午門内圓橋，雪厚而凍，滑甚。彼此相牽，上時步步蹭蹬，至下時相戒欲速，一溜而下，至平處尚不能自止。合肥云：「上何難，下何易？」予曰：「道理自是如此。上來時原該難，下去時原該易。」合肥復瞿然竚立，道是不已。

茉莉花有千葉如酒盞口大者，色先緑而白，而紅，三日始落，爲奇品。獨出閩、廣，即萎，花不改色。草木離其鄉則死，禽獸少延焉，然亦不能久也。人則西洋、戎、羌入中國，終其天年，自若也。故人爲萬物之靈。道聲云：「人動物，故無害。草木著於土而静，故不利於遷。」安溪師云：「甚是。禽獸雖動，實不離静。觀生於山者，不可以入水，生於水者，不可以登山，亦非活動之物。人則登山可，入水可，平地可，無不宜也。女人又静於男人，遷移不宜，於水土亦較柔脆於男人也。」

醫卜、星平之術，皆不足信。然以醫論，望面赤者知其發熱，聞鼻塞者識其挾風。野葛、砒霜足以殺人，謂藥無效可乎？種蒔如族人某，皆植以蕃，一術之精，蓋有之矣。今之精於道術者鮮也。孫襄。

木曰曲直，曲可使直，直可使曲。生與枯皆然也。凡樹之枝必指南，徙南者北向，則勢如團蓋矣。孫襄。

榕枝葉，北先零而南後。桃、荔支實，東早熟而西遲。通爲一體而分焉，孰爲之蔽也？以此悟風水之障空補缺也。孫襄。

先生見水中日影，曰：「注神看那處，便眼花也，是奇事。以爲日光，則水面何處無？日光獨正照處如是。」某曰：「眼鏡映日可以取火，恐是此理。」曰：「此非日也，可以悟幽明之理。鬼者人之影，謂之全無此影，不可。」世得曰：「鬼見火不見日，太平廣記云云。」曰：「此楞嚴經中之旨，謂人死後一無所見，惟逐明處一點精魄與爲依附。遇犬豕即投畜胎，遇人即轉爲人身。帝王、卿相皆是有緣凑着，作小説者假竊佛氏之談耳。和尚終日思想上西天，近日士子讀書，預擬場中題目作一篇文字，便揣合時好，與釋氏皆計功謀利之私。此念最不是。讀書只辦本分事，若有天堂，自是君子登，有地獄，自是小人入。東坡臨終，佛印謂曰：『居士勿忘西方。』答云：『箇中無處着力。』正是着力不得，只好在本分着力耳。」孫襄。

鬼、神者，非理非氣處乎？理與氣之間，比理稍粗，比氣稍精，氣之靈也。

一童子善屬對，或言有物憑之，先生曰：「但當自今以往，長存勿去耳。『神所憑依，將在德』。朱子釋菜先師，爲文乞靈。江淹夢還彩筆而才盡。若多財善賈，孰非有物憑之哉？」孫襄。

邵子入東林寺，僧言多怪，邵子曰：「吾未入門，已知之矣。取匾額『林』字兩木各添一鉤，其怪即止。以二字數畫，當某卦，故多怪。加畫，則卦畫變矣。」此似不可信，然天地間此類甚多。如景象然，不可執一，執一則膠固而不通。孫襄。

十月間，大世兄家報來，言鋭峰卒，大世兄夢見之，汲汲於身後之名。又自言：「吾已死。」凡此者，亦氣之靈也。

世得云：「鋭峰死，予初聞之傅爾耀，而尚不確。天將明時，睡不睡時，見鋭峰至，予心忖云，傅儼官所言荒唐，今渠尚在，何云死耶？予動念，渠便語云：『傅某所言不妄，予非生人也。』予又自忖云，此豈夢耶？渠又云：『是夢不錯。』予遂寤，然目尚未開，遂不欲開了。渠云：『某是某地一箇人，若言其前生，也是有根器來的。』予拊其臂而贊之云：『老子果算得一箇人，予他日能爲古文，當爲作傳。』渠亦拊予臂云：『還是汝。』而覺。」

或請卜日來學，曰：「予知學，鬼神避之，何待卜吉。」孫襄。

鬼魅精怪，無所不有，神明效靈，亂世尤夥。一當太平，則神靈多降而爲人以濟世。有形有像，明著功德，豈不賢於閃閃灼灼，若有若無之間，播弄光影耶？

安溪老師幼貧窘，未入泮，見太君憔悴，思所以爲禄養者甚切。夜夢至一府第，若吏役造文册者，安溪師索觀，吏曰：「可，汝有分。」見師姓名金書，繙至後，見其家老佃之子名亦與焉，但墨書。次日，每爲安卿世叔言之，以爲怪。安卿爲予言：「此時佃子游膠庠食餼矣，將來發祥雖未可知。農夫子爲書生，想亦籍在文昌矣。」

王梅溪説鬼説怪，朱子那樣推服。他自言其父之舅做和尚，爲善知識，時語其父曰：「汝這樣好人，如何無子？我若圓寂後，必來爲汝子。」以爲笑。一日，其父見之，亟起迎，而老僧入内，追之入室，聞已生子，呱呱聲矣。因想其平時語，急使人視之，而老僧死矣。王文集中數舉此事。僧大能書，而忽字極醜。王自幼能文章，聰敏無比，舉筆時，輒以筆管擊其頭曰：「老和尚，你纔睡了一覺，如何把一手好字都忘了？」即明朝潎鄉陳尚書鑑，平生清直有功業，高風亮節，亦人所推。而文集亦自記其鄉試中舉人、會試中副榜，皆有神告之七題，夙搆文字，入場果然。凡此等，皆不可信。偶爲人言不妨，人傳之便有信有不信者，自己筆之於書則不可。夫子不語怪，良有以也。夢寐事縱有鬼神，然各視乎其人，我若不誠，便有欺詐的鬼神來哄你。先君平生老實，故夢多奇應。癸卯年，予鄉試不中，未免憂苦。一日，曰：「子輩但讀書，只恐天下尚有事故。」叩其故，曰：「夢見關聖神，問時勢，神曰：『屯初一爻，牢記在心。』復請曰：『即是「盤桓利居貞，利建侯」否？』神爲點首，隨之入。神升座，見案上摺累許多黃紙文書，神看一紙，仍摺放案上。前問：『何事？』神曰：『泉州一大鄉紳來祈命。』問之曰：『可否？』曰：『不可。』」時黃鷗湄正病亟，三日内果死。又疝氣發，苦痛不可言，一日，向兒輩言：「疝氣向前或當愈。」問故，曰：「夜夢見一短鬼，腎囊極大，予知其爲疝鬼，撲之逃去。」自是疝果愈。一日，又語予曰：「夜夢見窮鬼，逐之而去，與五叔繆綢。予呼告之，五[四]叔不應，親密不休。移時，見爲汝五叔書大旗幅，予竊視，見兩句曰：『中途任富貴，今日且風波。』只怕汝五叔要受累。」予次年中式，而五叔十餘年家之凶禍不一而足。又丙辰春，夢文昌拜先兄光龍，自己不敢陪，伺其去，揖於肩輿前送之。文昌拱手回禮曰：「公郎該出來了。」又夢賽神，見一魁神手中把筆，先兄光龍謂曰：「何不求其筆與汝子？」先君踟躕，曰：「但一揖耳，何憚焉？」先君向前揖，魁神果曲躬，以手中筆付之。是年，予果登賢書。

乙卯三月，夢三烏居日中啄日，頃之二烏鬭，一飛，又一飛，一徬徨久之亦去。日漸復光，覺身冉冉入日中，拜關公像，祝云：「頃毋乃耿、鄭交搆而離，吴逆亦孤立旋滅之祥乎？」關像一大點首。五月鄭取耿汀州，交遂離。八月，大兵遂入關。戊午，吴逆乃滅。

戊辰二月十二日，夢入朝，忽傳語云夫子至，予竦息駐立視之。言夫子病，頃時衆人擁一夫子至，清癯少鬚，絶不似世間畫塑像，衣大青布舊直身，戴巾。心中作一念，鄉黨中言夫子入朝，張拱端好，絶好看。纔動此念，見夫子果如此，疾趨而前。予即拜謁，夫子不答禮，但見旁有一少年，癯瘦，面有幾點麻子，趨至，扶掖夫子而前。予亦扶掖其旁。至朝門，夫子却向守門諸官作禮。予心疑，予亦官也，尚尊於此輩，何夫子不見禮耶？繼而轉一念，予輩弟子也，若輩非其門下也，俄而覺。

己丑七月初十日，夢見簾外一紗帽朱衣人，影不甚真，心訝之，引人諦視果何物。移時，竟爲人揭簾而入，向予曰：「汝有言欲奏天庭，吾當爲汝達之。」予心知其爲神，嘿曰：「願天生出幾個好人來用世，庶幾度過這箇世界，絶不及他。」但見神意已喻，其首微微連點，即化作一婦人，而便衣踟躕遂去。行幾步又回顧，見語曰：「吾幾忘一事。」手持一盆飯，自從一頭以口就食，自左而右，食數十口。呼予亦照其樣食，令自右而左，亦食十數口。乃將去。

予己未八月初八日，在家夢見洪武宣召，予趨往。太祖在堂上，予行九拜禮，太祖在上竟答拜。予望見之，雖拜完，亦不敢起。太祖曰：「禮畢矣，可起來。」太祖不坐，出至堂前，一手扶欄干立語。其言甚長，總是説當日用法嚴，非得已，當時不如此，天下斷不得清潔。予時回奏，竟用古禮，稱陛下，言：「陛下創業垂統，遠過漢、唐。元朝百年，賄賂公行，教化風俗，凌夷已盡。不用重典，何由蕩滌其污穢，使人知所警覺，發其天良？陛下高識遠見，得其綱要，故三百餘年，天下清明，風俗好義。」太祖大喜曰：「汝等亦知此意乎？」予答云：「豈惟臣知，天下後世共知之。」太祖若意外驚喜者。語畢辭出，太祖復送之出。太祖前行，扯予手，予不敢辭。送將至外門，撒手而回。予奏對時，不敢仰視，並不見其衣冠。及回，方從後瞻顧，見所着乃秀才藍衫，白領皂靴，如今梨園所着者，腰繫一汗巾。予時不知何以忽思扣其世系，追及問之，曰：「陛下世系出於何代？」太祖反顧曰：「出於炎帝。」予又奏曰：「恐是出黄帝。」太祖不然，曰：「出於炎帝。」前不見其面，及此回首，及見之。鬚不多，而大有威。時有一舍姪隨予，太祖入，予同姪坐前門房小歇。移時，予命姪：「汝試潛至上房，探視上入否？」姪回曰：「已入。」予纔與同出。乃寤。予意以爲還朝或職修明史已，却不然。

乙丑二月念三日，師在會場中夢入名園，中百花爛熳，殊異平常桃李。諸花皆大如掌，中有一株牡丹，西日斜照，紅光透射諸花，諸花皆欲語笑然。驚喜而覺。

師曰：「海上白頭賊來時，其村中數萬生靈及李氏宗族，存亡所繫。是年正月旦日，仲弟夢予家歷代祖皆擐甲列坐，先君子侍於旁，命子孫曰：『汝等但見祖宗卸甲時，便當逃了。』是年，白頭賊果然欲攻湖頭。是晚，大風雨，祠樓瓦蓋已爲風擡去，子弟蒙被，踉蹌登護。見樓大門及後屏門全倒，而以手探木像，則皆端坐不動。比子弟下言其狀，予曰：『是不卸甲之兆矣。』賊以雨大水深，火藥俱濕，不能進而退。又練鄉兵禦寇之先，每晚見神鬼之火，如燈無數；如屯兵忽分忽合，忽前忽却，忽犄角，忽張翼；如習坐作擊刺，及作陣勢然者。可見人之生命，刻刻與鬼神相依，此一點心靈即在人之天，須時時積善，培養保復。許魯齋所云：『養得此一點，雖鬼神莫如我何也。』是年，雖六月盛暑，設蜜糖果無一蒼蠅至，共相嘆異，以爲從來未有之事。」峴瞻云：「是豐年之徵也。」因及他諸異事。康熙三十九年六月六日記。

鬼神不敬人爵位，以理度之，亦是如此。吾輩略有意見，人尚不以勢權人入眼，而有德行學問者加敬焉。况鬼神乎？徐立齋宣麻之日，歸第，便見白衣鬼，見於室而不避。董默菴爲侍講時，即被狐精據樓，驅之移居。默菴不平，至面投以瓦石。後默菴忿極，禱於正陽門之關侯廟。其神憑之小奚立樓下，空作捋鬚舉刀勢，而狐見奚數其罪，其家人欲擊死之。奚摇手曰：「不可。無他罪，斥之而已。」立齋還已，作相氣泄。默菴後爲學院，爲侍郎，爲總憲，爲尚書，爲總督，爲總漕，復爲總憲，七八任尊位，而狐遽敢如此。可見鬼神所重者，陰德也。然於關神之不令擊死狐精，亦可以見鬼神之用刑，稱其罪而止。亦惜其修行有年，不輕用誅，此之謂「天刑」。彼雖小人，然誅殛浮其罪，便不是。

范巨卿與張元伯事如此類，後漢書狠多人遂病其誣，而不知其事非虚也。予嘗親驗之。予庚戌同榜表兄吴曾芳，雖好賭錢下碁，而中藏無他，與予善，方登第即卒於京邸。予哭之慟，日没方歸寓，覺傷情就寢。方成寐未寐之間，見予長班云：「三爺來了。」言未畢而吴至，予瞿然以爲渠已死，何處來。見其體比在時豐滿肥大些，然狼狽，用人扶進予寓，席地坐。予問：「兄何往？」以手指天。曰：「兄何能來？」曰：「告假相看，欲説家事。」悲哽咽不能語，以面就地而哭，屢發屢哭。予請其敍談，而卒悲不能語。許久，予曰：「既不能語，不如歸。」渠即起，見門外騶從甚多，予轉一念，若送至門外，他去反難爲情，不如簷下作禮而别。遂作禮去。絶非夢也。

「至誠之道，可以前知」節，鄭康成解云：「惟天不欺至誠也。」語最有味。有此一語，下面許多俱不用註。蓋至誠不欺天，天亦不欺之。平時欺天誑人，鬼神亦從而欺之。其見乎蓍龜，動乎四體者，皆不足爲憑。鬼神之所以欺人者，更巧。當日予讀書茅菴中，有一張友同予坐。一日，至鄰舘中，見一熟識人，踉蹌憔悴，困憊瀕死，問之，惟摇手云：「不可説。」因問之，則云：「予積有半年舘金，一夕，夢亡兄云：『今年大比，宗師許童生衝場直入闈者，汝今年當中，不可失此機會，宜速往。』覺，以爲異，然殊以爲荒唐，不決也。次夜，又夢先父來云：『汝今年宜中，昨令汝兄來促汝行，何遲疑耶？遲則不及，宜速往。』遂乃瞿然而覺，以爲面告，非夢也，遂盡將其積槖行。次日，途中遇一行人，似讀書人，問其處，則漳平也。結伴同走，彼此不言所事。行久，彼人因問予何往，予不之告，但云：『入省探親。』予亦問其人何事，其人微逗出聞有童生衝場之説，故有此行。予乃具以實告。又復問予：『同道中有别人去否？』曰：『甚多，予以盤費艱難故遲遲行，他友去者久矣。』行半日，其人又刻刻思返。予問曰：『何爲既行又思歸？』曰：『予盤費將盡。』予曰：『子無盤費，何以出門？』曰：『某處有予親戚可那移，至省城有舊徒可無憂，惟是前途恐不能至，某親戚處便絶糧。奈何？』予曰：

『不妨，且同我。盤費至今親處有那移，見還可也。』遂數日同寢食，僱一船同行。一日，至其親戚所住處，其人遂上岸，曰：『予那移到手即至，必不誤行也。』候至晚，杳然。予登岸訪其邨落，言並無人來。次日，復停舟候之，不至。及予再上岸踪迹之，不得，歸舟，則舟子已解纜，竊行囊去矣。予遂大徬徨無措，乞食山行，兩足血流，困餓至此，幾無生理。」鬼物之弄人如此。

吾鄉仙媽治病，吾所目見者屢矣。一日，人逆旅中，爲先叔夥伴營利者，其妻産七日不下，云胎死腹中矣，計窮，請仙媽來治。仙媽木偶耳，附童身，爲取藥荒野中，至藥肆攫藥數味飲之。頃其家大譁，曰：「愈矣。」問其由，曰：「服仙藥下氣，三而後定。」又一家耕牛下山仆，折足，農家以此爲命，遂請仙媽。仙媽附童身，合目執小刀舞蹈，直走至極高懸崖處，下臨深潭，甚危。歷崖而下，陡壁處石罅中，用刀剜石粉少許歸。稱二錢，將牛縛極固，用酒和粉灌之。但見牛痛楚，哀鳴一時之久，解其縛，牛遂卧，卧甦而起，如未嘗傷足者。後一人折足，請之，復如前用石粉服之，痛不可忍，而眠既覺，步履如常。其神速堪訝也。予家起屋，衆傭扛大木，一婦人素不良，臨溪搗衣，而伸足當路。恰木墮，其脛骨粉碎矣，人亦如仙取石粉八分，酒和飲之，即起，起速微又痛，又少服粉，遂如初。又先叔一轎夫，下山跌折股，問方於五房叔，叔取石粉付之。隔日，先叔來，予輩迎問：「昨傷足轎夫飲藥如何？」笑應曰：「此扛轎者，非其人耶？」其神速如此。又吾鄉一醫，治一病不效，請仙醫之。但見其取鉤吻一大節，即所謂斷腸草者，和某藥、某藥投之，立愈。醫遂疏記其方，以爲奇貨。復遇一症，如其症，百藥不效，醫乃與其家立券，索酬而後下藥。如其方投之，一劑而斃。其家縛送官下獄。予還朝時，尚聞其在獄也。此皆須記，見得周禮無所不有，聖人窮理之精，陰陽五行相生相制，俱是中庸實理。而神明靈氣，塞滿天地，小儒不知，由所見不廣也。韓文公學問尚未知天。

幽明之理一也。大凡天下經一番亂，便一番鬼怪横行，妖異顯見。朱子罵李延壽南北史純是妄誕事。作史固不可荒穢，然當世實是鬼怪百出。五代亂叛，世運可想。即「九黎亂德」之時，焉知其不如此？東漢明帝之世，佛、老皆起，是時而怪異之事爲多。至晉，則尤夥。五胡盤踞中土，中原人文盡遷江左。至今一二千年，南方風氣日開，北方頻遭侵占，羶裘氣多，此豈偶然？其實有何怪異，至怪異莫如人。曹操一匹夫耳，提百萬之衆，横行天下，甚麽鬼怪有此力量？吾輩在世，一身所謂怪異處儘多，何必神怪耶？

壬午〔五〕年十月，上南巡，至德州，東宮病作，駐蹕焉。一日，上語師云：「明初營造尺，竟是古尺。朕初不信，以西法驗之。立一架，四柱中相去分寸不得少差，中梁懸一銀絲，墜金坨，有分兩，不得輕重一絲。設炮於數里，或數十里外，一看火光，將坨扯與内柱齊，放往，一往一來爲一優，數之。炮一響，便止坨，數共幾優，或幾優半，半之中分多寡焉。一優爲一秒，六十秒爲一分，六十分爲一刻，八刻爲一時。炮設在近處，發響速些，設在遠處，發響遲些。每一優，計炮聲走七里，無論遠近置炮，一些不差。用此尺量里數，不差分寸。」師問云：「優先闊緩，後窄促，如何齊一？」上云：「便是奇。闊却緊，窄却慢，算來一般。朕猶不信，用黍驗之。亦未取羊山頭黍，即以京師中及關東黍之大而圓者擺，擺恰恰一百粒。又曆家云，天上一度，抵地上二百五十里。朕雖未細測，覺得有二百五十里。刻下已叫三阿哥自京中細細量來。三阿哥算法極精。如今至德州，雖少偏東，用鉤股法取直量來，釘椿橛以記之，再無不準者。」至念一日回京，語師云：「三阿哥已量來了，恰好天上一度，地上二百里。」師云：「若是這樣，以周尺八寸計之，恰是二百五十里當一度也。」上曰：「正是。余此行大有所得。少知得算法，又攷求得明尺即古尺，存古人一點迹，亦是好的。」予問云：「如何明尺多周尺二寸？」曰：「周時原不曾以八寸爲十寸，原有兩樣尺。」對初云：「如今木匠彎尺，長者十寸，彎者仍是八寸。一百八十丈爲一里，三百六十步爲一里，五尺爲一步，營造尺合古尺。以爲地還，或疑優有遲速，黍有大小，今以天度驗之，一些不差，確然可信矣。十寸一千八百尺爲一里，一萬八千尺爲十里，十八萬尺爲一百里，三十六萬尺爲二百里。八寸一千四百四十尺爲一里，一萬四千四百尺爲十里，十四萬四千尺爲百里，廿八萬八千尺爲二百里。又七萬二千尺爲五十里。合上廿八萬八千尺，恰得三十六萬尺。」

皇上去年在德州，尚云：「漢人於算法一字不知，我問張英：『王畿千里，有幾個百里諸侯之國？』答曰：『十個。』予笑曰：『一百個。』他不解。將算書與他看，看了三日，問他，他説一字也不懂。問他王畿幾個侯國大，他仍説十個。」

算學惟聖人精之，只「參天兩地而倚數」一語，已妙極矣。

予問：「西法與梅法用籌算，不知古人算法有此否？」曰：「古謂掌算者曰『籌人』，想是亦用籌。」

算法重三角形，蓋員，天也；方，地也；三角，人也。三角起於員，人生於天也；成於方，成於地也。

上深於曆算，多是捷法，古法原不考求。當是看古法多迂闊可笑，如以律以策起算，果然不是根本之論。

西士天學可稱爛熟，簡平儀取適用，而天之體不外乎是。前儒渾天象七政圖，却失本來面目。孫襄。

癸未八月念三日，燈下見皇上所看曆學疑問，小圈如粟米，大點如蠅脚，批語尚用硃筆，蠅頭細書，另書紙條上，恐批壞書本。又有商量者，皆以高麗紙一細方，夾邊縫内以識之。安溪師請上批抹，上云：「他用幾十年工夫做成一部書，我何以就一人意見輕行批駁？但此還是汝秀才輩，但能説理，不會布算。曆畢竟算得出來方好，空説無干。」梅先生見所圈點欲商者，亦大服其深通。老師因言：「壬申年，上問孝感曆算，律吕新書與鄭世子書孰是？孝感原不知道，漫應以季通書是。」上大不平，曰：「管將以用之乎？抑但以著書乎？若測量天地大處，差得秒忽猶可，今以小管，便算得差了，如何可用？徑一圍三，是六角物件，如何可以算得？」因於次日，召滿中堂阿蘭泰、漢軍于成龍、漢官熊賜履、陳廷敬、張玉書及師上殿諮問。又前一日，上不解隔八相生，三分損益之説，問張桐城，張桐城又錯將三分損益説入徑一圍三。上又大不以爲然，不得其解。是日，問京江，京江不能答，孝感鑾説蔡季通是，又不能言其故。上向于振甲云：「汝平日是公道人，汝以爲何如？」于云：「臣曉得甚麽？」上因云：「你們漢人，全然不曉得算法。惟江南有個姓梅的，他知道些。他俱夢夢。」是日出朝門，京江呼予云：「你還知道些，今要回旨，君莫去。」予因將隔八相生爲活圖三層，轉换剖析之幾回。京江悟云：「予知之矣。」遂回，作文一篇回旨。那篇文字甚好，問他要來，將來本朝律曆志内，可以改削入之。皇上真大聰明，我輩平日只知道隔八相生，不曉得隔八相生之根。上因不解，命道士攜琴瑟彈聽之，猜云：「或是宮、商、角、徵、羽及變宮、變徵，去七聲，八位便生次弦。」却得隔八相生之根子。余因偏試九位、七位、六位、五位，惟除去二變聲，六位合，添二變聲，八位合，餘俱不能合到次位。

安卿自言：「曆算之學，至今尋思能記憶者，皆是自己苦思得者。若楊道聲。爲予言者，雖精微，當時俱醒得，如今都不記得了。梅定九先生扣予算學，許可曰：『深。』既而見予舉其詞，率有艱澀之意，又曰：『生。』深不敢當，生則確之至。且學士明其理足矣，何必熟其術？」曰：「非也。熟方有用，生便用不來。熟便熱，熱便足以化物。聖人之學只是熟，便不厭，學不厭，便教不倦。如今我們何嘗不學，便只是會厭；何嘗不教，便只是會倦。熟則欲罷不能，隨處引人入勝，高下淺深，逕路皆熟，因材而教，自不能已。今予自己子姪前，從不敢説自己知曆算，恐扣之而不達，耻己之不熟耳。然又不肯做透，只是惰，無他故。」

安卿言：「天地輕清者四散，重濁者縮緊歸中。惟縮緊歸中，故人物皆緊粘地上，離則無所着也。欲知曆學，當先將書經『期，三百有六旬有六日』註，讀之爛熟，自己精思算明，問人得其解。再將後漢書律曆志講明，再於前漢書律曆志講明，便明白。此後日可自己看書，神算人不能欺之矣。」

曆象本要是家兄廿年前書，若如今爲之，又不如此。同升經差、斜升緯差，有其理，而其象不似。五星視行，其象似矣，而無其理。予欲去此三圖。曆學須讀尚書堯典「三百有六旬有六日」蔡註，及後漢書曆志、元曆法。

安卿言：「戊辰會試，京師有一相士，價甚昂。一日，予往求相，相畢，衆譁而問之曰：『已往皆驗矣，量此後亦能皆驗乎？』渠曰：『不能。』衆曰：『後不驗，何貴？』相曰：『此非予不驗也，君自不驗耳，讀書人不知心像乎？心像改，則外五行之像皆改矣。吾能使君之心不改乎？』」

人聲不拘一端，畢竟中律者爲佳。某生平所聞於人聲音，一李高陽相公：響震屋宇，但其中有石雷霹靂之聲。一魏環溪，清亮壯厲，但帶勇猛慷慨，是商聲。皆非黄鐘、大呂。

予時耳間呼吸，覺得出入聲息甚大。少年一夜如此，大懼，恐是怪病。天明急白先君，先君曰：「此是龜息。龍聽在角，龜息在耳。李百藥産時，鼻中無息，李氏單傳，大夫人甚懼。百藥又多病。一日，抱示老人知相術者，老人候其鼻，果無息，候於耳，得之。賀曰：『兒可得百歲。』耳息也，此乃壽徵，何病乎？」予始心帖。至今尚時作息。

揣骨瞽者吴名揚，亦有不着時，説着者亦多。謂李吉水位至尚書，今驗矣。又謂予頭是虎頭，尻骨是鳳尾，必封拜。又云：「當日惟洪經略是虎頭麒麟尾，平生揣骨只此二相。」予問云：「先封後拜？抑先拜後封？」曰：「先封後拜。」予曰：「天下如此太平，何得封侯？」曰：「骨相如此，奈何就不封侯也？須還汝一箇三邊總制。」想是如今做了幾年直隸巡撫，即算過了。又贊予之脉：心脉圓，膽脉壯。云：「從來心脉圓如珠者少，惟公爲然。長不好，粗不好。」予問云：「長是好，如何云不好？」曰：「心多有何好處？惟圓難得。」説「膽脉壯」時，陳則震夢雷在座，則震素極輕予，至是笑云：「你的膽也算壯麽？」吴名揚云：「老先生你説粗猛的算膽氣麽？惟小心把捉得定的才是膽氣。」吉水問：「予與李老爺相似否？」曰：「你是吃肉的老爺」，指予云：「這是受苦的一位老爺，如何相同？」吴三歲即瞽，而口中談吐大通文，問之，曰：「不過道聽塗説耳。」但是術家憑他如何神驗，我們不甚信他。蓋吾儒日用間，却有察微知著的道理，舍了不講，到信他的渺茫吉凶禍福，豈不大差。且如禍來，預先圖避，他既是一定的，如何避得？且避的道理，到底在人事，若平時處處檢點，不至走向危險污賤路上去，豈不好麽？就禍來，也憑他。如有好處，預先知道，何爲？

人有命相，鄉座師吴在閩，予與吴表弟同薦賢書，謁見時，師見表弟大不怡，曰：「兄弟幾人？有子嗣否？」又云：「此身父母之身，要保重。」臨别，向之指予云：

「汝學他便好。」及丁未落第回，遇師於淮上舟中，同榜多人，列長座坐定，各問姓名畢。又語吴表弟宜保重，指予云：「汝看李子，精神全收斂在内，神宜藏，不宜露，散在外却不好。子宜學李兄。」至庚戌，吴表弟便自怕見其父，遇命相之士便逃避。是年，與予同登進士第，向予云：「吴師只教學汝，汝呆不過，如何學？如今汝試教予當如何學汝。」予謙讓再三，渠固問，予曰：「如今子已通籍，要汝閉門面壁，寶嗇精神，誠不能。子好下碁、賭錢，勸子即從此二事爲學，如何？」渠瞿然問所以，予曰：「子平生下碁，勝則狂呼，夸張終局，後並不耐數子跳躍，稱快而已。負則混合其子，斷不肯終局。賭錢，贏則如勝碁，輸則疾首蹙額，投骰碎牌，無所不至。自今下碁，勝固欣然，不致狂叫，敗亦終局。賭則輸贏時有，不致輕喜暴怒。由此及他，便改向好處。」渠亦極口稱善。及臨時又發不自覺，雖自恨終不能改。未幾，病發，即卒於京邸。生相不好，若能改，便自造命。敝鄉史相公繼偕〔六〕爲童子時，一善相者見之云：「好一箇少年科第，可惜，可惜。」其父兄請問其故，曰：「看他一雙眼及肩如此秀，豈有不早貴者？但其身體如此輭，豈有不短折者？」史公聞之，語其同學云：「身體是吾之身體，輭硬隨吾，要改硬孰能禁之？人一翻能改，便佳第，恐生就改下來耳。」史即立志改之，脊骨挺然，翔步舉手皆不輕佻。至登第時，便如一節竹。卒之位極人臣，壽登八十餘。予以内閣學士召起赴京時，復見吴師於維揚。時師已病在床，尚設筵演戲，請予至其家，曰：「兒輩以予卧陪不便。」予曰：「師生不比常客，何妨。」世兄即卧榻相伴。酒闌，呼至榻前，密語云：「入朝見嫉。汝今去，皇上自喜，必問閩中用兵情形，宜斟酌奏對。」又云：「近南書房有一高士奇，汝可聞否？」予曰：「不知。」師曰：「此人宜備之。」予曰：「南書房一向是張孟敦，門生常識之。」曰：「此人是老好人，雖不識之亦何妨。高此時乃中書，但其嚮用之勢不可測，宜備之。」予曰：「如何備法？恐非一路人，難以相與。」曰：「是一路人，但不須預備。」予曰：「不惡而嚴。」師曰：「也是如此意思，權衡在心而已。」屺瞻云：「渠尚是明末人，見過局面的。」曰：「即其命相，亦是見過黄石齋諸公，到底不同。」

黄石齋先生十六七歲時，便欲歷游名山，遂結伴三四人，策蹇往羅浮。偶步溪澗，值雨後大水發，伴侣及黄所乘驢漂没，而黄獨自登岸。黄反自喜，隱有所見，人以爲有神授以書。及彼渡夾江，又舟覆，江深無底，死者多。而黄又起，又自喜，微泄語親知者，水底有造一新宫殿，而空其中，外榜曰「倪黄」，故鴻寶與石齋相結極密。黄石齋乃莆田人而移漳浦，其算命莆田有派頭。黄算命有秘傳，其以易經卦爻相配者，乃不欲以所學落於術數小道，乃文之以周、孔之書。其實如何扯得來？老實説得别傳反光明，此石齋之過也。吴玉隨、玉驕兄弟，在邗江，爲楊維節〔七〕太守或司李得意高足，黄壬午過揚，楊命二吴執贄焉。暇時以二吴命請，黄看畢曰：「俱好，皆甲科。小者，今年即發聯捷，做科道。大者，却是本衙門中人，但遲耳。」又云：「小者，鄉試極高，可以發解。」過幾日云：「汝不能榜首，頃見盧生命，乃南直鄉試榜首也，汝但五名内耳。」及秋榜發，榜首果爾，玉驕乃第五。癸未聯捷。本朝，來做科道。玉隨至戊戌却中榜眼，入翰林。

【校勘記】

〔一〕「姪」，當爲「孫」之誤。李光龍與李光地同輩，李先春應爲族祖。
〔二〕「端」字下原脱二字，石印本同。
〔三〕語出孫子火攻篇，引文與孫子十家注略異。注云：「日者，宿在箕、壁、翼、軫也。」
〔四〕「五」，原作「吾」，據石印本改。
〔五〕「壬午」，原作「壬子」，據清聖祖實録卷二一〇改。
〔六〕「繼偕」，原作「維階」，據明清歷科進士題名碑録萬曆二十年條改。
〔七〕「楊維節」，原作「維揚節」，據石印本改。

榕村續語録卷十八

治道

天生民而立之君，若不爲民用，君何爲？故孟子一言道盡，曰：「得乎丘民而爲天子。」窺見此意，便覺得湯、武革命，應乎天，順乎人，方有把鼻。

漢書以之治天下，可以爲漢文帝、唐太宗矣。用程朱之書治天下，可以爲殷高宗、周宣王矣。周子之書，聲希色淡，道理已盡，即用以治天下，無能出其範圍，蓋亞聖也。

古人有粗迹處，是他做事規模，定要守着。不然日日講精微處，反滑過了。

聖人爲政惠而不費，不要百姓感恩。其實恩往那里去？其感人也更深。故明國變時，有以乞丐殉義者。自己踐土食毛，或因祖父曾經出仕，此豈能强人施恩乎？不報之地，成功於不言之中，受之者再不欲忘的。如吾輩或那人窮急時，有一飯一金之惠，吾輩那里記得？幾年之久，忽然見面，他致謝殷勤，吾輩茫然。渠身受者不能忘也。但有望報之心，便不好，就有限了。豈惟不望報，心裏記得有此，就害事。治天下者定要知此。洪武畢竟身親見元末之官貪民困，不勝忿怒，以爲我得志，須當痛改。故即位後，以殘勝殘，以殺去殺，其誠心切至，遂成三百年國脉。

人生日用修爲，大約精勤便是興旺之氣，怠惰便是衰廢之氣。明季士大夫，白晝安眠。夜中飲宴。而本朝太祖、太宗，忍勞習勤，惰怯者便殺之，其氣之精鋭，焉能不有發泄時？即庶人家，上承祖父付託之重，亦非小事。若怠廢，則日就衰颯矣。

總是講求用人要緊，不任人而任法，講求一萬年亦無用處。自當年魏環溪欲分别流品，高陽相公便與爲敵，説人都是一耳目口鼻，有何好歹？心包在肚裏，誰是好？誰是不好？至今數十年，士大夫間還持此論。此真可憂者。只説都是身家性命，功名何必壞人的？不知既做了人，又做了官，如何與放生魚蝦一樣看？皇上舉錯，皆欲其賢愚混爲一區，便嬉嬉然各得其所。稍加澄别，衆便深憂驟駭，若無所錯者。如何是好？

朝廷一免江南銀米即二百萬，自古無如此之多者。只是天地間却不見有寬裕潤澤之氣，是何緣故？總是無好官。前朝雖不能官盡清廉，十人中有一二狠貪者，尚有七人好者。無人共理，雖朝廷之力，一人獨辦也做不得。又民於平居無災害時，休養生息，如人保養，不致病來。至有灾祲始謀賑救，却是有了病去醫治一般，醫治得好也纔得平常。

畢竟教他平常壯實方好。

甲申二月，予南歸，安溪師遣健丁陳得功護送。途間，爲予言馬見伯一事，有器度。征噶爾丹時，撫標有千兵隨征，遊擊葛永芳領之。時馬見伯爲于成龍效用，葛有家丁劉忠者，見馬見伯偶繫馬於其主寓屋之門廊，怒礙其出入也，拔佩刀割其韁，鞭其馬而逸之。葛爲將主，馬固無如之何。師旋，葛陞滇副將，劉忠遠不能隨，遂留爲撫標卒。于成龍調河道，安溪抵任，薦馬於上，上器重之，即以守備爲中軍遊擊。而劉忠恰隸其下，馬諭之曰：「爾無以我爲宿嫌畜怨也，但汝騎射好，才薦拔汝，汝勿疑懼。」尋擢以爲隊長，薦之安溪，爲健丁。真可法也。其爲中軍時，即欲盡汰老羸者，日事操練，兵亦苦之。其整頓太急，故有山西之事。

戊子三月廿三日，臺灣有應陞遊擊于化龍引見。上問曰：「汝總兵好麽？」曰：「好。」又問：「怎麽好？」曰：「兵民相安，管兵狠好。」上怒罵曰：「汝總督有密摺來參他反，汝還説他好，着兵部看守。」先生曰：「予當初進平海策，已再三奏明此處難守，即目下無此，終必有事。書經有云『有熊虎之士』，即接云『有不貳心之臣』，到底以忠孝、義氣爲主。中庸云『取人以身，修身以道』，以誠實自處。以此印子去印人，方是此種人來。若是自己權術，即要以誠信取人，亦不能得。氣味不合，如何相招呼？

而況取人即以權術爲招牌乎？此輩人但知有身家爵禄，脛間有瘡移之於股，不在己所管轄内，足以藉口塞責便了。若吾儒做事，却在根本上講。王姚江學術雖偏，然爲朝廷辦事却識大體，其平蠻所至，即立郡縣，便清其根。回兵所到，即順勢平其所未奉詔者，而臺諫乃紛然譁噪，治其擅兵之罪。可厭之極。大抵以權術爲先，最不可。曹操以此自負，到底賞鑑一個司馬懿與他一般，終是自己吃虧。」

如今最苦，是朝廷用一清潔自好不要錢人，便羣起而謗議之，造爲蜚語。聞其善則疑，聞上意不然之則喜。如趙申喬到湖南，果將數十年積弊剔除，而京師人預言趙某一到，楚中必竟逼反。今幸而一年，楚中尚帖然。文志鯨爲浙提學，傳言考秀才，六等每至二三十名。今其書來，杭、嘉、湖三府，六等共四五人而已。楊名時爲直隸提學，謗其滿洲皆狥情面。都是無影話，可恨，可恨。

上問：「吴隆元選在汝所屬地方，聞此人學問好，果何如？」奏云：「不知道他，聞説好。皇上放他爲有司，試驗也，此法極善。即使學問好，會做得一首好詩，皇上裏邊如此等人正不少，正不如驗之以百里之任。百里之任稱職未易，若果才守好，即可大用。不特有司爲降黜之階級，就是皇上考中的，轉出試之以民社，亦是使他有體有用。皇上用人原不限以資格。」上亦然之。大抵此輩聚一大堆在那裏，忍餓鑽刺，夤緣無所不至。

且使他有路轉動，誘之於功名之途，或可造就出一二人材來。

姚熙之總督閩、浙時，其前面罪過通天，其贈送賄賂，揮手便是數千滿萬，帑藏爲虚，剥虐無厭。海上平後，一日對予云：「少年頗有圖王定霸之想，今髮如此種種矣。」捋其鬚云：「此人如此，位極人臣足矣。但如此安身立命，還不好，丈夫當尋一去路。」予問其故，曰：「某做官不好，軍興時，本處錢糧何嘗不够用，浙餉來，都是吾與吴伯誠、藩臬諸官瓜分耳。予做人也無他不好，總是光棍氣，如此何以自立？雖然，仁義亦何？常蹈之則君子。從前種種譬如今日死，從後種種譬如今日生。老先生從今日起，將地方利弊盡情向某説，某有過惡亦盡情説，如有一毫虚誑，便落萬刧地獄。」予等平昔爲言里役大當之害，每一輪及，萬金之家産立盡，甚至賣及妻子，掘祖宗之骸骨而賣其墳地者。欲除百年之弊，若不猛厲，或陽奉陰違。自此，姚公果夜聞善事，張燈而行之。挐來衙蠹，立斃杖下者十餘人；即刻露章參挐者十餘官。故號令所到，風行草偃，不敢有絲毫依違。半年之間，積弊盡除，至大當之害，竟爲除盡。施將軍將發兵時，予入城見姚公，謂之云：「老公祖里長去其實是矣，奈何並去其名？然則官長到任，掃地鋪席，詢問地方事，亦須有一人答應也。此謂之矯枉過直。」然如此留一點根，他便會復。去疾莫如盡，今斷其根，他時縱復些，人還可受。今果有里長之名，而其實害去其十之九矣。百姓歡聲如雷，其感之也淪肌浹髓。不一年而姚公死，今敝鄉立大廟祀之，香火之盛無比。有地方不平事，青衿羣哭姚廟，雨暘必禱。倒是别處人遐有知姚公之豪蕩而非醇正者，福建羣然稱之，竟忘前半之貪虐矣。予入補官過省，聞知其廟，入拜之，其容宛然如生，真一姚翳子也。先時，予教習師姓董名興國者，在巡撫任，嘗憤激云：「吾安能與此人共事？上靡帑藏如糞土，下視民命如草芥。渠又在予上事事掣肘，予將發其惡，而渠之黨援頗盛。不爾，予亦將氣死，如何可久？不如去官。」遂告病歸。董到任後，亦參數箇壞官，出幾張好告示，民心向之。姚公由此心動，以爲渠所做好事幾何，予豈不能耶？因發奮至此。敝鄉爲之謡曰：「古董不如窑變。」人謂：「天生姚熙之，所以平海也。」以爲海上之平，雖施將軍之兵力，而實姚公多財，買其左右，親密離散，故能一鼓而下也。此却是外人揣度之辭，却未必然。然革去大當之害時，其功則倍於平海矣。海賊當日雖不平，今觀其子孫、君臣、人物，亦何能久自存？而姚之功則拔去百餘年牢不可破之害，其廟祀百代也宜哉。

士大夫倒是行事有限，説話要緊。貪贓壞法，只是等那一件事過去便了，有那句不好的話入在人心裏，急忙去不了，流害無窮。當日，内有明、索，外有高、徐，皆創爲鄙俗小巧，破壞道理之説，至今爲梗。目下乾綱獨攬，凶詭持權，賣官黷貨之人，亦無矣。而其論隱隱流布，所以可畏。如云：「官俸原不必給，謂既與他官做，豈有不賺錢之理？其所賺之錢盈千累萬，其視百十金之俸，真泰山之於鴻毛，豈稀罕此物？真是無益之費，故可裁。」宛平相公不過看戲、要錢，陰毒害人如高、徐之類，尚無之。但有湊趣幾句鄙俚語，如云：「這都是幾箇道學人的説話，由他去，只是不採他便了。」此等亦爲禍不少。李高陽云：「魏環溪好分别好不好人，我看世上都是個人罷了，誰臉上挂着好人、不好人牌子不成？我不知誰好，與我好的便是好人；我不知誰不好，與我不好的便是不好人。」都是妖言。

州縣官與民親切，若盡心做好，真實惠及人，中無間閡，欲立功名於世，儘足以不朽。漢時將相無數，至今烜赫者，文翁以教化治蜀；召信臣行水田於南陽耳；黄霸反以爲相，减治郡之聲。作官在自立，豈必達哉？

朝廷設官，本取德，故云「三德」、「六德」；又云「天命有德，五服五章哉」；又云「以德詔爵，以功詔禄」；〔一〕又云「德懋懋官，功懋懋賞」。若庶人在官之有勞績者，止禄之、賞之而已，不官之也。後世動言才能諳練，則古者府史胥徒之具也，今之六部書吏，皆可爲正卿矣。

如今六部堂官，信書辦「成例」二字，如聖旨、大訓一般，也不是無威。有人問朱子做官用威，朱子云：「威不必說，只是要明白。若不明白，汝好用威，書吏即以術用吾之威，而爲弊更甚。」所以聖人「威」字加一「德」字，「明」字亦加一「德」字，最妙。威不本之於德，便是作威；明不本之於德，便是作聰明。

如今做官人，都說漢人無權，閣部事漢人何曾有一點權。我嘗平心說，也不必如此說問。但即盡歸政柄於漢人，不知盡從公道爲之耶？或不免與滿洲一樣行私耶？如做學道、學院，何嘗有人一押着你做來？却也賣秀才，無所不至，却是爲何？如今但當自己做得無私弊，令滿洲人自服，便是正經道理，與之相争相傾，則禍烈矣。還有皇上力在這裏持平，不爾，久已大水火決裂矣。所以朱子說：「如今把責備皇帝該做的事，先自己省察克治，做得來，便是道理。」唐時，盧藏用[二]聲名不好，今日偶檢舊唐書，見其所以上疏却好的狠，心竊疑之。因看完，乃知其勸上正心節儉，而自己驕淫貪黷，奔營權貴，無所不至，自然狼狽。

居官者動言體統，以爲規矩如此。此規矩誰爲者？料理自己便是規矩，一身整齊，便不惡而嚴。近世居上官者，武夫前呼，羣騎後擁，吏民欲言者，止之於百步之外，深居簡出，人有萬里之嗟。吾思此皆後世奸胥、蠹役設爲此，蔽塞官之視聽，使耳無聞，目無見，上下、内外隔絶不通，遂乘權舞文，顛倒玩弄之於股掌之上。二世問山東賊盜猖獗，趙高以爲此等細事，安所得入至尊之耳？夫所謂皇帝者，稱朕不聞聲。二世深然之。夫亡秦之緒而後世不廢者，總以好自尊大，人之積習固然，而小人因其勢而簸弄之耳。

冀州知州崔懋，始予莅任時，問其治盗方，渠云：「自某承乏八年，無一盗案。」予訝云：「盗不入境耶？何至此？」後察其所爲，乃徧結其渠魁，約爲兄弟，只不至冀，保全我功名。他處有關提汝者，吾亦能庇汝。以此，故盗皆他侵，成一大逋逃主，更可恨。凡事善否總分於誠僞，仁義禮智悉本於信，一僞便無可言。父子兄弟皆以術馭，何處得好？

陝供應西巡，復競勝於晉。聞上終日怒對督撫云：「山、陝百姓極不好，孝弟廉耻全無，朕果知爾者。雖汝等赴闕請行，亦必不至也。」前上出都時，晉撫噶禮母叩閽，求殺其次子、次女，子又與禮不協。上此言不徒爲民發也。噶進四美女，上却之曰：「用美女計耶？視朕爲如此等人乎？」又密偵得左右皆受此餌，悉加之罪，海青亦逐回。鹽商來接駕，上傳問云：「去年差户部侍郎王紳祭告禹陵，曾將浙商詐騙得多金，汝輩皆聲氣相通，頗聞此否？」衆商答云：「果有彼處信來，皇上聖明如此，但不知其數若干。」

孝感去在丙辰，復召在戊辰。

某初到保定時，相期將來去任時，不求百姓攀轅卧轍，但求無持瓦礫相擊者足矣。及予入都，果然士民熟視如平常。意中以爲公之去留，不足爲重輕有無也。此便是王道宜然。大官行好處，何由使民知？地方官好朝發而夕見矣。若大吏行，百姓挽留哭踴不近情，必非無故也。若天地然，人但知衣食之物皆資於地，知感天者便少。其實地之功，皆天之功也。嬰兒在懷抱，但知戀母，若父之出入往來，兒如無睹。其實母之德，皆父之德也。驩虞之弊，至於行詐，可惡甚矣。

山西撫噶禮迎駕，出至慶都，並率百姓百餘人來邀請聖駕。百姓皆夜間露立，問之，云：「票押不敢不來。」轎頂及鈎瑣皆真金，每一站皆作行宫，頑童、妓女，皆隔歲聘南方名師教習，班列其中。渠向予輩云：「行宫已費十八萬，今一切供餽還得十五萬。」

壬辰七月初四日云：「皇上復問：『納捐亦非好利也，一免錢糧便至三千餘萬，若愛惜銀錢，何如少免？』大概以爲免錢糧是大事，足以救百姓，開捐納是小事，原與百姓不相干。算來免錢糧却是小事，開捐納却是大事，此事須細講方明。於今科甲，果然個個要錢，且舉人、進士用銀子買，也是暗地裏的捐納。也未必一止了捐納，天下便治。只是且止了捐納，存了國家一點大體，再商量官俸。添起來，再添得二百萬作俸禄，也就復明朝之舊，就過得了。如今通共文武官俸止六十萬，如何過日子？添得二百萬，翰林官一年有二百金，中堂一年有二千金，便可支撑。連士子也要加些恩養。大約一年添得三百萬，便綽綽然有餘矣。官俸既足，然後教他廉，奬廉懲貪，也要一番猛厲，方得肅清振作。皇上問〔三〕，亦云：『武官比不得文官，自然也要占幾名兵糧，不然吃用何從來？』是明知文官俸禄而外，多有掊克，而不必禁。武官侵扣兵糧，而不必問，但只不可多耳。開其端而欲其有節，能乎？徐乾學、高士奇却説：『就與俸足，而彼之所應得者，豈能使之不得？不若省俸之爲寔際也。』此以便其私，而害中於根本，可恨。」

士大夫有見得錢財輕，至子孫科名相繼，以爲好事。因緣假藉，使之發達，將來不受人欺。這便大不明白。澤州因言火倉奸利事，曰：「惜此事不追求向前十二年，若向前追來，則某之行事可以稍見。某爲户部、吏部總憲，彼時諸陋規多存，至有屬官持千金至，以爲舊例而强委之者。以爲尚多委曲，開慰辭之，卒忿忿而去。當時，亦非見得道理不可，還有要做名士的見解在胸中，以爲做個人也須略有體面，他們拏來的銀子，我如何知道他的來頭？萬一事發，便是贓，如何可受？當年有一老友向某云：『做官交際都不妨，交以道，接以禮，原無罪。惟衙門裏的錢拏不得。』某問：『如何是衙門錢？』曰：『如庫帑的錢是朝廷的，因事得錢，是作弊的，求是贓，如何拏得？』某謹守此言，凡遇錢糧，便記得此語，以故在仕途略知自好。」予因與論子弟爲之營求爵禄之不可，渠問曰：「這想是天資澹泊者方能如是？」予曰：「非也。要算計得到，凡人若算計得到有大害處，明知而明甘犯之，便無此人情。如今說我的子孫不得些功名勢利，便怕人欺，不想必無百千萬年都教我的子孫欺別人，不受別人欺的事。況我們起自艱難，還知道怕懼，子弟席寵藉勢，不知稼穡之艱難，只有欺人的，再無被人欺的。周公營洛邑，曰使後世子孫有德易以王，無德易以亡，若留在那裏害人，而祖父且爲之地，是爲虎添翼，如何使得？況子孫到不肖的田地，他便知作惡也，並不知有祖父，何嘗是我的子孫？周公此言，豈惟有天下者應如此意，連我們庶士人家都憑，應存此意。所以蕭何他們去古不遠，尚知此意，不肖免爲勢家所奪，是確不可過的話。我們發達過，子孫自己修德讀書，能接續去豈不好？若不能，即時貧困欒却之後，降爲皂隸，都做窮教書苟延去，未嘗不好。何必使其有財勢可仗，作害鄉里，罪大惡極也？間或受人的氣，全要忍，忍過此時，便有無限好處。如疾風暴雨，且須躲過，少不得到白日青天時。因此忿不顧身，便走別路，後來苦不可言，萬事瓦裂，收拾不來。故君子有終身之憂，而無一朝之患也。」澤州問予：「撫直隸時，無錢送要人，如何免得淩辱？」曰：「也受馬五有一二年的氣，後來就好了。當其時，當面折辱自然悶氣，想到我們原是爲守庫帑，惜民力，受侮有何妨，是榮也。只得將孟子『與禽獸又何難焉』幾句話頭來抵當過。若那時便受不過，即想動庫項與交結，到後來虧空索補，潰敗不可支矣。」問：「後來如何又好些了？」曰：「他奈何？他看見皇上待的好些，他也没法。某再教地方官見時，禮貌恭敬他，他也就好些了。」我們鄉風不好，自明季來，鄉紳家相吞相奪，結訟不休，至於操兵相殺。自我與富名鴻基〔四〕老先生相約，始革此風。大凡士大夫雖在京，不親爲惡，而子弟僮僕在家，無所不至，亦由士大夫信其言。他争不過人，便寫信來，説我們被某家欺壓得如何，又説被某光棍淩辱得如何，其父兄便從京中發符去。再不勝，更怒，益發使力量，與自己作惡何異？如今我一概不聽，大凡與人嘔氣，我一概説自己不是，非過矯枉過直也。我們現在京裏做官，那無勢利人必無故向有名位的人作仇之理？畢竟是我們子弟欺人，把這一邊壓倒到十二分。其實以情理論之，才剛得其平而已，若與之平，已不平矣。

守道高必宏交代，應參遲延。因接駕、隨駕兩番，新守道無暇，若據實啓奏，必無寬理。予在行宫啓奏：「高必宏已陞江蘇按察，宜於限内交代，但部限是兩月，與州縣官同一扣限。守道所司錢穀頗多，限迫故不能交清。今兩月限滿應參，臣自照例題參，但遲延却不是有虧空，故此奏明。」上即傳旨云：「汝即傳旨到九卿，將此例重議。」皇上涖事多年，於天下事亦儘明白，又説得有理，不惜改以隨人，無奈左右未能以正道語上聞。上何嘗不刻刻與廷官商議，何嘗不事事令廷議，無如諛從者多。去年九卿議州縣虧空倉糧，以爲年久浥爛，勢所必有虧空，應限一年補完，如後有一年不完，革職留任，再限一年，如再不完，革職，變産追賠。又御史徐賓言：「各處倉糧，以年久收貯，州縣借此虧闕，追催紛擾。不如一總變銀交藩庫，年饑現買賑濟，官民兩便。」春間，自南巡回時，迎駕，上即問此事，予啓奏云：「此二條，臣意俱不以爲然。」上問：「如何？」曰〔五〕：「皇上寬恩，念倉穀貯久，浥爛不免，憐其無辜，非縱其侵蝕也。究之州縣虧空，多因侵漁，即浥爛，亦是州縣官無調度。前南皮縣知縣有黄光會，升任時，接署官要盤倉，他即聽其盤量。署官每盤一倉，皆多二三十石不等，至七倉，署官廢然自止。臣見之問云：『汝不虧欠已足，何緣多出？』他實説：『不敢瞞，非有他法，只是知一縣之事，如此等事，開倉發曬，原守令之事。必須一開便報上達部，皆自己要侵那，好借作名色。卑職於應曬時即曬，既開倉，便何所不可通融。看糧將有壞意，或糶或借，或發作衙役工食，即通變補足。如有餘息，亦即入倉。卑職刻刻作離任計，恐接手官簸揚及雀鼠之耗，甯可有餘，省得臨時周章。又卑職不肯多放，縱一旦降革離任，所放原粟不能收補，不過二三百金，尚可挪賠。』臣思假如州縣各如此，倉粟只有多，焉有少？如今皆是自己用去，一經審訊，都托言借給百姓。再問欠户，便云俱是窮民流亡，無可踪迹。臣愚以爲，即有浥爛，大約一萬石不過幾百石，便多不過千石。今再推廣皇仁，寧寬勿苛，盡量至三千石以内，仍照九卿議限年補完，如二年不完，即革職審追。如三千石以上，仍照舊例，即革職提問。又變銀之説亦不妥，如今變銀之時，州縣官乘以爲利，賣一兩只報五錢，説穀米霉爛不堪。駁來駁去，所增不過幾分。至買糧時，五錢價值便報一兩，説彼處糧價昂貴，不同他處。駁來駁去，所減不過幾分。如今已是如此，好歲不須賑濟，賑濟必年荒穀貴。變價時，只得十分之五六，到買粟時，價又高昂數倍。又買貴穀時，有司又復捏報多增，是每石粟實不過得一二斗矣，豈是備荒本意？」此番皇上見時，還記得前言，云：「汝言今日已驗。若倉穀俱變價，如今米價這樣騰貴，吃虧多矣。」大凡公卿，不徒不欺也，要胸中明白，自己雖忠心無二，無一點經畫，用之悮事，言無可採，也不中用。

子牙、漳河分司朝琦，除晉藩司，辭。上召至密室，屏左右，問：「直撫果不要錢乎？」曰：「論他待奴才，將許多勞苦事不直陳於上，却是不應如此。若説他操守，實是不要錢。守、巡供米、食物及零星用度，是有的。若要此外送銀子及金銀器皿不收，衣服或收件許，珠寶不收。」上問：「汝何從而知之？」云：「奴才自己送過，看他手頭不足，送些銀子。渠云：『且拏去，我用着再來，此時不用。』各屬所送吃食，收些也不全收，他物概不收。」上云：「我亦知道，但渠輩皆輕看滿洲，如華顯一流，他們還看着罷了。如巴錫、貝和諾〔六〕輩，他們皆輕賤他不堪。汝應好好做，爲滿洲吐吐氣。」

我輩遇一件事，咨問人如何處分言論，名位高下，不可少此一段意思。天下事理不講不明，國家免錢糧動數百萬，而民不感，民不受惠，想是官不好。上有法綱，他有法徵。州縣歛之以貢府道，府道歛之以貢兩司，兩司歛之以貢督撫，督撫又有交際及辦差諸事，宛轉歸上，民窮日甚。今日澤州言其苦，幾至泪下。此是國家元氣，大臣愁餓死，殊非美事。今之官雖非賢，而其地位則賢也。「大烹養聖賢」，删詩録北門。官盛任使，尊其位，重其禄。士者，四民之首，官者，萬夫之望，蓋蚩蚩之民本無意見。幾個大官説，小官傳之；小官説，紳衿傳之；紳衿説，百姓傳之，愚民以士大夫爲耳目。若執定「得乎丘民而爲天子」，以爲民心不可歸於官，而一出於朝廷，其弊不可勝言。官好，丘〔七〕民方能得也，好名之弊，與好利同。今人祈晴雨，以爲此神道之力，不知感天地。天地若與百神争功，疑百神市恩，不成其爲天地。其實百神亦天地之百神也。廓然大公，賤貨貴德，意向歸一，崇儉樸，立法度，舉賢才，不過幾十個好人布列在天下，而天下治。至易至簡，比之雜霸，省事多矣。今日不要行，就是知得此意便好。所以學要講，此處一闇，後處説起，但得此等話可以出口，便是好消息也。

官俸不足，士大夫實不能自給。我做京官時，就自己身試過。家有二十日糧，看書便有精神，對客亦歡笑自如。假如只有三日糧，雖然看書對客如常，心便時常竚在此件，時時有着忙意。其所以盤算經營者，率皆非本分内所應得矣。久之，豈有品行乎？如今官民皆無恒産，人所自給者，皆本分所不應得者，如何是好？

今日皇上臨朝不喜，想是孝感昨日辭，又有甚麽不相投語。上説：「北直秋審不好。」有一人，年十七八，將一人推下井，又將磚石打下死之。予審時，渠云：「曾被他鷄奸過，如今大了，他還要如此，予羞不肯。渠拉我同跳井，過井邊，因推之下。他駡的很，我因用磚石打他。」予問之云：「無論鷄奸處無見證，就是你已推他下井，水灌飽了，如何會辱駡人？且既下井，你得脱身，就罷了。還在那裏聽他駡，又下磚石，何也？」大約如此事，只好緩決，不須矜疑。

又一婦人在旁，而奸夫殺其本夫，婦不曾動手，便作矜疑。上云：「奸夫力不勝本夫，而婦人始同加功。奸夫已死其本夫，婦人何須動手？此等亦可入矜疑乎？」此二條俱駁得是。天下刑名、錢穀，上無一條不看過，真是精勤。

今公卿中，求其胸中有條理，可以做得事者，甚少。惟張運青律例稍明，大主意不錯，還可料理得事，只是不能展拓得開。京江相公雖纂修律例，頗熟於科條，而議論之謬到至處。渠謂：「如盜賊已殺人，何苦又殺他？多殺一人。即不能放他十年、五年，羇於監足矣。何必加之刃乎？」不知十年、五年不決獄，則牽連無辜者，亦十年、五年不得寧處矣。其論類皆保護稂莠以殘田禾，至田禾若以爲人人知愛，反不消加意也，其可爲訓乎？合肥號稱長者，全不知官如何做。漢軍中，居大僚，才名赫奕，功業彪炳者，其胸中全憒憒。

如今禮樂，且不須論其好歹，但禮樂不出於正陽門，太廟之外，民間全無聞見。但得制一禮，頒一疑〔八〕文，令民間冠昏、喪祭、闔門、鄉黨許用之，使民有所禀命，然後再討論其當否耳。

正蒙謂，祖考精神既散，必須三日齋，七日戒，求諸陽，求諸陰，方得他聚。到得禱祠既畢，誠敬既散，則又忽然而散。朱子然之。古人惟不忍其忽然而散也，故祭之明日有繹。今人祭甫畢，而誠意怠散，不知此理故也。自記。

子祭封君墓，某從曰：「薄於土神，非禮也。即視祖先稍殺焉，不應如今人之菲也。」某曰：「墓祭，非古也。」曰：「今已隨俗而行矣，先魄之所依以爲安也。如逆旅然，一夕之繫命，猶與其主者周旋不怠，子盍酌而行之。」孫襄。

鍾倫曰：「遠則疏，所以香燭熒熒。」曰：「散者使之聚，有所依則常存。老子云，子孫祭祀不輟。」孫襄。

鍾倫言程子祭始祖，曰：「始祖，今亦何人不祭？三代之禮，不可行於今。諸侯廢，大夫無世禄世官，有身爲元輔，子孫降爲皂隸矣。所謂『葬以大夫，祭以士』；『惟士無田，則亦不祭』，皆空言耳。有志復古之士，則亦推行於其家。以長房長當宗子，人情不服。如我族譜序中所言『尊王、尊祖』，『尊王』則貴貴，『尊祖』則宗子、老者。以此三者相爲權衡，介子進士，宗子舉人，老者秀才，則推宗子、介子。翰林宗子，老者進士，知縣介子，雖與行禮列名，亦先宗子。若介子中堂尚書，宗子翰林，必以最貴者主鬯。禄賜愈厚，則先祖更藉其榮。不富則不能備物，不貴則不能備禮。將來採輯一書，與同志放而行之，然亦依稀髣髴而已。欲悉合於古，則必如周公之禮。朱子禮書不爲不多，偶質所疑，或無可考。」孫襄。

父爲子報服三年者，禮爲小宗，子於長子、長孫也。於衆子即不爾，衆子於己子亦不爾。今吾泉人，凡父皆爲子孫報服，殊無稽。

立嗣以弟爲子，却不妨。僖、閔之躋非也。以兄爲子亦可，況弟乎？蓋以祖宗臨之，大宗、小宗所繫，雖叔亦可爲嗣，不獨兄弟也。

聖人行事決，絶妻不好，使出之。如今平常人行之，便許多不妥。須知孔子時，猶有出妻之禮，犯可出之條，即得據禮行之，人不得而議。而今無此禮，若行之，便起非議。曾子固言：「後代人事業掀天，家庭間許多不調治處，皆内治無法。」果是如此。凡事經聖人行過，便是法則。

建儲大事，須講究，慎重爲是。一立後，起居服物一同帝制，到底不妥。故連儀注也要斟酌。

上問隔八相生之義，命取天壇二十五絃之瑟，指之曰：「莫非以一絃至第七絃，至第八絃則又以宫起麽？」某因贊之曰：「此却能指出隔八相生源頭，古未有及此者。」蓋若以五六之數生之，却不能。

惲遜菴云：「吕覽黄鐘之管三寸九分者，謂黄鐘管長八寸一分極短，至應鐘管四寸二分，自四寸二分至八寸一分，爲三寸九分，諸管上下損益相生而得之。」此説爲前人所未發。

律吕中，候氣之法最不是。朱子語類所記論樂數十條，無及候氣者，可見朱子不信此説。新書因蔡氏所論著，禮書亦仍之而未革耳。自記。

候氣之説決不可信。占八風之氣，和不和亦爕理。陰陽之事，但因律以驗氣，非緣氣以知律也。孫襄。

六十調、八十四聲，隋時猶存。蓋中華雖失其傳，而裔夷猶有知者。自牛弘、何妥恥受於蘇祇婆，而遂亡矣。今所存者，只黄鐘一器之調。孫襄。

耜卿曰：「李文利言黄鐘三寸九分，大謬。」曰：「魏徵作隋書已有是説。」世得曰：「九寸以漢斛求之。」曰：「以漢斛量周釜，周釜量黄鐘之宫，知是九寸。」孫襄。

言兵之經，盡之於易、詩、書；言兵之權，盡之於春秋内傳。六經，兵法之祖也。「上帝臨汝，無貳爾心」，乃「陳於商郊，俟天休命。」大哉言乎，斯其至矣。孫襄。

朱子嘗云：「兵甲，詭名不可免。善兵者，有一人可用，便令兼數人之料。軍中若無此，便不足以使人。故朝廷只是擇將，責其成功，不宜屑屑計較。」極是。岳少保曾以此被論，然此言亦只用之多事時耳，却非常法。如周禮徵發部署，都有定數。自記。

後世用兵，不過於勇敢之士，推食解衣，吮癰調藥，號令刑賞嚴明而已。雖唐太宗輩亦只如此。惟諸葛武侯不然，總不見其用私恩小惠顯示威福，但見將士用命，所過之地，秋毫無犯，兵民相輯，而井竈、藩溷皆有成式，雖一宿不苟。蜀人全用步軍，能敵魏人兵馬而制其命，三代以後，稱仁義之師、節制之師者，惟武侯一人而已。後世鑾戰，苟決一勝敗，則覆没殺傷無算，所謂「以不教民戰，是謂棄之」。孔子云：「善人教民七年，亦可以即戎矣。」真是至語。孟子推衍其説，如發政施仁：「深耕易耨，修其孝弟忠信」，重其家室，信愛君上，真如子弟之衛父兄，手足之捍頭目；鄰國陷溺其民，豈有不歸我者？武侯却用此法，故魏人響應，街亭敗回，拔〔九〕三千户以歸，則可見矣。

有天下者以馬上得之，未可以馬上治之。後世人君，勤勤練武，又加以恩，直曰可以御亂焉。治亂不由彼，自當以興教化、善風俗爲本。當時耿逆作祟，時大帥、小帥誰不從風而靡，予却與之鬧，只是一家居編修耳。漢高祖定天下，戡亂者皆猛士，如黥、彭、韓、陳皆然。大風歌思守四方，尚曰「猛士」，不曰「忠賢」，此予之所以不録也。先主遺詔一字不及兵事，但教後主爲善讀書。大哉王言，此真識卓矣。陝西李自成、張獻忠後，所出人尚多凶暴，此可慮。天地之心曰仁，地方興，必人多寬慈忠厚之意。剛悍疾急，便是死氣。

三代不可復。觀朱子所論治天下之事，惟法漢爲近古。官制，外官自太守上便無官，太守得自專誅殺，其僚佐得自辟，由内銓者寥寥。疎節闊目，只要太守得其人，而天下治矣。極好。又兵民不分，天下有事，用虎符調發，事平則復爲民。無所謂兵也。分兵民爲二，使其坐而食之者衆，爲之者寡，竭百姓之力，挪百官之俸以養之，此大弊也。議者以爲壞於宋，今觀韓文公條奏，言召募之不善，可見自唐已分爲二。既名之爲府兵，是有兵矣。宋時俸雖不薄，然朝廷空乏，至廢郊祀，其時中國之弱，即由於此。蓋兵民不分，則人人習騎射技勇，無定兵也。有一兵執其事，則民不習矣。天下兵少而民多，天下有不罷軟無爲者乎？故三代以後，富强莫如漢。省此養兵之費，又非積之府庫。散之百官，豐其稟餼，養其廉耻，貪墨則嚴刑處之，官知廉耻，則不朘削民，民有不富者乎？然後興禮樂、教化，育賢才，美風俗，則三代可幾矣。大約弊端有一人開之，承其後者便不能變。如今焉能去兵？但得輕得一半，便去一半之費，亦是好事。明朝用屯衛，是寓農於兵也。然久之則兵亦化爲農，此自弱之道，不爲良法。

古者農隙講武，守望相助，民間各有軍器，各自備，不須另設兵。只是邊防宿衛，存些兵甲。省餉以增官俸，養官之廉，養士待用，天下庶幾可爲。今各直屬共養兵費一千三百餘萬，而滿兵尚不在此數，計復倍此。計俸銀自王以至典史、驛丞，纔一百廿八萬零。此弊自秦始皇不許民間蓄軍器，銷鋒鏑，隳名城，後世因分兵民爲二。自宋以來，流弊至今，深是大蠹。當日此事曾發九卿班上議過，當日孝感云：「不消得如此。禁軍器者，爲其能反也，反亦不須軍器，用手作勢云，便可揭竿而起。」渠自大笑，衆亦哄然。興水利，復民兵，此二事，皇上亦極口稱善，但云：「且慢，恐做不成，爲人笑也。」予云：「要得人。不得好官，行且無成，而有害。上所言是。」師曰：「正是。」

洪武皇帝立心要整頓綱常好，只是也有許多不好，不任相臣，官俸薄，皆自洪武始。

問：「洪武如何減官俸？」曰：「養兵費重。漢時兵皆屬太守，兵民不分，故官俸極厚，一博士便五百石。博士官小，如有五百石，還少甚麽？」予問：「彼時兵如何練？」曰：「太守自有拏賊時，拏賊即是練兵。兵皆爲民，是以愛護鄉里，且賊之所出，再瞞不得本鄉人，兵有緝賊之責，豈容賊在本鄉？又兵皆有田賦，以之出戰，必無土崩之患。何也？太守所管，逃將安之？妻室、父兄、田土俱在，豈不顧惜？故漢武動以百萬之衆，窮塞屢出，而不見有逃散之兵，以太守爲將也。兵自爲兵，縱練得人人驍勇，一可當百，而一潰不可復稽，精亦何用？今日只操得兵會射幾枝箭，有何用處？如今不能復三代，只復得漢也就大好。兵民不分，文武不分，官俸厚而設官少，大官權重而小吏多。天下之大，如臂之使指，是一片的，豈不大好？如今也不算全無條理，只是根本大綱領說不起。」

本朝費揚古領兵真好。漢武帝時，衛青有何能處？非韓信輩果有機謀可比，只是辦得忍饑受寒。三軍不得水，大將軍渴亦不飲；三軍不得飯，大將軍餓亦不食，便能得士心。小人不知大計，如此便歡呼感激矣。此亦最要緊。施將軍可惜於此處稍不足，到急難，渠亦用此法，平時却不能。

安卿云：「施靖海於丁丑年死，施平常與武官不肯談，惟向秀才讀書人說其生平。予問：『將軍韜略臨時自足乎？抑平時學問乎？』曰：『自有臨時相幾調度，然君輩謂今日出山，明日臨戎便不敗，亦無此事。要經練久，予十七歲便作賊，故能曉其形勢也。』」

京江問先生曰：「頃聞閩、廣海寇爲患江、浙，倘上問，策將安出？」先生曰：「以鄙意度之，江南、浙江、廣東俱有提督，福建有陸路提督，又有水師提督，各處有一提督足矣。金門、厦門一鎮，一副將足矣。水師不必耑管福建，可易爲横海將軍，四省海寇交付之。蓋提督，各處率以本管一省之寇爲所發之毒，而以别省爲内症，或通同結約，或虚聲恫喝，但得不在本境，即以鄰國爲壑而不顧。有一耑管海寇將軍，南風發則巡上游，北風起則巡下哨，一年兩處游巡。訪渠魁之姓名、住址，頒賞格，明告諭，募黠者結之以恩，以知其情勢。就撫者，擇其有用者而官之，不馴者擒而殺之，又安插其無賴者。如此不惟海寇可靖，而臺灣可保。不爾，渠輩太多，必求得一塊土而居之。今臺灣名爲萬兵，其實天下兵名萬而實五千者已難，況臺灣鎮標去幾千，副將以下各分爲營，其勢甚散。倘海寇盈萬登岸，則臺灣必不能支。臺灣，内地逋逃者無數焉，往而不得其爲百姓乎？彼何惡於賊之爲其君耶？今日不議所以處之，則臺灣可憂。但是，横海將軍須先得一不要錢人，甚難，教我薦人却不敢，都無可信者。若劉國軒在，便可用，劉頗清正，不要錢。」

馬見伯整頓山西營伍，而兵皆譁然站隊，噶撫遣太原守趙鳳詔慰諭之。馬見伯，予以爲有將才也，而何以如此其無序？凡到那處要有興革，要使他不覺，以漸而來。第一要有同心的人，如爲將官，到彼擇其中才幹技力有用者，已得其心，使爲頭目，頭目皆我之人，則其下勢已分，安能動乎？此所謂機也。

凡兵變害及大將者，皆自己成一獨夫，衆叛親離，即無仇怨者，亦袖手旁觀，而事乃不可解。藍理其語言之不檢無比，臨時又全無謀，其軍中有以自見者，惟是輕財重氣，結交與之共死生者，有三百人。以此三百人爲耳目，兵雖欲變，頃刻發覺矣，如何至於不測？由此觀之，有人問：「韓信何以能多多益善？」先儒曰：「無他，分數明耳。」尚未盡然。或「陛下善將將」之言，姑以此歸美高帝。其實信之作用亦在此句。此事有似吾輩讀書，書但得有一部熟者，以此貫穿運用，他書皆爲我用。人見其博，不知雖强識人，亦安得種種皆熟？只是有熟者，便能運用不熟者。朱子云：「天地間不可相無者，即其不可相有者。如有君無臣，有父無子，有夫無妻，使不得。然有臣便多欺其君，有子便多耗其父，有妻便多累其夫。然君臣一德，父子繼美，夫婦唱隨，不可相有者，又即其不可相無者也。」參同契中極説此理。凡奸邪成黨時，切莫與争。彼既成黨，釁將自作，吾急之，彼反合勢，緩之，則自相攻擊必矣。乘其敝而去之，則事半而功倍。如會拳棒人，看以手勢來者有疎漏處，吾亦借他來勢以撲之，不必氣力相等也。將帥於盜賊，中國於夷狄，君子於小人，皆當如此，俟他自壞而爲之、取之便是。

北方人不喜作稻田，嫌其費力，亦地勢自古爲然。三代井田亦不全是稻田，高黍下稻，黍稷、二麥、菽粱爲多，只是溝渠斷不可不開。

古者方里而井，井九百畝，如今一里止得五百卅畝。又古尺小，今尺大。前年特奏借帑金二十萬開溝渠，因上躊躇云：「是極好事，但只是萬一做不成却如何？」忽止。然不可開的地方，誰要他開？可開者便可一成。只是北方人好懶，即可開者亦説不可開。如教穿井，他説土鬆不可穿，不知就是好土井，也要修理，隔幾年不修，好土亦壞。就是土井，亦着葦蘆竿障泥方好。即如房屋，人所不能不住，然數年不修理，獨不倒塌乎？可謂房易倒塌，便可不蓋乎？

古人成法斷不可易。井田、溝洫，無所不利。即道路難行，如安肅、涿州、良鄉之類，一遇雨濘，行者艱難萬狀。定興依吾言治路，兩旁開溝，昨部使來，問其路濘之狀，渠言：「惟定興路好，餘俱難行。」其效已見。路旁有溝，歲取溝之土以益路，溝日深而路日高，雨水即洩溝中，路自易乾。不爾，年久路深，旁俱民田，田不可行，路中積水無所歸，行者如何不苦？予云：「于振甲欲趕響馬賊，兩邊打墻，更可笑。其實溝之截賊更妙，墻成聚水而路廢，又易倒缺，賊終不可截也。」曰：「正是如此。」

静海廣福樓河，如今開四五年，静海人初死不肯，今已大收成幾年。捹不得廢地，並高阜處同淹，固所甘心，真愚民也。今安肅史家窪，地亦有二三千畝，未知容菴所説利少害多之語果確否。當日廣福，自非親勘，何由知也？委官不中用，能不以私受請托，不爲浮言所動，而認真爲這件事權利害者，狠少。當日岳文肅正乃此處灤縣人，以大學士出爲福建興化太守。有涵頭村無數膏腴之地，而無水，旱常十之七八。文肅云：「閩中水泉多，何苦旱耶？」民間言：「泉水不經走此地，奈何？」文肅因便行山間，打水平曰：「菜溪水源高，何不可引灌耶？」紳矜曰：「鑿斷地脉，壞人風水，不便。」文肅不聽，曰：「地脉如何斷得，水來更利於陰地，何不便？」當日無督撫，上面止有布政，況渠係大學士降官，便獨斷行之，用民力鑿之二十里，士大夫及民俱譁。文肅曰：「百年後當思予，怨曷恤焉。」渠成，恐淤淺，又製小舡，秋收後，南方不冰，佃用扒撈河底泥滿舡撑依岸，以人力抬舡，將泥覆田中，田不糞而肥，河不挑而深。公自爲教之，二三年，人皆師之。今二百餘年，人受其利。鄉試時，若肩輿熱燥，望至涵頭，如望歲然。至則坐小舟，兩岸皆岳公植榕樹，濃陰覆幕二十里，如登仙也。天順復辟，歷數舊相，欲用之，皆不當意。至文肅，曰：「岳正倒好，但忒大膽。」因其奏事，至牽帝衣，而鬍多唾沫星，間及帝面，帝謂之「敖精鬍子」。有傳其語至興化者，文肅自題其畫像曰：「岳正倒好，但忒大膽。維帝念之，其心有感。如或用汝，再敢不敢。臣當學聖賢之學，蓋至死而靡憾。」

開溝洫是一件大好事，使旱可灌田，澇可洩水，礬馬不得縱横，菱芡魚蝦多利。禹治水後，大約功夫全在此。故孔子稱之，不曰「盡力堤岸」，而曰「盡力溝洫」，不曰「盡力江、淮、河、漢」，而曰「盡力溝洫」。蓋盡力堤岸，洪水之所以湮，鯀之事也。盡力溝洫，四隩之所以宅，禹之事也。于振甲向爲直撫時，竟行令民築墻於路兩旁，以斷馬賊。真可笑。皇上那時亦以此勞民，往陵上去，在通州駁問他，尚駁不得盡。云：「汝能保得柳都栽得活麽？」渠云：「柳如何不活？」上云：「終是病民。」令止。其實墻不修，纔築即倒，若修，不勝其煩。又北邊路率窪於平地，平時雨多，便積潦難乾。何況用兩墻一束，雨水無歸，是治路成河，行旅大困，勢必別走他處。賊不可治，而路廢民勞，真可笑。與他要開捐廢科甲，是一樣經濟。前年曾密摺奏借帑二十萬，欲北方開溝洫。上將此摺交朝分司琦云：「你與巡撫説，這極好事，但千餘年古人不曾做得。事要斟酌，看準了再做，莫要做不成惹人笑。」其實此事可以做得成，實皇上於此尚未思透。若不借朝廷力量，此事如何做得？

河撫徐青來潮言，亦在彼興開溝洫，渠言：「彼處溝洫止可備澇，不足備旱，水易乾涸，今歲已得溝洫之益。」予云：「上於此明白到根原，便〔一〇〕可行事，不爾，雖欲舉行，有阻之者，即可以不利於我之戎馬爲辭。」師云：「正是。如甲子科，高澹人、徐健菴見上欲認真廓清科場，便言：『此事窮究不得，章皇帝治丁酉科，便致有海寇抵南京之禍。』上欲定服制，滿洲言：『壬子定服制，便有吴三桂叛亂之禍。』譖言何所不至。」予云：「不透曉得根源，聞此等議論，雖不全信，亦有姑存此一説的見解在胸中，便決不能舉行矣。」師云：「正是。如今要曉得海賊至南京，就是科場不清之故；吴逆叛亂，就是服制不定之故方好。」

聖人治天下，只行所無事。如治水，再莫要與水争。鯀「陻洪水」，五行之所以汨陳也；禹「濬畎澮，距川」，九疇之所以錫也。惟「九澤既陂」，用堤者，僅可施之湖蕩耳。如今費幾百萬金錢，滿天下做起堤岸，總是效鯀，河道如何不決潰？如今我做直撫，只須交我三十萬金，不要户部稽查，不要朝命牽掣，遍察地勢，開濬溝渠，水患便可去十之七八，而田亦可增無數。我細思，元朝不要此地興溝洫，或是不利戎兵；明朝亦鼾睡三百年不一理論，可恨。其中百餘年太平，以我觀之，亦天厭亂開太平耳，何與人事哉？即賢相修名節，然腹中經理天下之具一些没有，做得甚麼事來？如吾鄉李文節，是祥麟威鳳，做些甚麼？直隸田無阡陌，買賣無契券，一遇田地争訟，問官立窮。故孟子云：「仁政必自經界始。」如今四書、五經道理略熟些，閱歷事務漸多，覺得不依周、孔治天下，總是亂做，愈紛愈擾。覺所讀五經、四書，一字不可違悖。自幼讀書，至今又開一生面。

北直興水利是極好事，但不可經部議，一舉行，便催升科，終索不了，人誰敢興？非三十年後升科，不可行也。道聲曰：「極好事，朝廷行之便壞，總以無治人也。朱子社倉何嘗不好？通行便壞。」曰：「朱子爲主，豈有不好的？王介甫青苗法，初行之鄉黨，何嘗不善？推而行之天下，弊便不可勝言。故周公周禮亦是欲王畿行之，不過千里，周公可履畝考稽也。他國君相，能行者行之，不能行者亦聽之。其法太密，恐他人亦難行也。」

賈讓三策，以「增卑倍薄」爲下最妙。蓋水無遏止之法，鯀之罪以湮，禹之功以成，曰濬，曰導，曰決，曰疏，曰瀹，曰排，曰行所無事，曰水之道。近日靳輔等力闢讓説，此皆惑世誣民之甚者，然以決知其説之不能行世也。賈讓策，語語着寔，學者皆當熟讀。盤庚遷殷以避河，此能得禹之意者。

治河不用堤，用堤而壞，鯀已試之矣。潘印川河防一覽，不知而作也。潘印川乃一不偷錢糧的靳輔耳，其實何所知？凡人窮經，要知得自人事達於天道，施之於用。古聖人所行，有一成式，不可違背他，又要精思其所以然之故。不得其所以然之故，恐人有執他一説以相難，無以應之，則已易摇，而聽之者易惑。盤庚豈不能用民夫築隄障以暫禦？而顧至於遷都，寧棄其地與之，其所見甚精。當時臣民浮言，未必非隄障之説。「八索」有壅，有防，田間不可用，大水萬萬不可。賈讓無他文字，只三策一篇。賈捐之只罷珠厓疏一篇，已足千古，正不必多。賈氏自賈長沙後，家學固是不同。

勵觀公以書來，屬築隄障水。不獨但求静海免患，以霸、保、文、大四五州縣爲壑，爲不仁，即静海何嘗受其賜？渠向嘗啓奏，上命郭昌伯〔一二〕爲築隄。郭不度利害，即爲築之。而於廣福樓開一壩以洩水，使大城諸處不致爲魚鱉，而静海士民及勵老嘵嘵不已，以爲此處貽害。不知静邑地勢當衆水下流歸海之處，豈能使水不行？此地士民率言，向未築隄時，還可收麥，及堤後，廣福樓之害更甚於往時。渠不知此乃隄之害，而非獨廣福樓之害也。蓋小築隄，則受水地廣，水平漫而下，力分弱，隨地高下以爲淺深，不能刷深成渠，涸出亦速，或麥可早種早收。又無大堤，民各作小堰，小堰多，足以禦半漫之水。堤築，愚民以爲可恃，不復修堰。水勢聚，則蓄怒而力猛，一潰則溜急，刷深必成大渠。即開一二閘壩，其力亦聚，行水處必成渠，廢地已多。水入堤内，不能反出，受水之地轉窄，停蓄反久，麥不能早種早收，明年水又及麥矣。往時奉命看河時，紫垣親拉予至高家堰上周家閘地方訴寃，曰：「君是公道者，當日潘印川將此處四十里不築堤，名之曰『天然減水壩』，使水灌入淮陽，各州縣人曾無有一怨詈者。今予勞役數年，爲築四十里長堤以護民田，僅留六七閘壩洩水，而淮陽紳士、百姓譁然讒怨，可謂有天理乎？」予問：「潘公何乃空置此處？」靳云：「殊自不解。或當時銀不繼，或時勢有阻，未復成功使然。」予時竊心是之。歸而語諸淮陽之在朝班者，皆糊塗作怨詈語，曰「靳某之言烏足信」而已，予幾欲爲啓奏。渠自分辨上前，予亦止。乃思得之，即靜海築堤之害也。

問建都形勢。曰：「畢竟是中州。周公定都於洛邑，何嘗是爲周室？聖人舉事，皆是爲萬世。漢文帝時，烽火達甘泉，明朝都今京亦然。帝王之都，爲何履險？胡虜一來就到此，豈長計？洛陽無論四方之貢，道里均，即以形勢論，何嘗不險？以太行爲後背，左齊右陝，天塹在外，重臣鎮之，卒有不測，隔有重險，可倚爲固。奈之何自臨危，以扞難損威重哉？」

定九先生云：「柳州封建論，是爲藩鎮之害而作，其論終不允。」先生曰：「後世人止把天下作一自私自利，世爲己有之物，許多算計只是從自己利害説。柳州説，俗論也。班固則善矣，然猶是第二層，猶不免於從利害起義。指臂相使，脣齒相依，屏翰爲蔽，苞桑鞏固，周之所以長，秦之所以促。可惜最上一義，班固亦未説得。其實聖人只是要天下安，是自己的、不是自己的，有何大關係？將土地、人民分封與人，爲彼世守之業，自非大不類之人，畢竟要此一塊上許多人活養自己及兒孫，不然民竄田荒，己之貧敗立見，豈有不顧念的？不比今之郡縣，其爲官也如傳舍，罷者必去，陞者亦必去，知最久無十年相守之事。下不信其上，上不恤其下，官吏日夜思爲，盗劫搶掠以肥其身家。必得大賢，始念朝廷之命，牧養之義，此人如何多得？諸侯各與其民爲一體，而天子不私其所有，此封建意也。故郡縣之流毒，有不可勝言者。」

封建，良法也。秦、楚何難搶一周天子去，彼以爲天子即去，旋而齊來争矣，又旋而晉來争矣，去一周，又有一周，無用也。周已小弱極矣，晉文公勤王，又逼取其數邑，真不仁極矣。故夫子惡之。班固論封建極善，柳州開口便錯。曰：「非聖人意也，勢也。」聖人又何爲有行不去之意？

何焯言：「荆公保甲，非如今之五家相保而已，蓋五家出一甲兵也，所以不能行。尤甚均輸，亦斷不可行。如青苗法，令程朱諸公行之，有何不可處？」曰：「正是。天下事大概如此，不得其人，未有不弊之法。如周禮一書，但立王畿千里一州之法，他八州置之不問，正是此意。那時王畿之内，有周公、召公、畢公、芮伯諸聖賢盈於朝宁，朝夕可以巡行，恁甚詳密之法，無不可行。其外諸侯，若强之行，有必不能者。但立一箇榜樣，有欲倣而行之以治其國者，天子未嘗不嘉與之。不然，亦止五年之間，察其人民土地、風俗貞淫、在位賢否而已。是聖人識大體處。孔明治蜀獨詳密者，亦是蜀地小也。若使九州盡如周禮，雖聖人有所不能。三代以下，不能復三代，要當以漢爲則。顧寧人曰：『小官多則治，大官多則亂。』其言甚確。若地方有事，督撫行藩臬，藩臬行道府，道府行州縣，州縣仍取憑於里長、保正而已。是里長、保正之權，甚於督撫也。今動云革去里長、保正名色，以爲善政。其寔不能不用，徒將略好些的人革去，所用者盡是光棍。是上所查問之事，盡憑光棍以爲據，焉得得其理乎？漢時，縣有十鄉，鄉有三老、嗇夫掌錢穀，游徼掌盗賊。鄉有十亭，亭有長。今之鄉約是三老，今之里長是嗇夫也，今之保長是游徼也。漢之時，此等皆列之官，今之世，皆視之不啻奴隸，而用下賤之人爲之，豈不悖乎？予嘗言之，亭長一鄉長，設欲貪贓，每一家歛銀一兩，歛至四五百金，則怨聲騰沸，必有不可言者。今以充一藩臬、監司，一身之所着尚不足。可見小官貪，所得小而易敗；大官貪，所得愈多而其勢復足以自固。復何取於督撫、司道之纍纍乎？故漢時，鄉亭之長，朝廷亦知其名，而以一太守制一郡，其治遂爲三代以後之最。不亦宜乎？」

滿、漢分别。滿洲生齒日繁，勢不得不圈外地。百畝則失十人之産，千畝則百人，萬頃則萬人失業。今日圈地何下數十萬頃，此失業之民，將能安其室而無怨痛乎？旗下衣好、食好，游手無事，民一投旗，則好帽一頂，好衣一身，靴一雙，斷不可少。何也？欲其異於齊民也。外邊州縣打旗人有罪，犯軍流則鞭責，渠亦自以爲應安坐而享福，其敝也風俗侈靡。子女之費、婚喪之費無所出，不能自給時，雖欲自己趁食，而一出境則爲逃人，欲投靠則無主敢收。此旗人與人民兩敝之道也。天下事莫如打開了做，算定了滿洲兵應用若干，則註籍若干，其他宜盡行聽其自便。弛滿、漢之禁，令其佃傭、商賈，活動則通流，犯法則有司與民一例得而刑罰加之。州縣佐貳，漢軍可做者，滿洲亦可做，亦與漢軍人一例黜陟。何必拘聚於京師，共怨困頓哉？如此，則民有營生之路，而官失驕倨之資，生計漸廣，而人才亦出矣。

如今五百里以内，上不許人官其地。近者有例，則遠者何獨無例？亦當定例，二千里以外者不得官其地。如今萬里一官，苦不可言。州縣官，宜於五百里以外，二千里以内，許其除授。如此，則道路險遠得免，一也；妻孥得至，二也；親族音問，不至經歲斷絶，三也；且民情俗尚，語音食物，相習而易通，四也。銓部不能疏通，宜用明三年考滿，家居候陞之例。如今即不必三年，加一倍六年，亦勝十五六年而尚滯一官，居其位者困於下吏，待缺者又苦其不遷。大官聽其告休，知道國計，講求治道，朝廷所不可一日離者有幾？其他旅進旅退之具臣，亦當有進禮、退義之例。使之有去就，則官方不滯，而廉耻亦生矣。

阮亭見予於朝班，曰：「公督學京畿，竊有兩語奉頌明公，曰：『以正學端士習，以寬大培士氣。』」

科場關乎主司。陸敬輿榜，有韓文公、李絳、崔羣、歐陽詹輩。至歐陽文忠主試，道學則程明道、張横渠、吕藍田，文章則二蘇、曾子固。恐亦不亞龍虎榜也。宋室人材之盛，全在此時。文章則歐、蘇、曾、王，事業則韓、范，書法則蔡端明，理學則程、張、吕。人材，國運所係，宋亦以此時爲盛。

如今人才不生。予做學院以至今，留心人才，雖童子有知覺者，皆着心。而求成一人物者，甚少。有文翁爲之教，須得相如爲之師。梅先生曰：「當日蜀中，幸而有相如，亦不幸而有相如。倒底有文君事，所教者亦不過詞章之學而已。」師曰：「正是。」

癸未三月廿八日，師言：「上臨軒，問熊中堂：『汝在場中看會試文章，是自己獨斷，還是衆人商量。』熊云：『是衆人商量。』其實熊定會元後，許時菴私對吴容大説：『這文章不通，如何做得會元？』聲微高，熊聞之，大怒曰：『老先生新膺聖眷的人，自然識得文字，學生那認得文字，學生請出。』吴從旁挽留勸解而止。聞此番陳澤州始終不看一卷，只是説病。辛未場，予同京江一房，阮亭、澤州一房，王、陳亦俱説病，實是精神短，非有故也。然大家尚争論，講書旨，既受命，且先敬其事。京江於未進卷三日内，皆看前三題大全。到京江定惠周惕爲元時，王阮亭見之云『中説子路、顔淵皆貧人，那裏有裘馬勞善』，嗤云：『甚鄙俚，如何做得元？』京江從之。又張孝時儗元，阮亭嫌其太平，亦遂已。後定楊名時爲元，已三日矣。一日，澤州侵早忽至予與京江房。渠不敢輕出門者，予與京江即迎入。坐定，澤州語甚悦容，曰：『昨會元文字，三場力量俱足，文字亦似蘇、曾體，但學生覺得略放些，與我們初入場時，要正文體、出條約所言，似覺稍背些。愚見如此，未知是否？』京江尚未答，予即和之云：『甚是，如今再搜。』澤州又云：『搜之不得，即用此，如有好於此者，易之。』於是京江見予將張瑗卷經文字圈滿，蓋張易經文多直抄歸震川者，故覺得不同。京江即熟視其四書文字，謂『此可作元』。予云：『亦可舉。』視陳、王皆以爲然，遂定。全要争論，由今觀之，張瑗三作，果勝楊名時，豈不得澤州之力？又阮亭薦吴昺卷甚力，欲置五名内。京江躊躇，阮亭即怒云：『難道這樣卷子，你好不教他中麽？』京江亦怒，點頭低答云：『也有這箇意思。』阮亭即擲卷於案而去。京江向予言：『胡子可笑，這卷子文字可中，只是中有三篇，結語皆虚句。老先生試看此三語，何處不可着？近時常有用此爲記號作弊者，原有可以不中之處。』予云：『老先生不要如此，蓋我們在場内，總憑文字，若如此搜求，却搜求不盡，而又恐未必盡當。况此卷做會元不得，却是我們這一榜狀元。』京江遂默然置第八。阮亭潛使人伺京江不在，旁問予曰：『適那一卷怎樣了？』予云：『已中，且在十名内。』使回報，阮亭方喜。是科戴有祺狀元，乃上科補試，而吴昺榜眼，實此榜之狀元也。京江當日聞予言，並不駭問，想亦覺得此卷有當貴氣象。由今思之，澤州、阮亭真胸中毫無一物，空空洞洞。京江大有所挂牽，畢竟江南人，以此爲人生不可少之事。如惠周惕，昔游阮亭之門，師友至密，而打落其會元者，即阮亭也。」予問：「如今科會元文字，或東宫尚能别其謬？」師云：「東宫震於孝感，不敢置疑。予觀東宫，向予云：『孝感學不得，真從來無此人。』予窺之，總是爲熊公大言所讋耳。蓋孝感與南京黄俞邰皆是一種。凡書總不看其文義，只記其書之序文、目録、著書人之出處、作書大旨一二語。如今我們所知之道學，明朝不過知道王姚江、胡居仁、吴與弼、薛文清，後來高、顧諸家而已，他便能指數如羅一峰、羅近溪、馮少墟、周海門、王心齋，一數一大堆。又蠻自武斷，硬云某還有某兩句説得好；某全不是；其某處所云已大差。可謂全然不知。如道書、佛書，我們只説得看過的，人皆知道的，如參同、悟真、楞嚴、法華、金剛、華嚴之類。而他一數某經、某書，輒至數十百種，問之，他皆道其一二語。大略不知者，自被他嚇倒。予初入館，見孝感如此恢闊，心甚敬畏。薄姚江，尊程朱，心中以爲雖然，扶一家，殺一家，倒底我們爲甚麽扶這一家，殺那一家？如亂時奴尋主子依靠，也要棄暗投明，擇木而棲。及問他優劣之所以然處，或混話應過，或不答。予彼時亦不敢疑，以爲或有深意。及孝感見上問予所著易經講説，命録進，孝感托人欲予編入渠幾條。視其所論，無一字足録者，還之，渠大銜恨，遂對上云，予一字不通，凡所著述皆勦襲他人現成語爲欺謾。又言余所説揲蓍不是。上因諭孝感及予：『二人在内閣覿面辨論河圖、洛書，蓋在朕前或不能盡其辭。』奉詔：『不得拘師弟之分，命辨三日，盡録其語以進。』命王熙、伊桑阿如監試者。張英從旁聽之，王、伊促之辨，熊不發語，予亦不便發語。熊窘極，託張語予云：『老先生倒底存師生之分，不要破面皮爲是。』予遂許之，『但教熊老師説我那處不是，我便要認就是了。』張云：『回旨時，熊老師他虛虛的説兩句，老先生不辨就是了。』予云：『即如教。』一日，許有三到閣里，看見河圖、洛書，説河圖是相生的，洛書是相剋的。熊隨口云：『怎麼是相生？怎麼是相剋？』移時，扯許有三入房，悄悄問他相生、相剋，有三爲他講説，予方知熊公讀書乃如此荒唐。及至第二日，熊公恐予騙他，在上前仍有辨論，又令桐城探予，予云：『豈是如此反覆人？』後回旨，熊又用混話答應云：『他也是箇看書人，只是不精細確當。』上問桐城云：『汝云何？』桐城云：『臣所見亦如此。』上面斥云：『你就是个一口兩舌人，你向我説李某説得揲蓍俱是，今又這樣説？』桐城大没意思。由今思之，廷争而至於説書，説書而至於談經，談經而至河、洛。河、洛無形無影，作就説一番，何處得是非了然？誰爲判斷？故當時不置詞亦是。」

八股取士弊壞極矣，離却四書、五經不可。周禮經也，公、穀於孔子爲近，與左氏當列於學官。首場試經説五篇，令學者述先儒之異同，而析其孰爲是，孰爲非，皆所不可，則自出己意，四書説三，經説二。只此，足覘窮經，多則敝士子之精力，無謂也。二場論二篇，孝經雖聖人之經，卷帙最少，不如易以性理、通鑑。表判可去，恐聲病之學遂廢，兼採唐制，試詩二首。三場策三道。首場試畢，取三倍人數進二場，餘皆罷歸。復取二倍進三場，刷去者亦如之，而後登其半。又以五年試大科，俾兼通數經，習三春秋、三禮者，得殫所長。登斯選者，授以舘職，如殿一甲之例，亦不過數人而已。即以其年試天文、律曆，專門名家，分別録用。如此，則士皆務實學。或疑二三場如試武業、馬步，有不入闈之人，恐滋弊端。予謂「弊之有無，原不關此，要在主司得人耳」。徐健菴爲總憲時，予慫恿之，欣然具疏，爲湯潛菴所阻而止。

方靈皐云：「始初與安溪先生談，以爲得志，真天下才，今殊平平。」先生聞曰：「吾何能當『平平』二字，罹於罪戾者多矣。古人上一等人不出來做，如朱子，只守定古法，你是這樣我做，不是這樣便罷，寧使千秋萬世説我是迂腐，不通世務無用人可也。然一二有識者，已服倒矣。二三等人，方委曲出來救人。邵康節見新法行時，諸賢皆退，曰：『天下有事之時，正賢者盡心之日，百姓寬一分，即受一分之福，奈何皆去？』然他自己爲何不出來？是明以三等秀才視司馬君寔、程伯子輩也。故程子直謂其『不恭』。」

鄉約須整頓一番。舊講六諭，只稍提明，不煩疏釋。今講十六諭，每條詮解四句，多不過十句，務簡明。歌詩也要更定。

古以河南爲中土。江南自漢後，東晉文物所在，遂至今爲大邦，天下視之爲中土。若江南人心風俗日變而上，天下便大可望治。何焯云：「江南更不如前。自捐納開，讀書人皆去管勾當，希圖小利，日益污下。」師曰：「病根只在不讀書。孟子云：『上無禮，下無學。』此六字下得甚結實。如今做京官，誰肯退朝來即閉户讀書者？富者恆舞酣歌，以爲何爲此苦事。貧者曰：『吾救死不贍，何暇爲此？』如此，是貧不讀書，富亦不讀，不知何境界始是讀書境界。」

天子要做聖人，狠容易。漢光武、明帝成甚麽文教，不過略有一層皮，在體面上略略行些，然天下文風之盛，超軼前後。况文、武、成、康，而濟之以周、召乎？倒是布衣做聖人難。孔夫子若有走一步路不是，門人便不敬他。天子好處不耑在細事，大事皆做得來，便是聖人。

張運青自從人爲尚書，耑講和平。許嗣興〔一二〕爲閩撫，運青舉薦他，頻頻教許時菴寫字與他，教他和平。許嗣興先從一點操守上和平起，弄得不成樣，以之爲龍又無角，以之爲蛇又有足，以至於敗。前日，見順天府尹屠沂，又勸他和平，屠對我述其言，我云：「從來不聽見年兄你有不和平處，不知這和平之藥可對年兄之症否？」

有言天津、滄州俗侈者，何焯云：「因縉紳家住其地者多也。士大夫取科第爲仕宦，無有率其鄉人積學種德者，而惟誨之奢靡，可恨也。」師曰：「果然。予應童子試入郡城，乃端午日，競看鬬龍舟者，兩岸惟見人面如山積，層累而上，何啻百萬。然紳士無着綢緞者，極麗色新興服，則月白色布袍而已。惟有一楚藩子爲諸生，則内着綢衣一件。及楚藩歸，携資數十萬，其子弟、親戚、門客、僕隸，無非綺紈，始相率講求衣服、飲食、器具之精好。士大夫家從風而靡，不五六年間，人無貴賤貧富，一皆綺紈矣。風俗之壞實由此輩，而其易若此。聖人删詩最妙，唐、魏儉至於陋，而聖人録之。嘗疑葛屨、蟋蟀見其勤儉，而山有樞殊不類也，似欲奢侈淫逸者，不知此正見其儉處。衣裳自宜曳婁，車馬自宜馳驅，惟不肯曳婁、馳驅，故徹底打算到生死之大故，而後決計也。其吝嗇之意，言外可掬。」

於今我們歸家，既做一箇大鄉紳，也要略略的在本鄉做得一點榜樣。先從本族整理起，先要自己清心寡欲，禁得子弟、僮僕不要欺詐鄉里。即一族子弟，你若無一點恩惠到他，但要約束他，他也不服。一族人多，焉能養活他？只是病無醫藥者，死不能葬者，年長不能娶者，欲向學而無資者，少不得有一點周贍他。然後立一點家規，使身死之後，有幾年流風餘思，爲人所稱述，可以効法處方好。

三代以後人，力量少，不敢行事，亦恐行不來更壞，只是與民休息，不去剥削撓亂他，聽他自生自息，便就好。予云：「若不是立有品制，今尚儉樸，如現今侈靡相誇，了無分別，彼此相耀，婚嫁喪祭不如此，衆以爲鄙嗇失禮。非特立獨行者，亦勉强就之，以避親友咎責。欲民生日厚，難矣哉。」師云：「正是。漢文帝不獨蠲租而已，自己綈衣，一臺之費亦不肯用。商人衣飾逾制者，有厲禁。洪武視貨財如瓦礫，教民耕種，懲官之貪，訓士以廉，游惰置於重刑，故風俗淳樸，而國祚久遠。諸事自然法古方萬全。立制行法，恐滋擾亂者，如王荆公亂行，自然不好，若是順民情、因時勢而行之，有何不可？倘如今日，要遽復漢官之威儀，固覺孟浪。設於一頂帽分别貴賤，他俱不必禁，則前門外奴隸光棍，自漸不衣錦綉矣。何也？如今王公與厮養同一衣服，渠不過耻爲厮養，以衣飾假作王公耳。一帽已定，走出來便知其爲何等人，雖衣錦綉無用，且自覺其不稱，亦廢然而止。此必然者，有何不可行？一番定服制，便有人向皇上説，大家都不穿有何趣味？覺得忽然蕭條冷淡，豈是好景象？不知天地間要熱鬧，須忍得幾年冷淡，如冬天何等枯槁冷寂，不得此，春間着甚麽發生？人樸儉了，方能富厚，亦如此。」

經館中有不佳數人，却不消逐之去，留之亦妙。天地間不有高下，人無所勸懲。在吾上者有人，便思跂而及；在吾下面有人，便自覺亦有不如我者，便不自隳心。不獨其不善者改之之爲師也。所以「鶴鳴九臯」之詩最好。「樂彼之園，爰〔一三〕有樹檀，其下維穀。」有穀却能益顯檀之德，又恐人止以穀爲襯貼無用之物，而曰：「他山之石，可以爲錯。」

許志進上疏，言大計年外官輦金帛入京餽送者無數，宜禁絶，宜令九卿、詹事、科道稽察。此借禁餽送爲名，而欲九卿、詹事、科道擅權爲實也。如此，則餽九卿、詹事、科道豈不更多？所謂「觀於木瓜，而知苞苴之行久矣」者。書吏一點紙筆之費，雖唐虞時，亦未必全無。我爲巡撫，即不敢禁屬官不收節禮，爲此沽名而不切實之言。如今俸薄，交際禮繁，又加動行捐助，公家絶其餽送，勢必增其派累。人至窘急，何弊不作？當更甚焉。董默菴爲直隸督學，即盡以學租公費入國帑；徐健菴做尚書，即將外省硃墨之資裁革。此二公居官豈廉者耶？定九先生立旋久，悟陽明先生一段言語：「有一官僚，見陽明稱曰：『公初仕時，即能革公廨養猪之供贍，風裁便不同。』陽明滿面發赤曰：『此予少年欺天罔人之所爲，尚齒及之耶？』常不解其所謂，或即此意也。」

言官採事，亦知其大略而已。若將外官某日批何文書，行何牌票，皆臚列彈章，反似有意羅織，必有所爲。當年明相爲欲駁熊孝感，時常譚數學。一日，予至其家，渠忽問：「『至誠之道，可以前知。』易經卜筮，是聖賢亦以此爲重？」又問：「邵康節是好人否？」予曰：「豈獨好人，是大賢人。」渠故愕然曰：「如此又何以有『不可前知』之説？『若人前知，必遭陰譴』，此言非耶？」予曰：「皆是也。所謂前知者，知其大略而已。如予與公相與久，君家門逕如何，屋宇若干，人口之衆寡，用度之豐儉，無不知者。有人問及，予能道之。然此亦大略而已，縱其中有不足於君者，或議其僕役之過多，或尤其用度之過侈，君雖知之，亦不以爲怪也。若件件鈎棘，着人窺伺，君家凡有錢財之出入，吾必知其數，内房之曲折，予皆能言其形。此何爲者？君知之，有不心忌發怒而成仇恨者乎？夫帝天亦如是也。」明乃撫掌稱嘆曰：「真真高明。」

予在皇上前，一語不及讐怨，皇上固問之，亦淺淡説一二句。不是要見度量也，是恐觸引皇上長出忌諱報復之心來。

上言捕蝗之事，云：「人有實心，則天意可回。」大哉王言，人只不肯實心，奈何？及當虛處，又不肯虛。實者虛之，虛者實之，奈之何哉？

天下做得事來，都是不要做的人。急躁，便易敗。

敝鄉某氏，本朝科甲特盛。一祖之孫，鄉科至十餘人，甲科三人，而鄉人視之如無有。亦非爲其學問，於濫時文之外一步不窺也，因其嗜利無行，雖胞兄弟，一文錢亦計算，而相視不啻路人。可見斯民三代之直猶在。

上於向年巡視永定河時，閒話間云：「汝輩漢人，説予向征噶爾丹時，不必如此窮黷，身蹈不測之下，太平當休養生息。此都是不知事務語。本朝以四十八家爲藩籬，噶爾丹自恃强勝，扇動四十八家，那年深入内地時，我軍雖不較勝，他見兵馬之多，火器之精，矢鏃之利，固已心懼。但他立心要想天下，若四十八家爲所扇誘併吞，我兵出則彼去，我兵歸則彼來。中國人説胡人秋高馬肥話，都是『盡信書，則不如無書』語。其實騷達子的馬，四時皆是肥的。汝皆讀書人，如漢時虜人爲患，不獨漢武帝竭天下之力，中國虚耗，即如文帝時，何嘗不戍邊？噶爾丹邊釁一動，兵疲於奔命，民窮於轉餉，欲休養生息得乎？所以予不憚親征，去此大害，今而後庶可言『休養生息』四字。」皇上此言甚是，但此時却該講究休養之道。捐納不識字人，殘民命而滋巧僞，部院官苟且漁利，爲事却不好。予於此番隨駕奏對時，亦啓其端説：「皇上於安不忘危，雖千把弓馬，必經考驗，他處不可知，直隸武弁威容器械，近頗可觀。巡幸所至，地方官或亦考試，皇上聲靈，與臣等教戒不同，一經聖心，便各成風。文官以文爲名，不識字，文書詞狀皆不通曉，如何牧民？請於幸駕所涖，將親民官，不論捐納〔一四〕、科甲、旗員，不必詩及時文，彼或借口未習，或生疎，即就本地方事問之，或如策問以時務，令臣輩閲定，恭呈睿裁。但可存者，原不苛刻，實不識字者，自應去之，渠亦無詞以自解。即不必真有學問，就是日夕學習記誦，策料中亦必有可用語。他在那裏也有懼心，不比酣豢無事，淫逸剥民也。教官一官，闒茸無能，真如虚設。其等有二：一爲數十年廪生出貢，再候二三十年做官，小者七十，中者八十，老者至九十，疲癃殘疾，焉能董率訓教？一爲十餘歲童騃，做童生不足，而爲師焉能領袖諸生？莫如亦以考甄别之。教官怕考，日咿唔於學校中，不患其弟子不從之吟誦也。」皇上亦云：「正是。」大概治天下，内而中堂部院親近皇上之人，外而與民相親州縣官，真是要緊。得其人則治，法不足恃也。州縣官有百里之地，此百里須視如門内，敝車羸馬，一湌不擾民間。周巡熟閲，勞民勸相，耕耘之及時與否，各鄉之習俗善否，水利、紡織、義節、貞孝諸務，無不周知。有奸民、有互鄉，一一心記。盗發必心知其人，無情之詞，必忖知其故。所謂「民之父母」如此，雖周濂溪爲令，不過如此。部院大臣久任，雖皇上篤於故舊，眷顧老臣，是忠厚開國一點根本，其實亦有弊。大臣在位久，無建白能勞，亦當引退，以厲廉耻。

上亦當視吏部果能爲國澄别流品，户部果能會計盈虚，禮部果能興教化、正文體，久任更妙。如不能爾，令其告休。如今滿洲皆將這幾箇老人家煅煉得如木偶，若再换一人，不知其性情如何，從頭煅煉，又費工夫，不如仍舊。恰好凑着此時顧愛留戀老臣之時，遂致日擡大轎，酣睡於部院數十年，而不知其中絲毫事務者。此亦大弊。但這却是皇上至厚處，我們斷不宜破他這一關。但用賢而兼此，則更妙矣。

事有宜急者，有急不得者。如朝廷目下，於科場作弊、捐納這兩事，真該一刀兩斷，急急斷絶的。至於海賊，則不必急於斷絶者。必不能斷，急亦無用。科場作弊與捐納，原不該有，可以斷者。海賊不能不有，無可斷之道者。何也？海中有賊，猶平地有賊也。平地之賊，自古至今，有斷之時否？天上都有他的星，如人身上跳蚤、虱子，天地間有虎豹、蛇蝎、蚊蚋、蝱蠅之類，豈能使之無？防備、揮斥、驅除之而已，欲斷其類不能也。豈惟急之無益，抑且急之有病。如前年，皇上於投降海賊陳尚義，招徠之，待以恩義。敝鄉目下即有惡少，結聯三五十人，竟打劫一回商船。既有案矣，你説他不是賊不得。於是才出來投誠，横行鄉里，索詐富户，莫敢誰何，連范總督都不敢問。幸而滿撫院還知大體，竟着人訪拏，方才好些。這不是講求急於斷海賊的害嗎？向年海賊雖平，出許多光棍，假冒隨征臺灣，買人一張劄付，部裏使費些銀子，就去做大武官。如浙江總兵仇機、現任山東總兵李雄，都是這般人。藍理言，仇機乃浙江剃頭人，一關差筆帖式喜其剃頭好，帶他進京。他買一功，加都督劄付，便選一游擊，一陞便是副將。一日，見鎮江將軍馬三奇，藍理在座，而仇機不識。馬問其功勞履歷，仇機便説與藍總爺同打臺灣，共在一船。馬指藍曰：「這便是藍總爺。」仇方倉皇向前作禮，藍反周旋云：「汝看我老了，也不認得了。汝之面蒼，我亦竟不相識矣。」仇唯唯而退。李雄劄付，即我家大房舍姪買的，向藍理要憑赴都謁選，藍云：「汝面白，身材小，太不像武官，如何？」於是爲他薰曬，而面愈白。既不能赴選，遂賣與今山東總兵。予向見李雄名，即詑異，後以爲偶同名耳。昨見藍儀甫，言次及之，始知即是物也。皇上以爲沿海重地，自然用當日平臺灣、習水戰者，而不知其爲此輩。只吴群雖然亦是買人劄付，他當日倒底做過賊中大爵，尚有一身武藝，又非他人可比。

柳子厚古文各體好，詩復各體好，書法在當時亦極有名。韓吏部云：「吾友柳子厚其人，藝且賢，蓋無不精工也。」予問：「子厚當日未嘗附伾文作壞事，何以終身淪落？」曰：「柳子厚當初不過是功名心盛，自負才大，可以借伾文之勢，行自己之道，暫爲伾文用，而將以用伾文也。不知一爲小人用，便已爲之用矣。八司馬之名，至今烏能剖别哉？此種見解，古今一轍。士大夫功名心熱者，極易持此見，而至於陷溺。聖賢却無此作用門路。小人得志時，也不須與激撞生事，令他看得我們迂迂闊闊，孤孤冷冷，毫無所用，便足自完。若一見才，示其可用，便不妙矣。初，北門屢以事見屬，予左右籌畫不決，務推求無弊。渠不耐繁而止。復又使人言上欲用作部堂，會議時令予唯唯，予不可，復止。後即勸予假歸，予即如其言，渠亦深相傾吐，周詳爲予慮後。及别後，東海巧發難端，以德格勒彈擊北門，遂逼北門合勢，借予以摧德格勒。北門切膚之痛，不得不俱傾之，大治復從而加功，而潛菴及予乃至於不可支。然予等而爲明公所排，不得指爲同黨矣。」

今日文風，予意轉屬之屺瞻、武曹輩。蓋今日公卿一典試，便看汪、何選本，故選家議論正，未必不足回天下之狂瀾也。故易有大畜，有小畜。大畜者，聖君在上，正名定分，布德發政，天下風靡。小畜者，如太甲、成王爲君臣致匡輔，如瞽瞍及鯀爲父子乃幹蠱。如一家之中，夫蕩家産，婦勤紡織，始雖勢逆，積久有效。故自上而變下者易，自下而變上者難，然固不可謂不能變也。故小畜云：「既雨既處」，積之既久，陰陽亦合。但大畜功成，身名俱泰，故曰：「何天之衢，道大行也。」小畜功成，便宜引退，伊尹所以戒「寵利，居成功」。周公雖勤勤懇懇，然亦曰：「茲予其明農哉。」而召公則引退之決也。蓋以陰畜陽，若不知止，過亢也凶，故曰：「婦貞厲，月幾望。」東漢之末，東林之盛，皆處士横議，遥執朝權，竟勝不止，故致傾覆。孔子身爲布衣，何嘗不將文、武之道好好修明，爲萬世扶人倫，崇正教，然當時在定、哀之世，處季、孟之間，歛鍔韜光，見機而作，不俟終日。當季桓子逐昭公時，孔子在魯，計其時有門弟子當不下數百人。若如今秀才，動輒哭廟，孔子當帥弟子出揭帖，動公憤，與季氏不並生矣。孔子却閉門讀書，如不聞也者。在出公時，受其公養凡五六年。輒拒父，孔子食人之食，此何等事？而不出一語以規正之。此若大不允者，而孔子却安然處之，亦置之不論。安卿曰：「於此見聖人之作用。」曰：「説聖人作用便差。却要於此看出聖人確當，未嘗不在利害計較，究歸於中庸不可易的道理，方好。説却不得力，却要看孔子謹嚴一絲不走處。季氏逐昭公，孔子未嘗食君之禄，非我事也。分所不屬，何爲多事？理當如此。孟子曰：『鄉鄰有鬭者，被髮纓冠而往救之，則惑也。雖閉户可也。』以常情論之，孟子似無情者，細思之，道理却顛撲不破。鄉鄰本非至親，往救而不力，則詐。往救而力，則代鄉鄰而與之鬭？傷生被辱，以危父母，皆不可知。即不至身受其災，如今日律例，打死人在傍邊不救者，亦有不應問擬，拖帶作人命干證，有何好處？雖閉户可也，的確該如此。夫子在衛，其初不過住歇店一般，其君知之，餽些柴米，受之可也。出公已犯其父，成事不説，言之何益？若是出公信孔子，委國而聽之，夫子自有正名一番設施。君既不信用，何爲以局外之人，爲不入耳之諫？那時夫子已老，歸魯心切，惟衛與魯鄰近，他國無可居，又遠於魯。夫子當日不脱冕而行，已與魯絶，又不便自歸，故待季氏之請而後歸也。彼時地位道理，應當如此。」

安卿云：「家永州總兵叔具有眼力，平常佻達，喜游俠好事，至三藩變逆，却安坐不動。鄭、耿方熾時，渠潛至海上覘之，歸曰：『無能爲也，皆乳哺小兒也，焉能成事？惟有劉國軒，將來尚作哽噎耳。』復潛至耿處，歸曰：『行尸坐魄耳，烏能爲？惟有一姓曾者，瘦而有神采。』後曾養性果爲江西害，劉國軒殲我朝兵無數。」

家政

先君性情篤厚，雖老，思及先祖猶痛哭。當家中貧窶不能自存時，有宿糧皆以供祠堂之費。緣門募化，竟二三千金。重建祖祠，倡議捐祭田，爲族人營婚葬，不一而足。明末，閩中學者飲酒讀史，崇尚李卓吾書，舉國若狂。而先君篤好性理。赤貧赴考時，十金買得一部内府板性理，喜若重寶。歸而督予讀之，遂開子孫讀書一派。而天性之厚爲根本，天性厚，豈獨是自己根本，並是子孫根本。

先叔生平不喜宋儒學問，而視黄石齋爲聖人。若使聞浙江人以所薦鄭鄤爲真不孝而淫惡，必揮拳相向。以爲黄石齋先生聖人也，豈有聖人妄許人耶？先叔有巧思，凡人家有吉慶事，求其命堂額、贈聯帖，皆應口就，而玲瓏切合。熟通鑑，幾能成誦。先君三十一歲始生予，極喜，所居地名下地，故命今名。先叔於彌月時，以銀泉爲賀，鐫其文面背曰：「金馬中人，玉麟下地。」類如此。

有以油杉木爲器車者。予平生所見祥瑞，如油杉、五色靈芝。油杉木親試之，冬日，以瑞香花未開者置油杉匣中，數日開視，居然開放。得此木而用之者，大約有福命存乎其間耳。先君得一付，不意爲泉州知府王者都所逼要，分開已薄，王怒而不受。後共分爲三，先伯一，先父一，先母一。先祖先得一，皆大福。他姓得一付，後死於兵，不知此物歸何所。吴給諫得一付，死，其婦悍妬異常，曰：「老厮詎應得此？」留爲己用，竟不與。後經兵火，亦失去。如此者多，得之既難，而用之者尤難。先母善知水味，喜黄河水與京城水，以爲味厚而甜。屢卧醒，自詑身旁卧一大魚，頃之而失。先母孝而知理，先君直，不過一意向善，百折不回。此人之所不喜，而神之所喜也。

予年來與子說，當勸小兒作時文，豈是要他急中進士圖科名？要他讀吾儒書，把心地引到正處，雖用心深苦，而自有一段和粹之氣。大凡人之心，必有所寄。如人君，不寄在賢士大夫上，便寄在宦官、宫妾上。宋太宗終日下棋，罷，即看太平廣記。人諫其太勤，曰：「吾以此避六宫之禍耳。」真是名言。小兒嘗言，欲以二三年且學算學，待他年再回頭專精於儒書。我叫他讀正經書，也不是要他做名公，做經師，正以五經、四書，時時刻刻安頓吾身心之物，豈容有待？吾之喜怒哀樂忽失其常，不合聖賢道理，便當自省，便當懼，必有緣故。所以左傳記一人一言之失，便占人吉凶禍福，是此意也。渠生在吾家，有祖父一脉傳下來，少差些便不妥。如藍儀甫一路升官，誇張喜躍，到老無事。若我輩如此，早已化爲灰燼。覺得心纔略放些，當日必有不開交的事來。此可見天之待人，竟是各色各樣。

【校勘記】

〔一〕「以德詔爵，以功詔禄」，原作「以德詔官，以能詔禄」，據周禮注疏卷三一改。

〔二〕「盧藏用」，原作「盧日用」，據舊唐書卷九四盧藏用傳改。

〔三〕「問」，原脱，據石印本補。

〔四〕「鴻基」，原作「業鴻」，據本書卷十一改。

〔五〕「曰」，原脱，據石印本補。

〔六〕「貝和諾」，原作「貝和若」，據清史稿卷二七六貝和諾傳改。

〔七〕「丘」，原脱，據石印本補。
〔八〕「疑」，當作「款」。石印本作「戲」。
〔九〕「拔」，原作「撥」，據三國志卷三五諸葛亮傳改。
〔一〇〕「便」，原作「何」，據石印本改。
〔一一〕「郭昌伯」，原作「郭長伯」，據清史稿卷二七五郭世隆傳改。
〔一二〕「許嗣興」，原作「許興嗣」，據清聖祖實録卷二四〇乙正。
〔一三〕「爰」，原作「園」，據毛詩正義卷一一鶴鳴改。
〔一四〕「捐納」，原作「捐約」，據石印本改。

榕村續語録卷十九

詩文

古人本傳載其詩文，即此便見古人妙處。可見平生所作止此，不浪作。今人一年刻一集，有何益處？妙在天地間所傳，多者與少者一般，絶不因作者多而傳遂多。

凡作詩，須看何題，要與古人某詩某詩相似，玩他立言體裁是何等，以爲規模，但不大差，只是不可鈔寫耳。如此模仿久，即自作亦中規合矩矣。如曾子固做古文，每篇或摹韓，或即摹歐，皆有成處。讀古文亦是要記樣子，樣子多便不窘。

顧寧人讀得書多，古文與詩都可觀。但詩落筆便要不朽，不爲詩經，亦爲詩史，這個見解存在胸中，亦是病。何屺瞻亦然。信如是詩經，至今還可删去大半，「彼采葛兮，一日不見，如三月兮。」有何關係？蓋詩與文章不同，所以道性情，性情誰不有？屺瞻聰明，此却須與説破。

王守溪以氣之靈明爲性，正佛氏之説。守溪未必學佛，正坐終身繁華，於理上欠研求耳。本訝王、唐、瞿、薛未能立極，蓋經義必須與程朱吻合無間。或有其人矣，而不肯爲此，又或辭不足以副之，筆力不高，類於訓詁語録如虚齋先生者。看來制義總無有一人立極。文立極有韓昌黎，詩立極有杜子美，又好幫手，漢有馬、班。司馬遷雖不及古史，紀傳一體是他開創自作底文字，秦楚之際月表、漢興以來諸侯王年表，後雖有作，不能及也。使韓昌黎與之打滚，定當折脚骨。「遷、固雄剛」，此評不虚。又如賈、董之條對，諸葛武侯人物，敢道他不立極？即以文章論，零零碎碎皆極好。張留侯亦是立極人物。揚子雲有重名，然少遜，就論文字也拖沓，既不及董子之醇，又不如賈子之快。六朝無人物，書法立極，自王右軍而外，亦多善書，非後代所及。明無一人立極，僅一陽明收拾結果，不及古人。學不如宋，文不如韓、柳，詩不如李、杜。擒宸濠一節，乘機遘會，如此者多。若論勳業，則郭汾陽、李臨淮，赫赫前日矣。孫襄。

論世元詩品，許其清新。世得問：「清而不新，可乎？」曰：「以時文論之，歲生中式文字清而不新，亦有新而不清者，要之得古人一節，皆足以豪。」孫襄。

張籍祭退之詩，與李翺祭文，俱絶調。退之平生自處，首在於排二氏，翺篇端發揮，而此詩終韻無一語及者。文昌早年曾勸退之著書矣，豈晚乃悔遁而之他耶？退之與孟簡書、籍、湜輩未知，果能不畔去否？而不及翺亦可疑也。自記。

問：「韓子論諸經皆當。」曰：「程子云：『退之説他不知不得，「春秋謹嚴，左氏浮夸，易奇而法，詩正而葩」，皆明理之至。』程子説：『禮一變而爲夷狄，再變而爲禽獸。』春秋於夷狄斤斤然，韓子以爲謹嚴，深得其旨。看來以浮夸評左氏極當，蓋左氏敘事過於鋪張。『上規〔一〕姚、姒，渾渾無涯，周誥、殷盤，詰屈聱牙』。也贊得是。」問：「『詰屈聱牙』四字，亦類『周誥、殷盤』？」曰：「如某人與某人語，即學其聲音。退之不獨學周誥、殷盤，爲樊紹述墓誌，通篇效樊紹述文，爲柳子厚墓誌，亦類柳子厚筆意。」孫襄。

种與穆伯長皆受業於希夷，而傳其理數之學者。伯長又篤好韓文，爲學者倡。元之則首作杜體詩，一代人文，權輿於此時矣。自記。

孔安國尚書序，朱子以爲不類西漢之文，看來是孔子家法。孟子七篇，猶有國策習氣，論語則絶不類左傳、國語矣。孫襄。

鍾倫問：「西漢文章尚有流弊否？」先生曰：「何弊之有？秦不如漢。若國策則有弊，一變而爲蘇子瞻。」又問：「六朝流弊。」曰：「六朝之弊已極。」孫襄。

予與屺瞻言：「文章不要求古，無論不似，即似亦無足取。所以古人謂東坡耑摹戰國策，便非文之至。從來無所謂古文也，只是就這一事，意思見得透，説得出來，只將閒字眼芟得箇乾净，便是好文章。如今謂南宋文字不古者，非以其過於條達明顯，形貌不似也，不過是以其閒字句太多耳。」

道理已是見得如此，却要放在那裏，數十年寫出，方好。不特差錯者須改，即是者亦要爛熟，久之枝葉渣滓盡去，自己不消多着語言，而自朗然。即聽者，不待我言説之畢，而已自領悟。此境非可强取，所以用工須少時。程子言：「某十七八歲時便見得如是，至今仍見得如此，却意味自别。」要之意味别，則所見亦定别矣。

何焯云：「宋人文字皆偷人的説話，本之於經者，循其根柢，皆有味。本之莊、列、國策者，察其源本，已自索然。」曰：「六經道理，平正深厚，平正則無弊，深厚則不窮。故古人原本於此，則耐尋味。且後人本此不爲勦襲，乃爲發明。若莊、列之徒，存其言足矣，何足發明？既不係發明，則爲勦襲。即註疏内字有不相粘者，但年代久，經前人用過者，便覺得有些古雅。柳州學西漢，昌黎學周，故文特古。吾於八家内，欲選韓、柳、曾、王四家文行世，亦以其近古也。易註疏看了，亦於易不相干，周禮註疏最好。」何焯云：「書、易兩註疏極不好，禮記註疏甚好。」

世得論昌黎師説中有説「愛其子」，使從句讀之師，至「傳道」、「解惑」之事，便不肯從師。蓋今人原有於技藝外面之事，轉向人求學習，至身心性命之學，則置而不問。無論厭其迂而畏其難，亦有四書、五經自幼學習，何至老大尚以問人之耻。後又云：「年相若也，道相似也。」今人明知自己身分不如人，却以年大不便俯首師人。又彼人有絶技，我以爲我固知大道，何屑屑以此屈節於人？如程夫子便不肯請教康節易數。孔子却問官、問禮，不立界限。乃信昌黎之文至爲切實。

平淮西碑有但書日而不書年月者，豈非大闕漏？但書經却有此體。大抵名號書法，惟春秋當法。春秋年下書時，時下書月，月下書日。有以兩日赴告者，則書兩日。有雨雹、灾眚經幾日者，則書某月某灾幾日。有無關輕重者，則不書日。楚及吴、越，慎之又慎，不使見經。到後來，列國策告俱有他，他實與中國盟會，不得不書，則書人。其後日益張大，竟主盟，不得不書其爵，然但書子而止，必不予其僭號。至於子，則概稱之曰「公子」，蓋公亦可通稱。至楚雖王子，亦稱之曰「公子」，真正謹嚴。

柳真工於爲文，隨筆寫去，書札數百千言，無一字可增損，直到班、馬地位。至韓文公駕而上之，直追周文。柳、劉輩皆知昌黎必然千古，柳當時語人曰：「子勿以大唐人物爲易，目前如班、馬者便有三四人，如崔、蔡者便有二三十人。今自不信，後當自見之。」今其言果不虚，如韓、柳何愧班、馬？而元、白之流，何愧崔、蔡？

韓文公順宗實録，質實得經意。無虚詞，無遺事，方是實録。彼正不屑學史、漢面貌，而人至以爲訾議，乃不讀書人也。

如今人讀經、史、古文，隨人道好，所以然好處，問之茫然。如韓文公平淮西碑，誰不知好？然無知其好之所以然者。如其中敘事之始末，不分年月，却是何意？蓋淮、蔡之在唐，不過一隅耳。以叛逆之臣，據一隅之地，用天下之全力圖之，四年之久而後成功，其爲辱莫大焉，故略而不書。聯片讀去，有似一時之事。其立意高處，爲得春秋之義。而駕漏聯貫，不用編年，却用書經體。昌黎之文，本之六經，所以高出於兩漢之後也。

韓文公、王荆公晚年極熟時，每作一文，令人書之，衝口念出，寫者不給，一字不可點竄。司馬温公稱介甫高才博學，真無書不讀，即舉子投以程式文，有一二佳處，亦無不記誦，故晚年遂造熟境。看介甫生平無事不傲，獨至文字，真虚心服善。子瞻作表忠觀碑，介甫得之，賓客皆以爲荆公必因其異己，銜恨毁之。荆公廻翔數讀，累日不舍，謂客曰：「子瞻此文若何？」衆唯唯。徐曰：「西漢文也。」衆以爲然。又問：「可比西漢何作？」衆不能定。又曰：「異姓諸侯王年表論贊也。」舉太史公最佳文以方之。范蜀公死，温公爲作墓誌，盡將蜀公不喜新法，及新法之不好，直筆盡書。彼時正荆公流竄諸賢，威懾朝野時，蜀公子見之而懼，急密礲石，納之壙中。不知小人已早購石工得之，以獻荆公。荆公讀之不已，粘屏壁間反覆雒誦，語客曰：「君實此文，西漢文也。」荆公不喜蘇氏諸論策，何嘗不公道？子瞻初中時，傾國傳誦其文，獨荆公絶口不道。一日入朝，寮友問之，曰：「全是戰國策文字，安石爲考官必黜之。」於是蘇氏大恨。可見荆公所以望蘇氏者甚大，蘇氏自待亦不小。不然，如今人以戰國策許之便勾了，如何尚銜恨？

荆公清修有學，復孝友，能文章，不幸做宰相。武侯不出世，不過是管寧一輩人，幸而做丞相。管幼安著述，至今無一字傳世。漢人學問，多是黄、老、讖緯，不肯耑心周、孔。忠武若老於南陽，其學術恐仍是漢人家法。廣川之學至純粹，而説灾異太煩瑣，亦是習氣。荆公上皇帝書，本欲選入古文，因其太長，故汰之。然宜删節之，庶可令子弟讀也。

王荆公真工於文，其周禮序三篇，雖柳州不能也，惟昌黎辦此耳。宋朝萬言策，亦以介甫爲第一。

南豐文，以梁書目録序爲第一，次學記三兩篇。

古文以句句有實理，有實事，簡淨踏實爲上。若多用「也」、「矣」、「焉」等字，氣一住便弱。歐文每有此病。予見子弟讀歐、蘇文者，輒勸沮之，以文太卑耳。昌黎之文，周文也；柳河東之文，漢文也。近年有彈駁柳州文者，由於不解其佳處耳。朱文公朱汴墓誌，何讓班固？其他便卑冗。想文字隨氣化，雖賢者亦流轉其中，而不自知也。

倫兒近知於古文字字求其着落，由此而上，求之經書便佳。何焯云：「漢、唐人文字還禁得敲打，宋人文字若如此，便無一足存者。」曰：「漢人文字亦難敲打。大抵古人力大，於身所見高，無起不收，無呼不應。即有一段放空，如天外一峰，亦必有緣故。」

朱子大學序云：「俗儒記誦詞章之習，其功倍於小學而無用；異端虛無寂滅之教，其高過於大學而無實。」如東方朔之流，腹中書記得一大堆，即方言俚語無不記的，是多少工夫？徐、庾、沈、謝，耑事雕花刻草，風雲月露，工於製詞，竭一生之精力爲之，是多少工夫？如今梅定九算，不過一年可盡其術，豈不是「其功倍於小學」，而確乎一無所用？日用之間，應事接物，記誦詞章何嘗是刻不容少之物？異端之教，至於連身子都抛了，父母妻子都抛了，耑要成道，豈不是「高於大學」麽？而確乎皆是落空的，並不可以治天下。文公如此等句子，真是字字的確，古今名句。惜乎以排偶出之。予問之：「排偶有何不好？」曰：「不古。」予問：「文章只是道理足，何用句調古？」曰：「修詞亦少不得。如六經亦用排句，而字面不對。漢書及東漢文章有對句，而字面亦尚參差。然昌黎不喜班固，想即以此。南宋文字，苦在枝枝相對，葉葉相當，如『異端』對『俗儒』；『虛無寂滅』對『記誦詞章』；『其高過於大學』對『其功倍於小學』；『而無用』對『而無實』。便開八股之宗，便流爲時文體。」

朱、程文字拖長，不簡淨；昌黎理未透至十分，所以文字不能如語、孟。朱子、王陽明皆能文，而晚年故意不爲文。此正不如孔子處。孔子愈老文愈妙。明朝人真不肯讀書。古人文字，看去簡古，零零落落，若不可解。久而讀之，脉絡井然，一字不妄下。後人文字，如七八歲童子作，看去無不了然。然尋其字眼亂下，語無倫次，意不相接，多不能通。

王姚江、王道思、歸熙甫皆有好文字，但不多。

明朝古文，王陽明、方正學爲首，次宋景濂，再次歸震川、唐荆川、王遵巖。

世得云：「明朝自萬曆年間，讀書人看古人文字，最怕分語意，前如何說，中如何說，後如何說。以爲文字要飛舞錯綜，隨意絢爛，不得尋章摘句，分立言次第，句句有歸，令節節斷續。今見一明朝名公批國語某處云：『不必求其語脉，不過是鼓舞筆端。』此風一開，便使學者不講道理而求文工，讀書終身，茫不加思，如墜雲霧，心益昏蔽，毫不能辨天下事。此禍至今爲烈也。李于鱗爲某人作序，云：『文寧失之於理。』此可爲明朝人做古文不好的供狀。」

何焯云：「泰州人但知有王心齋，却不知有儲柴墟。」柴墟古文甚温雅，無虚套，又無理學語録句樣。明時古文，亦是成、弘盛時好，如王濟之、邵二泉、李東陽、儲柴墟皆好。至王遵巖、歸震川已衰矣。柴墟與友人書云：「當今經學甚衰，海内惟蔡介夫、王伯安爲正路。伯安已告歸，介夫亦不久將返海濱。君必須見此兩人。」知今人皆知陽明、虚齋兩先生，當時尚未定論也。而柴墟兩屈指焉，不必問其文之佳否，即此便有關係，足存。又送介夫歸序甚好，似歐文。如今應將明朝古文選存一帙，未必不精采。從來文集成一家言，可以千古者原少。文章以西漢爲盛，班、馬累世成書，古今不多見，其他亦不過有幾篇而已。若就漢書中擇可讀者，亦不過一二百首，惟選者具眼難得耳。吾想選文，吾以爲佳，人未必以爲佳；吾今以爲佳，後人未必以爲佳，奈何？惟是字字與他核實，自肺腑中流出有關係者，便存可也。海剛峰上世廟疏，調雖軟靡，然却有氣，中有實際處，可存。亦有文雖長，事雖美，而不足存者，楊椒山疏是也。羅一峰劾李賢疏恐亦不足存。何焯云：「椒山疏中無條理。」

問：「龍守珠、獅戲毬，意何爲？」曰：「如今人一部文集，精神命脉所在。」孫襄。

古人終身不得幾篇好文字，著一書，便終身精力，數十年功夫。今人動輒成集，不數月便著一書，如何得好？渠見孔子詩、書、易、禮、樂，都是成於二三年間，不知孔子周流天下，多見多聞，遍舉歷叩，已數十年功夫，不特腹藳久成，只恐改訂之本亦不一。至此時纔了無疑義，遂爲定本。朱子四書集註，不知經幾番改竄纔定。

作文須識體裁。初擬選館時，試申飭督撫薦舉廉能以興吏治詔。中有一人，衆望所服，競就問焉，予不爲動。吴孫若述其語，起處用「奉天承運皇帝詔曰」，止處用「布告天下，咸使聞知」。予謂「此赦詔體，不可從。直起竟可，不然只用『詔曰』兩字。『布告天下，咸使聞知』是決用不得」。同考五十八士，與我意合者僅七八人。及納卷，大爲魏柏鄉所笑，謂「申飭督撫，如何布告天下耶」。孫襄。

文章不講立言體裁，便至鄙俚可笑。清苑郭蒯菴爲李高陽作傳，有云：「太皇太后崩，公入臨，聲徹殿陛。人皆以爲公忠誠所結，而孰知其爲公，位極人臣之符也哉。」蓋高陽聲高，遂如此立言，豈非笑話。若將此作文章餘波，如所云眉目如畫，戟髯若神，目有紫光之類，有何妨？一日，李剛主過予，貽以祭萬季野先生文，通篇皆道萬如何稱奬他，豈有此體？

一畝泉李令求朝分司作記，分司便牽扯大中丞長，大中丞短，許多支詞。我最不喜如此，面阻之云：「我説開井好，汝説極無益而勞民。今又説是開井好，豈不是行與言違？何取此不實之言？汝各自逞文采，便自作，不必干與我，我便不管。若干涉我，又不説實話，却不許。」如今文章不好，便是此病根。無其事而爲文，雖馬遷之筆，不害其爲不好。若字字核實，雖今人作，亦古文也。

澤州以生傳見命，而渠門人爲渠作年譜，纍纍數萬言。大概如錢亮工爲陸淡成作墓誌所云「大抵先生之學，以窮理盡性爲宗，以正心誠意爲要」，至今日以爲笑柄。予將爲作書後，實實道他同作考官，不受關節，平生耿介，老而好學，手不釋卷。他自然不喜，我也不要他喜。

檢討高其偉，因大山寄性理諸論，請教安溪師。師曰：「凡做此等文字，須似質所疑惑，求解不得，方是真讀書人用心於内，而體裁亦佳。遽然直下判斷，是非古人學識不能到這裏，而聲勢如此，便不過是要做文字以自炫耀，非真欲明理而求自得者。用心於内者，文字雖不高，而其中却有條理；務外者，雖多話説，而條理少。此作文理亦無不通，然却還是這一種，不是那用心於内一種。」

桐城論文最好，説「昌明博大」是矣。但其所謂「昌明博大」，不過多些長些便是，却不好。文字肯切實説事説理，不要求奇求高，都有根據，天下便太平。明末，如金、陳、黄陶菴、黄石齋，俱高才絶學，而其文求其近情理者甚少。觀其自命，幾幾分坐尼山，後亦歸結忠孝。到底文字不好，真是關係氣運之物。

臺垣爲澤州製錦屏祝七十，求師銜呈，文稿乃吕履恆捉刀。師笑曰：「無論文字難通，即通篇以聖人歸澤州，予何至於此。雖至愚之人，亦不敢以此自居。當日予六十，京僚爲予索文，看韓慕廬一篇，已不成文字，何況其他？他文皆不敢觀。張長史死，將來後輩爲文者，只有一陳季方，雖氣薄，還乾淨。」問：「何屺瞻何如？」曰：「未嘗見其大篇，不敢定。渠未搦筆，先有一個必定要不朽之意在胸中，是於爲文之外又多一意矣。即詩亦然。古人作意者固多，隨筆成文，衝口而出者亦不少。全是雕刻一種，自然瀟灑之意全無，有何佳處？即渠看詩文，亦似捉虱子一般，好搔抓細碎處，益處固多，通體算來亦是病。」

四家叔亦是知己。予假還，卅餘歲，只是讀書不已。四家叔向二家伯等云：「人生天姿靠不得，厚菴少時，天姿平常的狠，如何比得二兄與五弟？無奈他只是讀書不歇，如今定何如。」二家伯云：「難道我如今做得文字不好麽？」四家叔云：「怎麽不好？只是也壓不倒厚菴。」拉將軍將班師，泉州人感其不殺，立功德碑。予求二家伯爲之，二家伯允爲之。四家叔又促予亦做一篇，云：「汝二伯文雖古，泉州人未必領略，算不得當行。汝試爲之，擇用焉可也。」予亦成一篇。二家伯文成，古奧難讀，幾不可以句。四家叔觀之，云：「倒底用厚菴的。」二家伯曰：「他的也好，我此作畢竟也是奇觀。」四家叔始終不肯執定，仍用予作。予問曰：「倒底立意如何？」曰：「子文中一段表揚其不殺，鬧熱些。汝二伯文，未免將此意平叙去了。」

家四弟作古文，不偷韓文公。人讀的大文字，都在墓誌碑版文中竊取，恰有何屺瞻峕留心碑版文字，盡被他捉住。敝鄉有一人，作詩極熟杜工部，自作也竊取杜工部人不讀的詩，亦被人捉住。屺瞻看古文，不從議論文字入手，先讀碑版文字，亦是一病。古文自是議論暢達，後漸縮斂便妙。韓、蘇少年率如此。孫樵、劉攽、黄山谷輩，文字不能成大家，就是此病。如今看小學生文字亦然，下筆千言，汩汩不休，有論頭便有成。短短的亦成章，也有一二語有筆意思路的，到底有限。屺瞻古文亦長碑版，教他做敘事文字，便不能出色。碑版文字須簡古莊嚴，難開展。

如今所謂古文者，亦不求如韓、柳模樣，那就不好。字字核實，如其人，如其事而止，文從字順便可傳，便是好古文。然文字句調古，覺得惹人愛重，以其中有不可輕處。如一般銅器，有幾片朱砂、翡翠瘢點，便耐人摩挲。

周卿弟未嘗肆力於古，然於文之古今到識得，此亦山川之氣。孫襄。

陸稼書文字氣短，與萬季野一般，直撞便完。雖長篇大章，而氣促無益也。以上論文。

向嘗語韓慕廬以「時文奇，不如平。明末文畢竟是有詞，氣不如成、弘。公試看東漢之末文字，何如西漢；中、晚唐詩，何如初、盛；南宋文字稀爛，何如北宋。自然太平時文字正氣。公乃風氣之家，何不選一部前輩文風行天下，使人變而之上」？韓亦首肯。後東宫令選一部時文看，渠都選成、弘以前，文字寥寥數行者，東宫嫌其太淡而不觀。惜其不久病而死。

洪、永、成、弘間，先輩大結，其長幾與八股埒，於道理却合。述聖賢説話，不過數言可了，正須以我意論斷耳。如今之描畫口角以求擬肖，聖賢肯爲之哉？我所以欲變經義，意正如此。孫襄。

時文要字字可以講得方妙，一片雪白。虚字體貼虚神，實字如鐵板推搬不動，如經傳一般。無一字無義理，方是正宗。又作文要詞調不離樣，屺瞻時文要字字有出處，讀來却不似時文，作古文則可，時文斷不可。小學生初作文，要得有詞，有了詞，又要有氣，有詞氣，再要他有法，終之要他有理。成人不如是，第一須求理，理足而法、氣、詞具焉。此正法也，百餘年不講矣。成、弘間人有此，至正、嘉便肥肉多，然尚是有血氣的，但文體已壞，所用五經句似是而非，捕風捉影，就寫上全不典切矣。

明末時文，看其議論氣勢，直欲淩駕前人，掀天揭地。由今看來，卑鄙無味之甚。以其理不足，於題不相干。大約時文之壞，由不肯看書起。不肯看書，則於題理懵然。理不勝，則思以詞采勝。以詞采勝，則求新奇靈變，以悦人之目，遂離經叛道而不可止矣。

予欲輯語略、文略内外篇外，仍欲輯制義略。蓋制義無論爲一代取士之制，其精者羽翼經傳，至者語皆如經。如顧亭林「且比化者」一節文，直駕守溪而上。蓋字字有來歷，精於經學，而其辭又能補經之所未備，而不悖於經，亦可爲經矣。守溪周公兼夷狄文，論者推爲明朝第一，果然。瓊山因見其中間補奄、飛廉，遂補出五十國，似爲密緻。然守溪不補非漏也，五十國夷狄在内也，邱程反覺有痕迹。至於説「百姓寧」，真經語。蓋「兼」字非後世窮兵黷武，犂庭掃漠，不過内外有限，各安疆界。而「驅」字非「放」字，後人講成猛獸一似要依人，而周公斷不容並處之象。不知猛獸亦苦在園囿之中，以縱之山野曠闊處爲樂，亦非後世禽荒之比。觀其「天冠地履，華夷之分截然；上恬下熙，鳥獸之類咸若」，詞義精粹，氣象正大，昌明俊偉，可觀世運之盛。其「上」、「下」字及「若」字，俱出尚書，無一字杜撰也。如楊慈「武王纘太王」節文，中間出「身不失天下之顯名」，字字醒出而無痕迹。蓋此句與「必得其名」句有別，又緊承「一戎衣」。蓋天與人歸，雖欲辭之而不能，故下「一」字。文中「牧野之師方會，而前徒已倒戈」四句，字字精神，通篇正大醇厚。田中臺「吾豈若使是君」文，皆文之至者。若擇一代之可久傳者，或二百篇可得也。

王文恪時文已看過千篇，三百年中真第一人。論道理，雖不能登朱子之堂，入伊川之室，要無出其上者。其文似淡實有味，似疏實周密，似少實足有等。題目天生不可裝入説話的，只是就題下得幾箇虚字妥貼，不生出語病來，此天下之至文也。

王守溪文字登峰造極，然有以後人心思偶然可以相近者，便不須存。如「奔而殿」，任後人窮思極巧，無可復添一句。至「許子必種粟而後食乎」一節，文法已備具。細思孟子因其種粟後食，有食必有衣，故問衣褐。有衣必有冠，故問冠。又問釜甑、鐵耕，引出「以粟易之」，爲下文折辯之地。是「冠」與「冠素」生於「織布後衣」，而「爨」、「耕」生於「種粟後食」也。文尚漏，此巧。

守溪自然算時文第一手，本是一極體貼好講章，又創出許多法則。其安頓亦極好，極費經營，而絶不見有巧處。此所以好。若一見巧，便不好。制科本意，不過如此。到如今，耐推敲者惟守溪，不是他精神才力能讋服人，是他用功到得是處。故孟子曰：「聖人先得我心之所同然。」「然」字妙不過，大家皆以爲是。不曰我心之所同奇、同妙，而曰同然，與上同視、同聽、同美，分大小之官者以此。千百萬人心合起來，便與聖人同，所以善不善，久自論定。

老師言：「崇禎末時文鬼怪。有一提學至閩，非此不録，通順者率置劣等。時有泉州府學歲試，第一題是『何事於仁，必也聖乎』。破云：『東周不可以玉帛之會，會夫夫者，願天嘗生聖人。』既發落後，同儕率不解，叩所以，其人曰：『此最明顯，東周即天子之都，焉能人人皆主玉帛？此指不能施濟也。下句破「必也聖乎」。』其人姓范，皆呼之曰：『范東京』。又一老生作次題，爲『滄浪之水清兮』四句。前後文皆用平常語，苦於腹儉無可填寫，而深懼置之末等，乃着二句云：『滄浪之水清且粲，中有鯉魚長尺半。』提學閱其前作，已置六等，至此二語，則加點，爲升之四等。又一童生完卷後，與其親串看，親串曰：『如此平常，恐不能得志。』童生曰：『已完，奈何？』反覆不得已，於篇末綴尾云：『亂曰：「邛若登，乾復坤。」』其意蓋曰，我名若能登案，則天下而地上矣，甚言其無進學之理。提學二作已平點過，將置之，及尾見此，乃密點之，遂得入泮。國家將亡，妖孽晝見。閩中邪神祟鬼，昏暮輿從擁道過，入家酒食，而土木神像自起行走，人家祖先木主，人但於座下動之，便能自行於几上。先君、先慈每夜起，看天上刀弓劍戟之形，常經月不散，與時文言妖並見於時，可畏哉。」

看楊用九時文，不怡，云：「大凡文字畢竟説得出者，其人便有方寸。」

孫燕及平生最感一老童生。及發時，諸親族都未照管，先爲老童生謀進一學。此老童生自己不會做文章，却會看文章，平時見孫文章，許可而有未足之詞，曰：「文章已好，只是尚未長出眼來。文章到大好時，不要人看他，他便會生眼睛來看人。到得這裏，便能一路騰達而去，不留行矣。」孫至中舉人之年，其前妻餓不過，竟捨之而改嫁一屠户。孫哭之累日，自思哭死無益，仍讀時文，作文字，希圖教書過日。此老童生一日又過之，見其文大驚曰：「了不得了，子文通身是眼矣。論其常，豈獨進學？當即聯捷而去。」其年，孫即進學，即鄉會聯捷。孫終身感之。

賓實如今若教他做一部時文稿，自當駕歸、胡而上，以其理透也，渠且會安頓題目語氣。王文恪等好處亦是如此，書理既明，想出如何托出聖賢口氣，而法出焉。賓實却與冥合。

大山文雖比韓翁純正，然也有一病。都是讀書時見有一段好意思，好議論，做這一篇文字不是空空洞洞，説這是箇難題就做，逼出來的文字，如此纔有一段生新意趣。秦龍光文字，所刻學、庸一帙，殊不如往時。問：「病在何處？」曰：「其根仍是見理不真，臨文時又要人見好，便有假氣。作文時看書已不錯，又要我做成這一篇文字，必定雅俗共賞，不特理路好，就是文章也是古今不可廢的好文章，如此便帶假氣。蓋臨文時無暇作此念頭方好。向王原令貽文字，是陸稼書評次，句句都要合朱子説話，何嘗有差錯？却不是真文字。」

何屺瞻時文只是不做，故生，若常做，自然比他人好。他腹中倒底有許多見識。渠只欲一做便到不朽地位方出筆，豈有此理？韓文公亦只是不厭不倦的做，倒成了，人自存其足傳者，即有不好者何害？先不好而後好，更妙。若天生能文，幼而出筆便足傳世，乃王德用所云「貌類藝祖，父母所生，已有何功」？況決無此理。如寫字一班，只是寫。詩文只是做與人看，切摩講貫，讀書不已自佳。

讀八股者不辨美惡，第見其爲刻本，誦不絶口。人飲食將以求肥，而噉泥沙非徒無益，其必有害矣。一少年登科刻窗稿，求叙文於予，斥而拒之，病其速成也。今以一部奉吾家某者，必珍而讀之，其文不勝某也。十二姪見館試諸卷，知其平常。諸庶常皆極一時之選，執牛耳者仇兆鰲也，有文名者胡作梅、汪灝也。當其鋟版行於世，則豈有非之者哉？孫襄。

先生問：「吳元木何日撤館？」曰：「二十日。」曰：「可謂勤矣。去家半日就館，未可云遠。讀書須有跋涉意，又稍不聞家中事正好。」問：「某人文字何如？可望入泮？」未答。曰：「有章文在進學時本事。」先生曰：「章文在今日，本事亦差向時不遠，苦心體認處，自有其弊端。亦如釋子念念不忘西天，見古文正經書，視之非不隆重，但不敢入目，恐其浼己也。傳一部新稿，幾篇新試牘，則急取披誦，以爲真可以取富貴耳。故我嘗有中平素之説，謂某文不利場屋，但苦學有年，到時脱胎换骨亦未可知。

有平日文字好，而當頭不滿人意者。亦有文字不好而售者，償其勤勞，中亦論不得。黄歲生鄉墨清，不失家數。」孫襄。以上論科舉之文。

【校勘記】

〔一〕「上規」，原作「上窺」，據韓愈進學解及舊唐書韓愈本傳引文改。

榕村續語録卷二十

詩文 韻學附

選詩舊未登楚騷體，今取瓠子歌、秋風辭、長門賦、自悼賦若干首，則諸體俱備。且三百篇中已收此，如「旄丘之葛兮」是也。六朝無可録者。昌黎閔己賦、别知賦，朱子感春賦當入選。孫襄。

古人以詩教爲先，孔子曰：「不學詩，無以言。」觀孔子言語，與他賢不同處全在此。孔子論學曰：「不亦説乎」，「不亦樂乎」，「不亦君子乎」。巧言令色何有於仁？而尚曰「鮮矣」。有子辭氣稱似夫子者，曰「好犯上者鮮矣」，曰「未之有也」，已硬些了。如夫子患難時，極自信話，亦止曰「桓魋其如予何」，曰「文不在兹乎」。極其責備，如曰「無[二]乃爾是過與」，「是誰之過與」，「則將焉用彼相矣」。「吾恐季孫之憂，不在顓臾，而在蕭墻之内也」，反似替季孫籌畫語。極其刺譏，而曰「何如其智也」，曰

「再斯可矣」。人而不仁，尚曰「如禮何」、「如樂何」。極其痛詆，而曰「是可忍也，孰不可忍也」，曰「奚取於三家之堂」。如此等處，不可勝數，真是得力於詩。以類求之，無不如是。雖詩如「蘇公」、「暴公」、「寺人孟子」，亦直截盡露。夫子如罵宰予晝寢「朽木」、「糞土」，其言切直似之，下截却又以聽言觀行説寬些。如罵子路「野哉，由也」，峭直極矣，下却以君子正之，詳論名正言順道理，到後來令人意銷。至孟子「泰山巖巖」，語氣如排山倒海，兼帶有戰國風氣。伊川被人請吃茶看畫，則發怒云：「予從來不好吃茶，從來不識畫。」朱子與人語，反覆傾倒，不盡不休。比之孔子猶遠。故詩者全要含蓄藴藉，意在言外。故曰長於諷諭，「主文而譎諫，言之者無罪，聞之者足以戒」。宋人詩，病正在説盡事理，不如作文，何須詩？詩至七言律，又與古體絶不相蒙，全要柔軟，一硬便不是。昌黎古詩，何等奇俊，及爲七律，便全用柔軟。昌黎詩自命千古，所以當時人不識，昌黎亦不屑與之同。如今看來，果與當時體不同。韓、柳詩律最精，當以爲法。杜之外，惟此宜學之。

「天生蒸民」四句，將道理大頭腦説透。若下面如何解「物」、「則」，如何解「秉」、「懿」，便是文字，不是詩。作者意却用此引起人有好德之公心，皆知仲山甫好處而已。下面便説「天生仲山甫」。如「維天之命，於穆不已。於〔三〕呼不顯，文王之德之純」。下面再講文王如何與天合德，又是文字。下却説「假〔三〕以溢我，我其收之。駿惠我文王，曾孫篤之」。朱子詩不到處，即在説事理太盡也。問云：「邵子云『自從删後更無詩』，想亦是見得此意。」曰：「又不好如是删却後代。蓋三百篇獨絶千古者，亦是豳風鴟鴞、文王、『於穆』、『蒸民』等幾篇。聖人作者，非後人所能至。他詩如春秋時所作，何必盡過漢、唐人？漢、唐人亦有勝之者。」

漢、魏至今，原有詩，蓋性情無古今也。某嘗欲選詩略，若止就詩論，而工者須千首；若止存其可以接三百篇者，則嚴爲割舍止可五百首。詩經後人做不出者，有限幾句，如「天生蒸民」四句，「維天之命」四句，「上天之載」四句而已。詩不須句句將仁義禮智字填入，如性理中入朱子詩之例，盡削去朱子好詩，而止載其有此字面者。何妨一篇流連景物，止一二語見性情，及寄托全在言外者，更妙。如「采采芣苢」，何嘗有一字説到室家和平、化行俗美上？

朱子論詩，以周、漢迄初唐爲詩之權輿，盛唐至本朝爲詩之翼衛。愚竊以爲未安。「齊梁及陳隋，衆作等蟬噪」，盛唐詩之最盛者也，降自中葉，卓犖猶有數家。謂唐不如魏、晉，非定論也。予則以樂府古風爲權輿，近體爲翼衛。樂府諸體俱備，五七言所自出也，古詩之至者。今人直追古人，何分世代？逸詩孔子所删，雖佳不録。鍾、譚詩歸，蓋祖述朱子之旨。孫襄。

凡詩托於室思者，多自寓己志。蓋以夫婦與君臣之際。此體盛於離騷，然亦肇自大易「妻道」、「臣道」自然之對也。於後相沿，興託皆同。益信離騷「求女」爲爲君求賢，而非以己求君矣。自記。

蘇、李詩，五言之祖也。選者多以爲二子相贈答之作，然玩其詞義，正不必盡然也。故今但以古詩目之。首變詩、騷之調而曰古者，自後代近體泝之也。自記。

蘇武忠節，固漢人所壯，以爲盛事，而李陵之志，世亦悲之，故有疑其詩皆爲後人擬作者，然相傳既久，自杜工部、韓文公無異詞。又蘇之典故明習，李之悲歌慷慨，具見漢書，則其文采風流，兼其事，以取傳於世，無足疑也。自記。

蘇詩饒醇厚之氣。「骨肉」、「枝葉」數語，足以彌縫人倫，樹扶教道，故予詩選編之詩首，非獨爲其更號也。李詩清宕豪壯，爲古詩之絶調，後有作者，皆其餘音。自記。

蘇子卿詩四首，首章謂骨肉之親如枝葉之共根，本不必言矣，即朋友結交，亦非無因而然，必其德義之相孚，心膂之相契，則與同氣者無異，故曰「誰爲行路人」也。交之深者，又如連枝之樹，雖異根而合并，豈非共爲一身者乎？二首或作留别妻，三首、四首皆送人之詩，與首章意同。自記。

梁父吟二桃殺三士事，有無不可知，詩亦難辨其真武侯作，然從容寬大之氣，特可玩味。蓋譏晏子爲大國之相，不能驅駕智勇，而以權術殺士也。故魏延、楊儀輩，皆得終年命於武侯之世。器之大小懸矣。管、晏並稱，而所自比曰管、樂，可見也。自記。

氣盛詞肆，如曹子建上責躬詩之作，僅見耳。杜子美咏懷詩頗似之。韓子所謂「卓犖變風操」也。自記。

曹子建薤露行「王業燦已分」者，言自孔氏删詩、書以來，則帝王之業已粲然分寄於文章矣，故我今日者懷王佐之才而不展，亦欲馳騁寸翰以垂芬於後也。此詩述聖自道皆得體。如李白之「絶筆於獲麟」，則妄矣。自記。

怨歌行有感於君臣之際而作也。書「周公居東二年」，或以爲即東征殷叛，然中外之疑未釋，而擅命專征，以實謗口乎？故先儒以爲避流言而居東。此詩實傳經之作。

靈芝篇思親作也，此等詩高出兩漢矣。自記。

子建好士，故贈别諸詩，皆有哀其貧賤而振拔之心，而每以不能爲愧。贈徐幹詩，以寶棄爲和氏之愆，自責也。又言良實晚收，懷美愈耀，以致朂望之意。自記。

喜雨詩「風從東北來」則雨，自西南則不雨，故雲之西南。征者，雨候也。七哀詩云「願爲西南風」，樂府改爲「東北」。按詩云「習習谷風」，夫婦和合之象也。若化爲東北，則當以陰以雨，而志遂矣，安得君懷之不開乎？故知改竄文字非小故也。自記。

煮豆詩當以朱虛侯種豆之歌比而觀之，蓋漢、魏所以興亡也。自記。

陶淵明示周續之祖企謝景夷三郎詩，譏苟就也，公之學行、志節見於此矣。自記。

觀靖節停雲、時運、榮木諸詩，人但知其清高曠達，豈知其隱居求志如此哉？自記。

贈羊長史詩此當是劉裕入秦時也。不致匡復之望，而長懷高隱，公蓋知時代之必非矣。自記。

歸田園居「狗吠深巷中，鷄鳴桑樹顛」，直用漢樂府句意。退之推鮑、謝而遺陶者，此等處耳。然意之所至，豈必詞自己出乎？不本於性情之教，但以不沿襲剽盗爲工，非至論之極也。自記。

淵明擬古章，道出本意，不能掩矣。朱子曰：「陶元亮耻復屈身後代，自劉裕篡奪勢成，即絶意不仕。」此爲知公之深者。使當其際而後收身，則不可得矣。翫味末句意，公正自幸沉淪之早，而今日所處之義得以無悔耳。而故婉其詞曰：「當山河未改之時，而不處高原矣，況際此而漂流，豈有悔乎？」自記。

公宗尚六經，絶口仙、釋，而且超然於生死之際。乃有讀山海經數章，頗言天外事，蓋託意寓言，屈原天問、遠遊之類也。自記。

詩選存郭璞遊仙詩及惠遠報羅什偈詩者，以仙、佛之本指盡於此也。淮海之禽微，生安足慕；頹山之勢世，義在其中。讀者至此，宜深致思索焉。自記。

謝靈運送孔令詩，「和樂隆所缺」，賢人去，則國家有所缺也。「在宥」二語，言時方清平也。是時劉裕勢成，靈運有去志，故因餞孔令，而以「愧」、「喟」亂章焉。自記。

任昉厲吏人講學詩，首四句述其老而好學之志。「暮燭」，用「秉燭夜行」語也。「南畝將落」，言晚節不勤，恐無收獲也。末句則言「尊賢用衆」，乃詩「爰有樹檀，其下維穀」之意。王仲淹言任昉「有君子之心焉」，此詩可見。自記。

律詩始密於唐，然如陰鏗新成安樂宮詩，已無一字之非律矣。故詩選録以志始。自記。

録徐陵出自薊北門行及裴讓之公館讌酬南使。徐陵二詩，不獨見彼時鄰交，而南北詞調風氣何其均也。自記。

王勃倬彼我系詩，「緊我祖德」一段，謂仲淹也。司馬温公以隋史儒林、隱逸不載爲疑，然觀此詩則無疑者，家傳乃後人粉飾。自記。

陳子昂感遇四首，前三首皆於佛教有微辭，「昆侖」猶「渾淪」也。天曰昆侖，地曰旁薄一首，言陰陽會合始於虚無，以生萬物。魏伯陽云：「當此之時，天地搆其精，日月相撣持，雄陽播玄施，雌陰化黄包。」即此意也。萬物之化，有生於無，則「推太極」、「貴窈冥」者盡之矣。「西方」之説，其論愈高，而實「無明」也，「空色」既皆「寂滅」矣，「緣業」亦將「何成」乎？觀其教雖盛行，紛紛藉藉，然生死之化不爲之停足，以知所謂「寂滅」之非真矣。二首刺窮民力造寺刹，亦有感於時事而作。「夸愚」、「矜智」二句，尤誅心之論。不獨末流之弊如此，其教之發源便有此病。韓文公詩「乃知仙人未賢聖，護短憑愚邀我敬」，亦此意也。三首慨聖人之教陵夷，與前二章相應和。韓文公推「國朝文章自子昂始」，固爲文詞之高，然亦豈於此等有合？與唐初傅奕輩流，雖未闢老而不附佛，皆所謂逃墨歸楊，齊變至魯。末首則歎勢利之不可居，而欲遠引也。漢書云：「膏以明自銷，香以薰自燒。」故以蘭膏自負而感激生怨者，惑也。衆之所趨，明者所避；時之所棄，道之所存。因自慨既離雲淵，而入羅網，復將誰論乎？唯應守固窮之節，狎魚鳥而忘機也。自記。

子昂排律數首，唐人首唱。自記。

王昌齡、錢起七言詩佳，學者且造錢起地方學子美。孫襄。

江夏使君叔席上贈史郎中詩，此白遇赦還時作也。唐人品題白詩，至高置之工部之右，惟元微之之論不然耳。蓋杜詩兼漢、魏、六朝之體，以其沉奧雄厚，是以出羣。李則意眇建安而上，雖作近體絶無蹊徑，清超擺落，直如古詩然者。此等可以觀矣。自記。

詠懷、北征，不獨爲少陵大篇，自漢、魏以來未有其比。蓋其心期志操不讓古人，而醇氣古節眇兩京而直上，六代俳儷綺靡之習，掃不見迹矣。自時厥後，惟韓文公贈張籍、寄崔二十六，歐陽文忠重讀徂徠集三詩，可以相亞。自記。

凡一件事，要真知狠難。看得古人文字不明白處，正當留心。予初年看八股，最不喜王守溪，不知其佳處安在。今觀之，其不討好處，纔是真好，道理平實妥當，而體製近古。初看詩，了不知所傳爲好詩者有何好處，只得用自己意思覺得好者，便以爲好。看杜工部最有名者，有句中字覺得不妥者，即改之，自覺得意，不過以爲文從字順。今思之，大不然，其不從順字眼，正是唐人用工處。蓋如此下字眼，方有言外之味，不爾便是帖括體。如「人烟寒橘柚」，改作「人烟圍橘柚」，豈不可笑？李、杜、韓、柳四家改不得，他家便有可改處。四家真缺一不可，不能相兼。李詩雖王荆公嫌其全詩不過脩仙喫酒，如所謂飛仙劍客者，然其擬古如長干行之類，雖工部不能。無奈其不像，惟青蓮像漢、魏，豈惟像，更覺得飄灑。杜之五七言古詩，初年倣摹漢、魏亦似，而晚年自開派頭，冠絶今古，一空依傍。韓詩要追到漢、魏以前，古文欲造希微淡泊田地，雖極服杜工部，却不摹倣，又自開一派。柳詩最後出，竟有集大成意思，漢、魏也有些，六朝也有些。工夫獨到，四家竟轂了。他如陳子昂、韋蘇州、王摩詰、張曲江、儲光羲、孟襄陽、張文昌、錢起、劉長卿，不過數首，焉能全佳？至白香山、李義山諸人，雖詩集甚大，而力量氣味差之遠矣。然此事予至今尚不能認得真，古文從少讀，又比詩認得些。

予前選詩，總以好句爲主，氣格尚不識，何況性情神理？蓋詩亦與時文相似，淡者爲佳。如建安七子詩，其老氣逼人，出於自然者，真不可及也。詩之難看，亦惟漢、魏詩及杜工部詩，其渾古處，急切不得其解。魏、漢間又或有訛誤。杜詩一集之中數篇，一篇之中數句，有難解者。大約人將一部杜詩都解得透明，於詩已思過半矣。

古詩亦須對偶多，方合體。世得云：「亦有所以然之理，古詩中不對者更難。如工部北征、奉先諸詩中有不對處，皆至情充溢於中，坌涌而出。不暇留意琢雕，方稱急不擇言之意。若點綴景物，閒中取致，便須排偶。蓋此處不整暇便無節制，覺得散緩不收。若情非急切，何須如此？」

杜詩送從弟亞赴安西判官云「踴躍常人情，慘澹苦士志」，及送高三十五書記「人實不易知，更須慎其儀」，皆千古名言也。騏驥不駕鼓車，言當大用也；龍吟，蓋以武侯相比，且承騏驥意來。自記。

北征是工部乞得省家之作。前輩謂唐人詠馬嵬事，獨杜工部最爲得體，是已。然須知是忠愛懇切，迫索而出，非擬議成言也。其事實自陳元禮發之，故又敘其功，以不没其實。大得詩、春秋之法。自記。

看來韓退之贈張籍似學北征，而寄崔二十六則倣詠懷也。然杜志在憂時，而韓以學自任，各言爾志，是以相似。若就其言求肖，則如優孟衣冠，逐人悲嘆者，又安得真種乎？自記。

少年而席高門，據清要，負盛譽，莫非悔吝之媒也。工部送李校書「衆中」四句，正見愛之深故誨之切。夕惕者，少年所難，公欲以爲贈，故先以身歷者警之。羡其能者，正慮其未能也。自記。

李白以永王璘之累，竄逐南方。公每作詩懷憶，蓋身雖完節，而於故交如李與王、鄭者，猶惓惓然表其心迹，不忍遐棄。此蘇、李之遺音，厚之至也。自記。

述古詩二首，一首自喻也，二首似諷時政。蓋用人則如農夫之務本，蒿莠去而穀生也；任法則如商賈之競末，敝其精神而益己損人多矣。此詩涵蓄深厚，蘇子瞻以爲稷、卨口中語也。自記。

閬山歌，根之幽奥不可知，觀其氣敵嵩華，則有鬼神之會必矣。此善言物理，韓子所謂「萬類困陵暴」者。自記。

古柏行，材堪棟梁之用，而重若丘山，送致甚難。故悲其受螻蟻之侵，乏鸞鳳之顧，而知材大之難用也。朱子答陸子静書曰：「區區之憂，猶未免有『萬牛回首』之嘆。」蓋亦言其論高而世難用爾。自記。

壯遊詩敘述平生最詳，是工部小譜。「榮華敵勳業，歲暮有嚴霜」者，言雖有勳業，而榮華之償足以敵之，猶未免於晚節之凶危也。目前之事，則房琯、李光弼是已。他篇謂「回首黎元病，争權將帥誅」。山林託疲苶，未必免崎嶇」，亦是此意，而加顯斥。自記。

公崎嶇避亂，困乏屢空，真氣不回，而憚干請，早發詩足以明志矣。因詩、書而厲廉介之推、范蠡皆有從主同患難之功，而遁之山林江湖以去，故公引以自比。他篇謂「回首陽歷聘，皆賢者之事，而未知所適從，故曰「疑誤」。此恥，故曰「斯文亦吾病」也。首陽歷聘，皆賢者之事，而未知所適從，故曰「疑誤」。此二病，因疑致誤，則其終守困窮決矣。自記。

收京三首，一首推原始亂，明皇入蜀之事；二首敘聞恩詔之事；三首正言收京而有善後之慮焉。「汾陽駕」，解者引莊子「堯之汾水之陽，窅然喪其天下」之語，或當是也。「飛燕將書」，則以禄山反於范陽，遂爾引用，不必苦求事實。「羽翼」二句，亦謂此詔之下，贊助出自老成，而德音發於聖心耳。古人多以「文思」作「文詞」字義用，諸家解者鑿説也，必以爲規切肅宗父子之際，則與上下文意理不屬。至「雜虜」二句，方微有殷憂深慮焉。蓋回鶻西戎，縱横内地，而將帥跋扈之萌，公之寓於詩者，不一而足也。故曰萬方雖送喜，而聖躬無乃更勞於計慮乎？蓋頌不忘規，喜而思懼，立言之體，臣子之情固如此。或曰：「當時廣平王方收兩京，而建寧王已被讒賜死，李泌引黄臺之辭以爲前戒，『羽翼』句似指此。」如此，則下句當爲思憶上皇，蓋明皇入蜀時，亦下詔罪己也。自記。

杜詩觀安西兵過赴關中待命云「老馬夜知道」者，經多而熟也；「蒼鷹饑著人」者，時至而厲也。臨危即用蒼鷹意，久戰即用老馬意，兼此二者，用意始能如神。蓋練事明而決機速，兵家之要盡於此矣。自記。

謁先主廟詩，起四句言草昧之際，非英雄不能分土。次六句敘寄託武侯之事，而悲其功之無成。又十句敘廟宇長存，人懷舊德。其發之以「錦江」兩句者，亦言蜀與秦、楚接壤通道，故四方之慕義者皆得瞻仰，而祠廟因以不廢，見非一州遺愛之私爾。又四句言己往來經過行跡。又四句復以武侯起興，而詠歌先主之盛德，應「復漢留長策」一段意。言當日誰與關、張並力扶漢，而鄧、耿中興之勳，俯仰垂成乎？蓋雖氣歇運屯，而中原之略可以不負所托，故歎息於先主應天之才不小，而得士之契無與爲鄰也。末四句復道己懷，言遲暮之身，豈復堪帷幄乎？但飄零釣緡之間，而灑憂國之淚而已。蓋終搖落風塵之意，而隱以武侯自比，與古柏行寄託正同。自記。

詠懷古跡詩，「三分割據」，以弱攻强，固煩於「籌策」矣。然鞠躬盡力，萬古人臣之則，蓋雲霄之羽可用爲儀，不以成敗論也。「運移漢祚」句，即結「紆籌策」意。「志決身殲」句，即結「一羽毛」意。自記。

觀諸節度入朝數首，以汾陽亂篇，則中興之功已有定論。自記。

元結春陵行及賊退示官吏二詩，杜工部所欽服，有詠篇在杜集。道州前有元公，後有陽子二賢，接迹相望，爲萬世吏者師。自記。

張巡守睢陽作，觀末兩句，則死守之志決矣。自記。

世固自有仙道，自韓子言之，則皆鬼魅所爲也，信乎曰「其入於鬼魅者多矣」。故謝自然詩首曰「凝心感魑魅」，後曰「木石生怪變，狐狸騁妖患」，而中敘其升舉之候風寒幽晦，則非休徵可知。然韓子本意雖視仙道猶鬼道也，故曰：「莫能盡性命，安得更長延？」其記夢云「安能從汝巢神山」，則直謂世無仙道，但窟宅巖崖，羣彼異物耳。自記。

文公秋懷詩，首言其汲汲求志，而患日之不足也。又言淡古之音，世無知者，低心逐時，性所不堪。如乘風之船，不能自返，故惟有讀書以自樂，苟暫得甔石之儲，便浩浩乎無求矣。自記。

韓詩送文暢師北游，先敘文暢求言，而當日作序，極陳古義以破其惑，即今集中送文暢序是也。中言被貶陽山，自幸還見親識，而僧之往來尤密。後乃勸其逃墨來歸。以詩文爲緣，足以自致，且與爲異日相從之約。自記。

李太白便謂「建安之詩，綺麗不足稱」，杜子美則自梁、陳以下無貶詞，故惟韓文公薦士詩之論，最得其衷。雖然，陶靖節詩蟬蜕污濁，六代孤唱，韓文公略無及之，何也？此與論文不及董、賈者同病，猶未免於以辭爲主爾。自記。

文公在陽山有區册，在江陵又有區弘，皆相從不忍舍。故弘之從公於京而歸也，詩以送之。惓惓訓勗，歸於正直，可詠可感。自記。

湜蓋爲摭拾涉獵之學者，故文公於安園池詩書其後以規之。爾雅蟲魚，非磊落人所宜措心，故後喻言己之不觀蟲魚，亦是指書史叢雜，非真語池水也。先嘲湜之「不自閑」，而後又言「君子不可閑」，蓋湜之掎摭污穢，爲枉用其智思，而用舍行藏之業，則不可一日而不汲汲。此其首尾相應處也。自記。

贈别元十八協律六首，元生蓋將桂林之命，而從龍城柳氏來者。六詩兩頌桂林，兩及子厚，首章、五章褒勉元生。貶竄之際，辭義和婉，公初年詩所不及。自記。

昌黎晚寄張十八助教周郎博士及題張十八所居二詩，在古與律之間，悠然絶調。自記。

祖席二詩爲文公得意之作，聲韵在辭句之外。自記。

佛骨一表，孤映千古，而示姪孫湘詩配之。尤妙在許大題目，而以「除弊事」三字了却。自記。

韓詩量移袁州張韶州端公以詩相賀因酬之，末句取諸離騷，所謂「跪敷衽以陳辭」者，有蒙難正志氣象。自記。

司馬相如封禪詩、韓愈平淮西碑詩，録之爲碑版之體。子瞻表忠觀，不免用詩經成語。看退之此篇，肯道着詩、書一字否？「改竄堯典、舜典字，塗改清廟、生民詩」，可謂知言。孫襄。

問：「韓詩亦似太直。」曰：「渠欲以文爲詩，有意闢一路逕。」何焯云：「他每句尚有兩三層解説，故自不嫌直。詩有説盡而不爲直者。如宋人詩，雖不説盡，而體亦嫌其直。故宋詩、明人詩學不得，以其下面没有了。明朝詩，初年數高、楊、張、徐四家，後來亦無有能過之者。成、弘間作者雖多，不及也。然四家詩有局面，而其中無甚緣故。」師曰：「即成、弘時文，亦不能好如國初，只是較後來好些。」

韓昌黎「陳言務去」，亦是六朝之後，詩家推陳出新，故能詩則知選辭。子曰：

「不學詩，無以言。」記曰：「情欲信，辭欲巧。」明道先生，朱子稱爲「龍德」，今觀其文字，猶在人意量之中，似不若姬公周禮之書、豳風之什。司馬遷、班固有何本領？翕然宗之，辭之不可以已也如此。孫襄。

子厚之謫永州，傷悱見於詩文者多矣，然未有如哭連州凌員外司馬詩之哀者。其志可悲，而其事可戒也。自記。

張籍祭退之詩，是效文公早年贈己「此日足可惜」之節而作者，故用韵亦相似。然終以冗長爲累，雖敘交情，不消如此委細也。韓又是倣杜工部北征體，比北征亦稍煩絮。自記。

李商隱重有感詩，感諸侯不能勤王室也。當時節度使劉從諫三上疏問王涯等罪名，王茂元、蕭弘皆勒兵備非常，故有竇融、陶侃之比。然竟無能爲，使至尊制於螻螘，而狐鬼之羣莫之搏擊也。天官書：「兩河、天闕間爲關梁。」正義曰：「闕丘二星在南河〔四〕南」，「金、火守之，主兵戰闕下」。末二句言神人悲恨，覬望雪寃也。自記。

義山贈送前劉五經映詩，序經學興廢意極剴至，語尤清警。自記。

宋詩畢竟不如唐人，其最著名成家者如王介甫，才氣大者如東坡，尚不能及張文昌，何況其他？張文昌與韓文公兩書已妙，惜其文集不可得見也。

元之坐劾妖尼，貶商州團練使，隨量移解州，進拜左正言，直弘文館。酬种放徵君詩，當是其時作也。氣厚詞直，綽有杜、韓風味。自記。

歐陽修重讀徂徠集，宋代第一篇古詩。自記。

荆公詩文，筆力在宋人中最高。詩則極佳者，在寄憶兄弟與自道本懷之語。蓋荆公篤於友愛而恬於勢利，故其心聲爲不可掩。自記。

介甫司馬遷詩，詠遷能忍辱成書，以舒其發憤之氣。其詞高古，而且以直筆見稱，非後阿曲者可比。故異日論史之敝，而曰：「以彼其私，豈能無欺於冥昧之間耶？」正此意也。自記。

老杜賦詠武侯至矣，而未及其用兵制勝，且曰「割據紆籌策」，曰「嘔血事酸辛」，豈猶惑於舊史之異詞耶？當日魏、吴皆讐國，如袁準之身在行間，張儼之旁觀勝敗，所論如彼，足以見司馬之非敵矣。陳壽以奇謀將略短之，此非詆訾，識不逮爾。弈之劣者，必以殺敵多收子爲勝。國手不然，侵地固本而已，迄於終局，收子無多。此所以爲節制之師，强衆莫能當也。詩選存荆公諸葛武侯詩以此。自記。

荆公答陳正叔詩，言志士而困局束，如驥駕鹽車，況又行於勢利之途，傾覆相乘乎？身名危辱者，千年之羞也；苟得富貴者，一朝之歡也。誰能避世而自處於平寬，如古之考槃者乎？今子則誠有志於是矣，然我未得如子之爲者，蓋爲貧而仕，迹異而心所安一也。自記。

詳定試卷二首〔五〕，首章言同事之議論多，則可否難以專主；朝廷之檢衞嚴，則動有嫌疑，不得坦然而行公道也。「誰何」，秦、漢間夜巡者呵問誰氏，何、呵通也。又言即使文章無纇，猶未能保其異日之勳業，故疑有隱逸高尚之徒，不屑俯就者。二章言詩賦之事，揚雄所悔，當日賞賚與倡優等耳，今日則將相之材盡出其中，可乎？因筆墨而致客卿，細已甚矣，其術比於爾雅蟲魚，又其卑也。故言此法之決當改。其後柄用，遂售其言。按公之變詩賦爲經義，未嘗不是也，然其體則亦唐、宋議論之餘習耳。朱子謂當令歷舉註疏說義異同，而後以己意斷之。此爲設科明經本意，後世必有取焉。自記。

張良詩極賦得子房從容處，然宋室之存亡，猶未在俯仰中也。而荆公如是其褊迫，何哉？抑此詩其亦有悔志之萌乎？自記。

程伯子陳公廙園修禊事席上賦並郊行、即事兩詩，龜山嘗舉以爲學者法，爲其溫柔敦厚，異乎文士之牢落怨誹者也。「未須愁日暮，天際是輕陰」，憂時者當知此意。「莫辭酒盞十分勸，衹恐風花一片飛」，愛日者當知此意。自記。

温公通鑑託始三晉之侯，爲王綱嘅也。然周之失政，其來已久，自春秋所造端而王迹熄矣，豈待獲麟之後又百年而始歎嗟乎？然三晉之事繫於左氏之卒章，温公首編之意，蓋不敢繼經而繼傳，以示讓也。朱子於紀事本末跋深取斯義，至綱目亦無改移。齋居感興詩首章所詠，特言其發論之未周全耳。自記。

「東京失其御」章，欲以蜀、漢繼統而黜魏也。言晉受國於魏，其史宜帝魏耳，後人仍之，可不正乎？自記。

「晉陽啓唐祚」章，病歐公於唐史之中雜以周紀也。按王莽之篡，漢世中絶，班固尚能黜之於列傳以紀事，況中宗尚在幽居，而遽奪唐之世，表周之號，可乎？「公在乾侯」，此春秋之二三策，綱目所以竊取者也。其説實啓於范祖禹唐鑑，盡用伊川之意故云。自記。

「飄飄學仙侣」章，斥仙道也。曰：「盗啓元命祕，竊當死生關。」則固不謂無其術矣。卒之以「偷生詎能〔六〕安」，至極之論也。按朱子晚年，亦每與蔡季通講論參同契，而且爲之考異，豈誠有意於斯與？蓋悦其文辭之淵古，而議論之剴至者，每足以起予耳。自記。

「西方論緣業」章，斥佛道也。朱子之意，以爲佛在西方，不過以緣業之説誘導愚民，其初卑卑無甚高論也。入華以後，展轉崇信，遂相與附益，增成其書，張大其教，至於凌空摩虛，不可究極耳。指心性則似至精，超有無則似極妙，所以人悦其逕捷而争趨之。然不知心性之爲實理，有無之本非二，故虛空無實，如荆棘之塗，趨之者蹟。誰能息邪説以承三聖者，必將爲我焚其書也。自記。

卜居詩，方欲卜築武夷作也。自記。

卜居及游蘆峰詩，夷猶高遠，其體氣則倣陶、杜而似之。自記。

朱文公蒙恩許遂休致一章，爲七言律詩之冠，唐人不及。孫襄。

陳傅良讀范文正公神道碑有感即事詩，説著文正好處。自記。

王新建長於七言律，集中所作獨多。

襄承命爲黄文簡繪像詩，有云「百里翻瀾蚪龍戲」，先生問：「用何故事？」襄對曰：「無。」先生因舉陳説巖所贈詩，有「青史數行滇海事」之句，曾向説巖詢來歷，答云：「不過道雲南之亂耳。」孫襄。

陳説巖詩已造中晚，如「每思慷慨堪流涕，實有聲華到索居」，「自慚名迹清流外，尚恐交游汎愛中」，可見又工駢語。自陳疏有云：「雖糜隕百身，莫逭尸榮之咎；而栖遲三載，已寬幽黜之期。」孫襄。

近人做詩只讀詩，所以不能大家。前人不獨識見、人品、性情高於後人，其於經史工夫深矣。不爾没的説，終身只描情景不成？

問今之詩家。曰：「詩要通事理，一點事理不知道，焉得好？縱好，亦只做幾首送行、上壽、詠景物的詩而止。試看杜工部他們，一肚皮性情，不消許多道理，事體了然在那裏。大約工於詩者，便不止是詩人。看李、杜、韓、柳、王荆公、蘇東坡，豈是只講究詩的人？」

對初初做詩甚不好，予語介石曰：「詩文要聲口好，聲口清貴便佳。」渠曰：「此是天生，一壞便不可治。」曰：「此可以逼出來的。如吾鄉教劇演的師傅，遇小兒有秀俊伶俐者，却喉嚨聲音不佳，其舌强者，則揀舌音字，如辣里落、落辣里，滿洲打都魯體因天、鷄因金之類，日日囀囀，久則舌靈矣。聲音浮者，則捏其喉，令出聲，聲若從顙子頰吻出，則痛打，定要叫他從丹田中出。如此久之，則聲亦沈實矣。」後教對初熟讀一部韓詩，遂陡然一變。可見聲口都可以逼得出來。

皇上駐德州，雪，令詞臣賦詩。予觀之，惟陳壯履有二句似詩，餘俱不堪。大抵亦如今之時文，全是就如今人所做相套相演，全不去講究成法，窺見古人源流。陳壯履些須有些家學，還有影響。予問：「澤州詩好麽？」曰：「澤州天姿好於阮亭。阮亭講究體制、聲病，工夫多些，又通聲氣，四方問業者多。問業者不過利於得他一篇序文，可以爲刻編之光，故聲名較大於澤州。澤州閉門謝客，覿面冰冷，以此聲名遜阮亭，實在也不差甚麽。本朝大老，能詩者四人：立齋、儼齋、澤州、阮亭。澤州還去看古人詩，久後亦逼得出幾句，有些古人氣味，便覺不同。三徐一時並稱，其實惟立齋詩略有幾句耳。杜秀水是三等秀才，文字一些没好處，要他有只管有，只是再考不上去。」問：「與李合肥何如？」曰：「一般。合肥全用獺祭。」予問：「汪文升德州詩如何？」曰：「不好的狠。大率鬬凑久，胸中本無綫索，便會到不通田地。屺瞻於詩極有工夫，讀得多，只是也有些填凑的毛病。蓋詩言志，志之所至，詩以言之。今若爲一詩，畢竟就要把天地間好議論、好故典都要用上，便無瀟灑寫意意盡言止、興會悠然的光景。詩却要不盡，如賦物便不妨搜索要盡，三都、兩京，他還有那些在那裏，如何少得他？」予問：「屺瞻言新城直頭不通。」曰：「便是如此等議論令人不服。蓋令人動以自己有五分，便說自己有十分。如今論若過厚些，寧可多說他一分，說他只好有六分，不然照實說他有五分，便已可矣。因其欺謾，而矯之太過，並說他没有五分，他便不服。又矯之甚，說他一分也没有，他更不服。」以上論詩。

音韻古人四聲並叶者多，不然詩經、易經便不可讀。可見鄉音雖同文之世不廢也。如「遇人之不淑矣」，「淑」字詩叶「歗」字。今孝經稱「叔」還稱如「歗」字音，豈不是古音之鄉音？予問：「湖廣如何有古音？」曰：「彼處與中州近，古時大抵全是北邊的音，及五胡來，便雜之以胡音，而古音反雜。又五代，中原人多渡江，蠻音又反存有古音。如吾閩説話，有將『此』字錯去，竟不是一母一等者。若是念書，古音甚多，如有閉口有入鼻，有輕唇無重唇，有輕齒無重齒之類。當日顧寧人每來訪問閩音，大稱是古音，而人不知。」

毛大可但見「維予侯興」蒸與侵韵合，「鴥彼晨風」東又與侵韵合，以爲古通。不知古今音義不同，又或偶有錯誤，皆不可知。如何以偶然一字遂强取作證，以破從來之藩籬？大可自作詩又用此，此書真無用也。楊升菴韻書之謬，士子家斷不可留置案頭，誤人不淺。六部之分，韓昌黎古詩便如此用。及本朝十二烏珠，其音類悉與六部合，異哉。其餘六部，有三部是閩、廣音半用半不用，有三部係滿洲音，漢人全無用，其他六部，與才老之分同，乃知昌黎不謬也。又韻部率以「東」字貫鼻爲首，極無道理，本朝用歌、麻冠；等韻率以「見」字爲首，又無理，本朝以「影」字冠，皆超出前人。蓋「歌」字從丹田發聲，而「影」字從喉中起聲也。性理中已載有，惜不見元人用韻書語。本朝所用，即太宗取元朝書用之也。度曲須知，詞曲家決不知其深義，要當搜其根。

顧亭林音學五書是不朽之書，今之知之者鮮。顧亭林足跡幾徧天下，而本鄉崑腔家所謂度曲須知忽略未見，無惑乎怪駡退之錯用韵。此聖人察邇言也，夫毛稚黄之論本此。

余問：「算學通於性與天道否？」曰：「天下豈有性道外的事物？如謂五性不足統天下之萬事，則五聲亦不能統天下之萬聲。如阿、厄、依、烏、於，彼此往來相求，相反相切，而萬聲無不盡於是。蓋古人只講喉、舌、齒、唇，無出口音，『於』字便無。古人念『雨』字皆作『五』字，『餘』字皆作『吾』字，所以『麻』字皆作『模』字。出口音率是夷狄入中國始有之，大約加〔七〕高響耳。『阿』字今入麻，古亦念似此，古人之所云惡者。顧寧人辨之極是。天下總是五件便包括得萬件，如五行便包盡天下之物，喜怒哀樂便盡天下之情，皆是。」

本朝如梅定九之曆學，不特精中西之法，能表章出周髀，爲西法不能外，及顧寧人韻書，真不刊之業，千古傑出，前賢未之有也。毛大可作書駁寧人韻書，淺陋至甚，所謂不自知分量者。毛稚黄書却與寧人互相發。寧人吴人，而不知唱曲。稚黄則本之度曲須知，可叶之管絃矣，然稚黄又不知天地元音。元音惟本朝得之。音聲起於歌麻，反切起於影曉，本朝起於外地。徐文定及西洋人講求一度越千古之曆，而本朝用之。自古以來，韻學不知有元音，而本朝合之，非偶然者。人須知古韻，又知唐韻，又須知今所用韻。

凡學問皆須如此。

顧寧人音學五書不過韻學一節，人能於書學考訂妥當，亦是一要緊事。須是兼通篆籀，不是註釋篆籀，明白此，然後纔可通如今楷書之不可通處。如古字「之」字下着「心」字，謂之志，心之所之也。「之」字下着「日」字，謂之時，日之所之也。如今楷字「志」字上作「土」。若作「士」尤不可，上畫長便失之。旹，時，上作「山」，因篆字「之」字似山也，不然妄求解便差。王荆公費盡心力字字着解，便是可笑處。須知六書當分作兩大股看，便易明白。一曰象形，如日月之類。有形所不能似者，二曰指事，如一上加卜爲上，一下加卜爲下之類。又事所不能盡指者，三曰會意，如止戈爲武之類。此三者皆以形起義也。至意所不能盡會，則四曰諧聲，因南地名水曰江，而以工配水以諧之；因北地名水曰河，而以可配水以諧之；西北人名水曰渭，而以胃配水以諧之。如因工、可、胃而求解，豈不可笑？聲所不能盡諧者，則五曰轉注。六曰假借，即一字而另用，又音相同而借用。如「哉生魄」，漢書皆作「霸」，「霸」、「魄」相近故也。此三者皆以聲起義也。

唐律用八庚韻者絶少，因誦孟浩然登岳陽樓詩〔八〕，又曰：「清情不入九青，不可曉。」或言：「世主何不遂易沈韻？」曰：「以天子之尊，不能奪沈約之權。宋藝祖作中原雅韻，明太祖作洪武正韻，其意皆欲變江左之侏離，遵同文之雅化，作詩者終守故轍不改。中原雅韻無入聲，其病有甚於沈約者。向作六攝百二聲，未有證據，胸中疑。殆蘇州得度曲須知，近又得杭州毛稚黄六朝穿鼻，見此二書大快。將來只依其舊本，有不合者爲之改正，不爾必有譏議吾閩音者。如莆人李文利作律書，爲天下所笑。鍾倫曰：「律吕中豈復有閩音乎？」曰：「然。」孫襄。

韋孟在鄒詩，以「陋」字、「舊」字叶「朝」字。蓋古詩平仄合用，三百篇可見。自記。

傅毅迪志詩，此等詩猶是三百遺音，用韻亦未變古。如「誥」叶「學」，正猶風詩「造」叶「覺」也。自記。

應瑒侍五官中郎將建章臺集詩，此韻通用支、微、齊、佳、灰等部，足爲作詩律令。然詩、書古音亦稍變矣。自記。

約精於四聲八病之學，古今之體自此分也。蓋諧聲去病，即成近體矣，白馬篇等詩已具大致。自記。

議者謂，古六十調之失自何妥等始。然觀「嶰谷調孤管，崙山學鳳鳴」兩句，似猶知黄鍾之宫自爲孤管，不與學鳳之十二律相溷者。自記。

凡平聲通用者，其上、去、入三聲則隨之。真、文、元、寒、删、先，古韻通，其入聲則質、物、月、曷、黠、屑也。雖三代、秦、漢人聲多轉去聲，别有部屬，不與此同，然自江左之季，至於唐人，律令則然矣。惟老杜守唐法最嚴，凡仄韻古詩，毫無走作。自記。

杜詩天末懷李白，首言有文章者多窮，故曰：「文章憎命達。」人有過失，則鬼魅往往以爲喜。此公陵暴萬類，雕鏤物理之句也。解者失之遠矣。「過」字平，反聲，古人蓋通用耳。自記。

韓詩此日足可惜一篇，首敘與籍相遇之初，中言汴州之亂，避難至徐，復與籍相見，而惜其去也。按詩、易、書、春秋及秦、漢以上古文用韻，東、冬、江爲一部，陽一部，青一部，庚則半入陽而半入青也，蒸自爲一部，支、微、齊、佳、灰爲一部，而支韻字半入歌，歌、麻爲一部，而麻韻字半入虞，魚、虞爲一部，蕭、肴、豪、尤爲一部，尤韻字又以其半入支與虞焉，真、文、元、寒、删、先爲一部，侵、覃、鹽、咸爲一部。此長洲顧寧人氏所區别，凡十部以合古韻。其援據詳明，而證驗的確矣。顧氏譏韓公不識古韻，蓋謂此詩及元和聖德之類。然顧氏之學，以質於詩、書古文，合者爲多，至聲氣之元，歌樂之用，古人所以協律同文之本，則似有未能明者。蓋東、冬、江、陽、庚、青、蒸七韻，原爲一部，以其元乃一氣所生，而用之以協歌曲，則收聲必同故也。真、文、元、寒、删、先，及侵、覃、鹽、咸皆然。

至支、微、齊、魚、虞、歌、麻諸韻，又各部之根，凡各部中字生音起，韻皆從此而得，應自爲一部而通同之，欲其源派分明，故亦别爲三部：歌、麻也，魚、虞也，支、微、齊也。然魚、虞之韻，能生蕭、肴、豪、尤，故蕭、肴、豪、尤與魚、虞同一收聲，而可以通用。支、微、齊能生佳、灰，故佳、灰與支、微、齊同一收聲而可以通用也。至歌、麻與魚、虞，雖别部而尤相近，蓋古人讀「魚」、「虞」字皆如「模」字，讀「麻」字皆如「歌」字。緣歌、模兩部相近，其收聲亦頗同，則魚、虞可通於蕭、肴、豪、尤者，歌、麻亦可通矣。如東、冬七韻，真、文六韻，侵、覃四韻，雖亦支、微、魚、虞、齊、歌、麻所生，然翻轉於齒、舌、唇、鼻間而得之，非喉音直切所生如蕭、肴、豪、尤、佳、灰者比，故各自爲部，而不可相通也。退之此詩，正用東、冬等一部，聖德詩則用歌、魚、虞、尤等上聲一部，謝自然詩則用真、文等一部，皆極本窮源，得古韻之精意，其學博而見卓矣。且三代、秦、漢古書，如此者頗衆，第主於先入則不察耳。歐公以爲有意泛入旁韻以見奇，又或以爲當以叶聲求之，此固淺近之論。而顧氏之顯爲譏斥，亦未免苟訾也。自記。

字以晉人爲宗，當時無一人不佳。唐初又有晉人筆意，至顏、柳而變，歐雖露筋骨，猶未變也。孫襄。

字畫須去結核，又非豆生之謂，點、畫、拖、撥，須善排布。王雅宜雖爲衆所賞，然吾終嫌其有豆生體。寫字又須識制字之意，草書無所本，不可以意爲。酒肴之肴，從爻、從月，有上一乂，下草「有」字者，雖出名公之手，有識者棄之矣。孫襄。

善書者多不能文，趙子昂是也，董玄宰、文徵仲亦然。孫襄。

世元字，乃爲衞老師所許，稱其楷法精妙。尤有奇者，同門十九人，闈中抄原卷，各有私批，不甚取，充數而已。閲評則曰：「書法精楷，潦草不成字。」乃見推。及殿試，幾大魁。衞老師自喜其先見也。孫襄。

數人之聚，無一箇會寫字，也没意思。十二、倫英已近似，須時看帖，讀書時也無寫字工夫。三英字近稍開闊，亦要臨摹。黄庭、忒長，樂毅論、十三行，短底臨一二遍。孫襄。

【校勘記】

〔一〕「無」，原作「毋」，據論語注疏卷一六季氏改。
〔二〕「於」，原作「嗚」，據毛詩正義卷一九維天之命改。
〔三〕「假」，原作「何」，據維天之命改。
〔四〕「南河」，原缺「南」字，據史記卷二七天官書正義補。
〔五〕「詳」，原作「評」，據臨川先生文集卷一八詳定試卷二首改。
〔六〕「詎能」，原作「之不」，據朱文公文集卷四齋居感興二十首改。

〔七〕「加」，原作「如」，據石印本改。

〔八〕據考，孟浩然未作登岳陽樓詩，所作登嵩陽樓則非八庚韻。疑爲杜甫陪裴使君登岳陽樓，杜詩既詠岳陽樓且用八庚韻。

圖書在版編目（CIP）數據

榕村語録；榕村續語録 /（清）李光地撰；陳祖武點校 .-- 福州：福建人民出版社，2021.12
（八閩文庫．要籍選刊）
ISBN 978-7-211-08834-8

Ⅰ．①榕…　Ⅱ．①李…　②陳…　Ⅲ．①理學—研究—中國—清代　Ⅳ．① B249.9

中國版本圖書館 CIP 數據核字（2021）第274308號

榕村語録，榕村續語録

作　　者：［清］李光地　撰　　陳祖武　點校
責任編輯：劉挺立　　史霄鴻
裝幀設計：張志偉
美術編輯：陳培亮
出版發行：福建人民出版社
電　　話：0591-87533169（發行部）
網　　址：http://www.fjpph.com
電子郵箱：fjpph7221@126.com
地　　址：福建省福州市東水路 76 號
經　　銷：福建新華發行（集團）有限責任公司
印刷裝訂：雅昌文化（集團）有限公司
地　　址：深圳市南山區深雲路 19 號
電　　話：0755-86083235
開　　本：890 毫米 ×1240 毫米　1/32
印　　張：37.5
字　　數：678 千字
版　　次：2021 年 12 月第 1 版第 1 次印刷
書　　號：ISBN 978-7-211-08834-8
定　　價：168.00 元